Über dieses Buch Wer heute nach der Rolle der Justiz im Nationalsozialismus fragt, erhält widersprüchliche Antworten. Unbestritten ist jedoch: Die konservativ-bürgerlich gestimmte und von hohem Berufsethos getragene Justiz des Weimarer Staates wechselte 1933 schnell und gehorsam in den NS-Staat, trug das System bis zum Ende mit und hinterließ – unbeachtet bleibt hier die Militärgerichtsbarkeit – eine breite Spur von rund 32 000 Todesurteilen sowie von zahllosen rassistischen und politisch-repressiven Entscheidungen.

Den »Tätern in der Robe« wurde in der Bundesrepublik Deutschland kein Haar gekrümmt. Sie durchliefen die »Entnazifizierung« und machten Karriere. Die obersten Bundesgerichte knüpften ausdrücklich an Rechtsprechung und richterliches Selbstverständnis ihrer Vorgänger (Reichsgericht, Reichsverwaltungsgericht, Reichsfinanzhof, Reichsversicherungsamt) wieder an.

Die Justiz selbst stilisierte sich nach 1945 zum NS-Opfer, verwies auf Hitlers Justizbeschimpfungen und berief sich darauf, es habe neben dem spektakulären Unrecht viel unauffällige Bewahrung rechtsstaatlicher Standards, viel unpolitischen Justizalltag und Normalität gegeben, vor allem auf Gebieten außerhalb des Strafrechts.

Die Rechts- und Justizgeschichte hat sich bisher um diesen «Alltag» wenig gekümmert. Auch ist die entscheidende und schmerzliche Frage, ob in einem Terrorsystem nicht gerade die gut funktionierende Normalität notwendige Voraussetzung für den Terror war, noch kaum gestellt worden.

Der vorliegende Band, eine vom Fachbereich Rechtswissenschaft und der Jüdischen Gemeinde veranstaltete Vorlesungsreihe an der Universität Frankfurt, gibt Antworten auf die Fragen nach der »Unabhängigkeit« der NS-Richter, nach der Rolle der Verwaltungs- und Finanz-, Zivil-, Straf- und Arbeitsgerichte, nach der »Entnazifizierung« der Richter und nach dem Umgang der Justiz mit ihrer eigenen Vergangenheit.

Die Herausgeber: Ihre Viten befinden sich auf S. 171 f.

Justizalltag im Dritten Reich

Mit Beiträgen von
Wolfgang Benz, Bernhard Diestelkamp, Andreas Kranig,
Johann Heinrich Kumpf, Klaus Marxen, Rainer Schröder,
Dieter Simon und Michael Stolleis

Herausgegeben von
Bernhard Diestelkamp und Michael Stolleis

Fischer
Taschenbuch
Verlag

Lektorat: Walter H. Pehle

Originalausgabe
Veröffentlicht im Fischer Taschenbuch Verlag GmbH,
Frankfurt am Main, August 1988
© 1988 Fischer Taschenbuch Verlag GmbH, Frankfurt am Main
Alle Rechte vorbehalten
Umschlaggestaltung: Jan Buchholz/Reni Hinsch
Gesamtherstellung: Clausen & Bosse, Leck
Printed in Germany
ISBN 3-596-24396-3

Inhalt

Vorwort der Herausgeber

»Justiz im Nationalsozialismus« – ein viel beklagtes, beredetes und illustriertes, aber keineswegs hinreichend erforschtes Kapitel der neueren deutschen Rechtsgeschichte. Die politische Justiz des Volksgerichtshofes oder die spektakulären strafrechtlichen Urteile des Reichsgerichts sind wohlbekannt. Wie stand es aber um den Alltag der Amts- und Landgerichte, wie verfuhren die weniger im Licht der Öffentlichkeit stehenden Zweige der Verwaltungs-, Arbeits- und Finanzgerichtsbarkeit? Wie verlief die Entnazifizierung der Richter, und wie ging die Justiz nach 1945 mit ihrem düsteren Erbe um? Diese Fragen wurden in einer Vortragsreihe an der Frankfurter Universität von Januar 1985 bis Februar 1986 behandelt. Veranstalter waren der Fachbereich Rechtswissenschaft der Johann Wolfgang Goethe-Universität und die Jüdische Gemeinde Frankfurt.

Acht knappe Vorträge können das vielschichtige Thema allenfalls umreißen, können Hypothesen formulieren und sie punktuell mit Beispielen belegen. Insofern bietet dieser Band kein geschlossenes Bild. Es ist auch fraglich, ob es ein solches Bild jemals geben kann. Da unsere Wahrnehmungen historischer Vorgänge unentrinnbar subjektiver Natur sind, gibt es konkurrierende historische »Wahrheiten«. Die Perspektiven der Täter und Opfer, der Mitläufer und der schweigenden Mehrheit sind und bleiben unterschiedlich. Das System von drinnen oder von draußen erlebt zu haben, macht einen entscheidenden Unterschied. Es aus der historischen Distanz zu beschreiben, ist etwas anderes als einen Teil der eigenen Biographie in Erinnerung zu rufen. Damit soll nicht eine Beliebigkeit der Sehweisen suggeriert, wohl aber daran erinnert werden, wie relativ »wahr« allgemeine Aussagen über »die Justiz« und ihren »Alltag« während der Herrschaft des Nationalsozialismus sind.

Die Justiz war bis zum Ende eine Säule des nationalsozialistischen Herrschaftssystems. Sie hat die ihr angesonnenen Dienste der Ausgrenzung, Diskriminierung und Verfolgung der vom Regime als Gegner Bezeichneten erfüllt.[1]* Nennenswerte Schwierigkeiten hat es nicht gegeben, die Justiz wurde sogar mehrfach dafür gelobt, daß sie tatkräftig bei der Umsetzung der NS-Weltanschauung in den Alltag vorangeschritten sei. Während des Krieges stützte die ordentliche Gerichtsbarkeit, wie Funktionäre dankbar anerkannten, die »Heimatfront«, ebenso wie die Militärjustiz an der Kriegsfront tätig war. Selbst wo die Justiz in relativ unpolitischen Bereichen »normal funktionierte«, stützte sie das System, gleichviel ob mit oder ohne Absicht. Das reibungslose Ineinandergreifen der Zahnräder, von denen die Justiz ein besonders wichtiges war, garantierte jene maschinenhafte Unwiderstehlichkeit und kalte Funktionalität, die dem Nationalsozialismus eigen war und sich schließlich bis zum Inferno einer maschinellen Tötung von Menschen steigerte. Der einzelne Beamte, Richter oder Soldat, der an seinem Platz seine Pflicht erfüllte, ohne Unrecht zu tun, mag es als »tragische«, ausweglose Verstrickung empfunden haben, an das System gefesselt zu sein – am objektiven Befund, daß eine Tyrannis sich nur halten kann, wenn Bürokratie, Justiz und Militär loyal mitarbeiten, ändert dies nichts.

Der Blick auf den Alltag der Justiz fördert deshalb Widersprüchliches zutage. Wir finden Beispiele eilfertigen »vorauseilenden Gehorsams«, unverlangte Strafverschärfungen und bedenkenloses Hinwegsetzen über das Gesetz ebenso wie akribische Textinterpretation zu Lasten der Betroffenen. Was die Richter in diesen Fällen vollzogen, war ihnen nicht aufgezwungen, sondern es entsprach ihren politischen Ansichten, die in der Regel deutschnational grundiert und mit einem in bürgerlichen Kreisen weit verbreiteten und als normal empfundenen Antisemitismus versetzt waren.

Daneben gibt es aber in allen Gerichtszweigen Beispiele für zähes Festhalten an rechtsstaatlichen Positionen, häufig unter der Maske demonstrativ aufgesetzten NS-Jargons. Oft decken sich Begründung und Ergebnis nicht, oft dient die streng fachliche Argumentation als Schutzschild gegen die von außen eindringende Politisierung. Es gibt Entscheidungen, in denen auf die klare Gesetzeslage hingewiesen, auf rechtsstaatliche Verfahren gepocht und die Partei zurechtgewiesen wurde. Diese Entscheidungen sind nicht spektakulär, sie sind mit leiser Stimme gesprochen, und niemand hatte ein Interesse daran, ihnen Publizität zu verschaffen.

Angesichts dieser inneren und äußeren Zerrissenheit der Justiz ist es kein Zufall, daß auch die Hauptverantwortlichen für Verwaltung und Justiz (Frick, Stuckart, Gürtner, Schlegelberger, Bumke, Frank) allesamt

---

* Die Anmerkungen befinden sich am Ende des Bandes.

Personen waren, in denen sich Traditionselemente herkömmlicher Verwaltung und Justiz mit Elementen des NS-Staates auf verwirrende Weise mischten. Jeder von ihnen war auf seine Art ein »bürgerlicher Jurist«, in dem Vorstellungen von staatlicher Ordnung und Rechtlichkeit des Verfahrens sowie Reste von schlechtem Gewissen angesichts des von ihm verwalteten »Alltags« erhalten geblieben waren.

Als man nach 1945 dann unter der Leitfrage, »Wie konnte es geschehen?«, nach Erklärungen suchte, blickte jeder Interpret auf diejenigen Beispiele, die zu seiner Erklärungshypothese paßten. Lange Jahre dominierte dabei das Bild der leidenden Justiz, die in ein böses System geraten und ihm – aufgrund des rechtswissenschaftlichen Positivismus – in gewisser Weise ausgeliefert war und dann daraus das Beste zu machen suchte. Rückblickend wird es deutlich, wie sehr dieses Bild konstruiert war und welche Funktionen es beim Wiederaufbau der Justiz in der Bundesrepublik erfüllte. Es erlaubte eine unproblematische Wiederaufnahme der »guten« Traditionen, während alles Unrecht dem versunkenen Regime zugeschrieben wurde. So konnten Bundesgerichtshof und Bundesarbeitsgericht an die Tradition des Reichsgerichts und Reichsarbeitsgerichts, das Bundesverwaltungsgericht an das Preußische Oberverwaltungsgericht, der Bundesfinanzhof an den Reichsfinanzhof und das Bundessozialgericht an Reichsversicherungsamt und Reichsversorgungsgericht anknüpfen. Dies geschah um so leichter, als das alte Personal weitgehend übernommen wurde.

Seit den sechziger Jahren zerfiel dieses Bild langsam, es regte sich Mißtrauen, und allmählich wurden die Konturen einer Justiz erkennbar, die mehr Täter als Opfer war, die weniger positivistisch rechtstreu als vielmehr politisiert-freirechtlich judizierte und die es nach 1945 in geschickter Weise verstanden hatte, sich personell und geistig wieder zu etablieren und eine öffentliche Diskussion sowie eine Bestrafung auch nur eines ihrer Mitglieder wirksam zu verhindern. Die Öffentlichkeit, vor allem die des Auslandes, registrierte immer wieder erneute Pannen und »Zufälle« bei der Aufarbeitung der Vergangenheit der Justiz, sie entdeckte erstaunliche Karrieren schwer belasteter Richter und sie hörte, während man gerade der »Weißen Rose« gedachte, daß die Witwe Freislers einen Zuschlag zu ihrer Rente bekommen habe, weil man annehmen dürfe, ihr Mann wäre, wenn er nicht 1945 gestorben wäre, im Justizdienst der Bundesrepublik befördert worden.

Heute schieben sich die Bilder der handelnden und der leidenden Justiz übereinander. Die apologetischen Interessen der Nachkriegszeit sind schwächer geworden, und gleicherweise hat das moralische Pathos der Anklage gegen die »furchtbaren Juristen« (R. Hochhuth) seine Kraft eingebüßt. Die unmittelbar Beteiligten äußern sich immer weniger, der Gegenstand rückt in die Ferne und wird unvermeidlich »Geschichte«.[2]

Die Appelle, nichts dürfe vergessen werden, haben primär moralisch-politische Ziele, sie fordern geistige Wachheit gegenüber der Entrechtung von Minderheiten, wie immer sie heißen mögen, Aufklärung über die eigene Vergangenheit und Pflege der demokratischen politischen Kultur. Aber diese Appelle haben auch wissenschaftliche Implikationen, indem sie zur tieferen Erforschung der Phänomene auffordern, zugleich aber vor einer kalten Historisierung und Relativierung warnen. Das Böse soll gewissermaßen durch Zerlegung in seine Einzelteile sorgfältig analysiert, aber seine singuläre Physiognomie soll dabei auch nicht zur Unkenntlichkeit entstellt werden. Ob dies gelingen wird, ist eine Frage, die sich vor allem der jüngeren Wissenschaftlergeneration stellt und stellen wird. Wenn die heute Studierenden in den nächsten Jahren beginnen werden, ihr Bild vom NS-Staat zu konkretisieren, dürfte sich zeigen, daß es leichter ist, bestimmte Vorgänge detailgetreu aus Akten zu ermitteln als die verworrenen Stimmen des menschlichen Leids und Mitleids, des Hasses und der Niedertracht, die Kühle juristischen Ordnungsdenkens und die Stummheit der Opfer für die Nachwelt hör- und fühlbar zu machen.

Die Herausgeber möchten an dieser Stelle zunächst Herrn Rechtsreferendar Michel Friedman danken dafür, daß er seinerzeit die Vorlesungsreihe angeregt und ihr über die Jüdische Gemeinde Frankfurt auch finanzielle Unterstützung gegeben hat. Unser Dank gilt daneben den Rednern und Mitautoren.

Frankfurt, im Januar 1988   Bernhard Diestelkamp
                                                            Michael Stolleis

Dieter Simon

Waren die NS-Richter »unabhängige Richter« im Sinne des § 1 GVG?*

Über den Nationalsozialismus zu sprechen, ist nicht leichter, sondern schwerer geworden. Denn einerseits ist eher zuviel vom Nationalsozialismus die Rede. Jeden Monat eine neue Initiative: Bücher, Zeitschriften, Reportagen, Kongresse, Filme, Schülerwettbewerbe usw. Nationalsozialismus ist »in«, »geht« und verkauft sich. Das macht zwar den Diskussionsstand unübersehbar, ist aber nicht unbedingt schlecht, auch wenn man hinsichtlich der Motive skeptisch sein muß. Sind es wirklich die flammenden Fackeln der Aufklärung, welche hier entzündet werden – so daß man noch mehr Berichte und Vorträge fordern müßte? Oder spielt nicht vielleicht doch die düstere Pornographie des Terrors, das heimlich-lüsterne Schaudern beim Erzählen des unsagbar Schändlichen eine mindestens ebenso große Rolle – so daß man sich solchen Zuhälterdiensten verweigern sollte? Ich lasse diese Frage hier auf sich beruhen. Der Historiker sammelt seine Früchte auch aus faulen Beeten.

Andererseits wird aber sicherlich zu wenig vom Nationalsozialismus geredet – wenn auch nicht in einem quantitativen Sinn. Angefangen hat es vor mehr als 20 Jahren mit den sogenannten Faschismustheorien, hölzernen Konstrukten, deren Abstraktheit und makrosoziologische Fundierung sie weitgehend auf akademische Zirkel reduzierten. Heute ist davon nicht mehr viel übrig.

Wir treiben gegenwärtig auf einem uferlosen Meer von biographischen, lokalen und episodischen Nachrichten. Auch dieses Phänomen ist durchaus ambivalent: Nur die Detailstudie knüpft an unsere Erlebnishorizonte an, nur der akribisch sezierte Alltag appelliert umweglos an unsere Erfahrung und wird dadurch zum akzeptierten Exempel. Schließlich ist nur die Einzelanalyse geeignet, großflächige Strukturerklärungen zu differenzieren und allzu behende theoretische Verallgemeinerungen zu korrigieren.

* Zuerst veröffentlicht in: Rechtshistorisches Journal, Bd. 4/1985, S. 102–116.

Aber: Zu viele Ereignisse verstellen auch den Blick auf generelle Aspekte. Und schlimmer noch: Der Erzählung des Einzelereignisses wohnt die Tendenz inne, das Geschehnis zum Histörchen verkommen zu lassen – es zum Greuelmärchen zu stilisieren und damit in ferne Zeiten zu verbannen. Dann haben wir nichts mehr damit zu tun, *wir* sind es nicht, die zur Diskussion stehen, einfach deshalb nicht, weil wir, wie ja schon unser Bundeskanzler (Helmut Kohl) hinreichend deutlich gemacht hat, viel zu jung waren, um an der Inszenierung des Grauens beteiligt gewesen zu sein.

Betrachtet man die literarische, akustische und visuelle Produktion der letzten Jahre zum Nationalsozialismus unter diesem Gesichtspunkt, dann ist es beklemmend zu sehen, in welchem Umfang und mit welcher Unbefangenheit diese Produktion den Weg von der Geschichte zum Geschichtchen beschritten hat. Unsere Historiker neigen dazu, auch diesen Vorgang nachträglich etwas hilflos und etwas künstlich auf der Methodenebene zu kommentieren unter ihrem aktuellen Theorienkonflikt Ereignisgeschichte versus Strukturgeschichte. Ob es sich für alte und neue Historiker dabei tatsächlich nur um ein Problem von Methode und Theorie der Geschichtsschreibung handelt, lasse ich dahingestellt. Für den Juristen, auch wenn er historisch arbeitet, ist dieses Problem so ohnehin nicht aktuell, da er naturgemäß nur strukturgeschichtlich interessiert ist.

Für die Betrachtung des Nationalsozialismus bedeutet jene Entwicklung jedenfalls wesentlich mehr. Die detailgetreue Nachzeichnung des faschistischen Alltags, die Hakenkreuzmemoiren, signalisieren den allmählichen Wiedereintritt der Nachkriegsgesellschaft in die Normalität, den Wiederanschluß an die Vergangenheit, verbunden mit der Herstellung ihrer unbetroffenen Konsumierbarkeit. Man versteht: Auch der Kreisleiter war ein Mensch.

Im Hinblick darauf scheint es mir nicht überflüssig, einen Akzent erneut zu unterstreichen, der die frühe Nachkriegszeit völlig beherrschte, dann aber stetig in den Hintergrund getreten ist. Es ist dies das amoralische und unsittliche Syndrom, welches der nationalsozialistische Staat in unsere Geschichte eingraviert hat. An diesen Tatbestand denke ich in erster Linie, wenn ich davon rede, daß in mancher Hinsicht zu wenig vom Nationalsozialismus gesprochen wird. Denn seit der famose Spruch »Wir sind wieder wer« die Wende von der Reflexion zum Bekenntnis eingeläutet hat, haben Formulierungen wie »Unrechtsstaat«, »Rechtsperversion« u. ä. immer deutlicher den Status von bloß negativen Etiketten, bestenfalls von Einleitungshistorie angenommen.

In meinem Thema, »Richter in nationalsozialistischer Zeit«, kreuzen sich – wie in wenigen anderen – diese Sachverhalte des Zuviel und Zuwenig.

Ich will versuchen, beiden einigermaßen gerecht zu werden. Die Richter, jedenfalls diejenigen dieses Jahrhunderts, sind staatliche Funktionäre, denen in erster Linie die Aufgabe zugewiesen ist, die Rechtsprechung, das heißt die Konfliktentscheidung durch Gesetzesanwendung, wahrzunehmen. Wenn Richter heute, im Gegensatz zu anderen Funktionsträgern, in der offiziellen juristischen Terminologie nicht als »Beamte«, sondern als »Richter« geführt werden, dann geschieht dies auch deshalb, um schon durch die Bezeichnung auf ihre besondere Statusqualität hinzuweisen. Im Gegensatz zu den beamteten Funktionsträgern sind sie unabhängig. Diese Unabhängigkeit wird ihnen durch den auch mit grundgesetzlicher Weihe ausgestatteten § 1 GVG (Gerichtsverfassungsgesetz) zugesichert: »Die richterliche Gewalt wird durch unabhängige, nur dem Gesetz unterworfene Gerichte ausgeübt.« Am Text dieser am 27. 1. 1877 erlassenen Norm hat sich seither nichts geändert. Sie hatte bei ihrer Verkündung schon eine lange Geschichte hinter sich, auf die ich aber nicht eingehen werde. Auch zwischen 1933 und 1945 war diese Bestimmung nicht aufgehoben.

Wenn man sich nun die Frage vorlegt – und das ist die Frage, welche mir gestellt wurde –, ob die nationalsozialistischen Richter unabhängige Richter im Sinne dieser Vorschrift waren, dann kann man sich einer Antwort nicht ohne einige Vorüberlegungen nähern. Denn was heißt das: »im Sinne« jener Vorschrift? Soll damit der heutige Sinn der Vorschrift gemeint sein oder der ursprüngliche Sinn von 1877 oder der Sinn, den man ihr nach 1933 gab? Es ist offensichtlich wenig wahrscheinlich, daß ein Wort wie »Unabhängigkeit«, mit dem wir sofort eine Vielzahl komplexer Sachverhalte assoziieren, immer in gleicher Weise verstanden wurde. Und in der Tat! Wenn ein prominenter Kommentar zum GVG verlauten läßt: »den heutigen sozialen Gegebenheiten entsprechend richtet sich dieses Verbot auch gegen die Beeinflussung der Richter durch die Massenmedien«[1], dann können wir sicher sein, daß dieser Gedanke dem Gesetzgeber von 1877 nicht in den Sinn gekommen wäre. Genau das gleiche gilt aber auch für viel zentralere Vorstellungsbereiche, welche wir heute mit dem »Kardinalgrundsatz jeder rechtsstaatlichen Rechtsprechung«[2] zu verknüpfen pflegen, zum Beispiel für die persönliche Unabhängigkeit der Richter, welche in ihrer heutigen Form erst nach dem Zweiten Weltkrieg geschaffen wurde. Wir dürfen also ohne weitere Vertiefung behaupten, daß die Richter des Kaiserreichs nicht unabhängig im heutigen Sinne des § 1 GVG waren.

Dieses Ergebnis ist sicher trivial, aber doch nicht so wertlos, wie es scheint. Denn es lehrt uns, daß wir mit dieser Fragestellung wenig brauchbare Antworten erhalten werden. Wir können uns die Mühe sparen zu untersuchen, ob der NS-Richter im heutigen Sinne des § 1 GVG unabhängig war oder nicht – weil das Ergebnis schon feststeht. Er kann in diesem Sinne nicht unabhängig gewesen sein, einfach deshalb, weil es diesen Sinn damals nicht gegeben hat. Es kann ihn nicht gegeben haben, wenn wir alles Verstehen und alle Deutungen von Sätzen als kontextabhängig und an historische Interpretationswelten gebunden ansehen. Anders wäre dies nur, wenn eine singuläre Konstellation uns Anlaß zu der Vermutung geben könnte, daß die fragliche Bestimmung im Dritten Reich und heute in der gleichen Weise verstanden worden sei. Aber eine solche Konstellation bestand nicht. Sie besteht nicht einmal unter vergleichbaren äußeren Bedingungen, weil die Geschichte sich nicht wiederholt. Und vergleichbar waren die Bedingungen gewiß nicht. Wir müssen uns also zunächst einmal damit befassen, den Sinn des § 1 GVG im NS-Staat zu ermitteln.

Die damalige Literatur zu diesem Komplex ist nicht allzu umfangreich. Aber man kann auch nicht davon sprechen, daß die Frage der richterlichen Unabhängigkeit letztlich ungeklärt geblieben sei. Auf den ersten Blick gibt es zwar Widersprüche. So, wenn Heinrich Henkel 1934[3] erklärt: »Der nationalsozialistische Staat bekennt sich zum Grundsatz der Unabhängigkeit der Richter«, und Hans Tigges 1935[4] repliziert: »Es ergibt sich, daß die bisherige Garantie der richterlichen Unabhängigkeit beseitigt ist.« Sieht man aber genauer zu, so sind die Differenzen gering. Denn auch Tigges redet von »der tatsächlich für den Regelfall fortbestehenden richterlichen Unabhängigkeit«[5], und Henkel meint: »Die richterliche Unabhängigkeit bleibt als Einrichtung bestehen, aber sie bildet als solche lediglich das Gefäß für einen neuen Inhalt, nämlich die nationalsozialistische Rechts- und Staatsauffassung«[6]. Über die Frage, wie der neue Inhalt auszusehen hat, sind sich die beiden Theoretiker einig. Es handelt sich nicht um ein Verfassungsprinzip, sondern um ein zweckmäßiges Institut des nationalsozialistischen Rechtsaufbaus, um ein Ordnungsprinzip.[7] Denn im Gegensatz zur liberalen Rechtstheorie sind Staat und Recht nicht mehr getrennt. Insofern wäre es sinnlos, den Richter als Staatsorgan und Rechtswahrer von der Staatsleitung unabhängig zu stellen. Die Bindung an das Gesetz besteht fort, mit ihr »ist im Führerstaat infolge der Identität der Regierung mit dem Gesetzgeber zugleich die Bindung an die leitenden Grundsätze der Staatsführung ausgesprochen«.[8] Weiter: »Aus der gemeinsamen Zielsetzung der Rechtsprechung und der politischen Führung, die völkische Lebensordnung zu fördern, ergibt sich aber, daß die Postulate der Freiheit der Richter von Befehlen der politischen Führung und der Unverantwortlichkeit der Richter durchaus ihren Sinn verloren haben.«[9] Und schließlich: »Staat und Recht sind nicht Selbstzweck, sondern dienen, einander durchdringend, einer höheren Aufgabe: dem Schutze des Volkslebens«, Worte von Henkel[10], die Hitler noch 1942 bei einem Empfang für Thierack und Rothenberger (also den Justizminister und seinen Staatssekretär) nahezu wörtlich wiederholte.

Es dürfte nicht zweifelhaft sein, daß diese Thesen der herrschenden Meinung entsprachen und daß sie außerdem mit dem Wortlaut des § 1 GVG vereinbar waren und sind. Denn dort steht schließlich nicht mehr, als daß die richterliche »Gewalt« durch unabhängige Gerichte ausgeübt wird und daß diese Gerichte »nur an das Gesetz« gebunden sind. Zwar hatten »Unabhängigkeit«, »Gesetz« und »Bindung« einen neuen Sinn erhalten, aber das ist nichts Aufregendes. Schließlich interpretiert jede Generation ihren Zeichenvorrat neu, und die nationalsozialistische »Revolution« hatte nicht zuletzt eine totale Umformulierung der Kommunikations- und Denksysteme vorgenommen – ein Vorgang, den man durch die Umerziehung nach 1945 wieder zu revidieren suchte. – Der Nationalsozialismus hatte daher keinen Anlaß, diese Vorschrift zu beseitigen. Und nach 1945 gab es ebenfalls keinen, da man das alte Gefäß erneut »für einen neuen Inhalt« verwenden konnte.

Aus den bisherigen Feststellungen folgt noch nicht, daß die NS-Richter »unabhängige Richter« im damaligen Sinne des § 1 GVG waren. Denn es könnte sein, daß die Vorschrift keine praktische Relevanz besaß, toter Buchstabe geblieben ist. Also müssen wir einen Blick auf die Gerichte und ihre Entscheidungspraxis werfen:

Die Justiz gab es im Nationalsozialismus ebensowenig wie heute. Unsere gegenwärtige Gerichtsverfassung, die nur noch zu einem kleinen Teil im GVG geregelt ist, kennt abgesehen von der Verfassungsgerichtsbarkeit bekanntlich noch fünf weitere Gerichtsbarkeiten, nämlich die sogenannte ordentliche Justiz, die Verwaltungs-, Arbeits-, Sozial- und Finanzgerichtsbarkeit. Diese Gerichtsbarkeiten sind, was ihre Instanzen angeht und soweit die Besetzung der Spruchkörper, die Stellung und Berufung der Richter und das im Konfliktfall einzuschlagende Verfahren betroffen sind, äußerst verschieden organisiert.

Die Gerichtsverfassung des NS-Staats war im Vergleich zu heute wesentlich buntscheckiger und wirrer. Das Reichsgericht bestand fort; der ihm angegliederte Staatsgerichtshof (das Verfassungsgericht von Weimar) starb ab, denn selbstverständlich war »eine Überprüfung der ... politischen Führungsakte durch einen unabhängigen Richter undenkbar«[11]. Die ohnehin noch nicht üppig entwickelte Verwaltungsgerichtsbarkeit verkümmerte allmählich, da sie im autoritären Führerstaat richtigerweise nicht mehr den perhorreszierten Individualschutz wahrnehmen konnte, sondern als Kontrollorgan für die Gleichmäßigkeit der Verwaltung interpretiert werden mußte. Die ordentliche und die Arbeitsgerichtsbarkeit blieben bestehen, wurden aber durch zahlreiche Standes- und Spezialgerichtshöfe eingeschränkt. Ich erwähne nur die Erbhofgerichte, die Parteigerichte, die Gerichtsbarkeit der SA, SS und der Polizei sowie die Standesgerichte des Reichsnährstandes (das sind die Bauern!), der Presse und der DAF (Deutsche Arbeitsfront). Daneben wurden in allen OLG-Bezirken Sondergerichte eingerichtet, welche für Verstöße gegen die Verordnung zum Schutz von Volk und Staat (28. 2. 1933) und gegen das Heimtückegesetz (20. 12. 1934) sowie für bestimmte politische Delikte zuständig waren. Außerdem gab es seit dem 24. 4. 1934 ein Sondergericht für das ganze Reich, den hinlänglich bekannten Volksgerichtshof.

Speziell für dieses Gericht wird in jüngster Zeit [12] gelegentlich die These diskutiert, es habe sich überhaupt nicht um ein Gericht gehandelt, so daß es in dieser Aufzählung fehlen müßte. Es ist dies eine These, bei der sich sittliche Empörung und politisches Demokratieengagement mit einem bedauernswerten Mangel an historischem Verstand kombinieren. Es hat nicht den mindesten Wert, in diesem Zusammenhang in immer erneuten Anläufen die Willkürlichkeit der Rechtsprechung des Volksgerichtshofs darzustellen und anzuprangern, sie als Scheinjustiz, Unjustiz und Terrorjustiz zu qualifizieren. Die solchen Urteilen zugrundeliegenden Fakten sind längst bekannt, gut dokumentiert und werden, sieht man von kleinen, in bestimmter Weise engagierten Zirkeln ab, auch von niemandem bestritten. Aus diesen Fakten folgt selbstverständlich, daß wir in der Bundesrepublik zur Zeit in dieser Weise operierende Gerichte nicht als Gerichte anerkennen würden und daß wir verpflichtet wären, ihre Einrichtung und ihr Wirken mit allen rechtlichen und politischen Mitteln zu bekämpfen. Für die Vergangenheit folgt daraus aber nichts. Hier haben wir uns nur die Frage zu stellen, ob die Zeitgenossen diese und andere Einrichtungen als Gerichte wahrgenommen und erlebt haben. Und daran ist nicht zu zweifeln.

Dabei mag es auf sich beruhen, ob es die eine oder andere abweichende Meinung gegeben hat. Abweichende Meinungen gibt es immer. Heute leben wir in einem Staat, der solche Meinungen im großen und ganzen toleriert. Daß er sie unterstützt, wird man von ihm nicht verlangen können. Der Faschismus hat solche Meinungen im großen und ganzen ausgerottet. Er hielt es für seine heilige Aufgabe, im »Lebenskampf des deutschen Volkes« den politischen und ideologischen Gegner zu vernichten.

Er hat diese Aufgabe Einrichtungen zugewiesen, die nach damals allgemeiner Meinung Gerichte waren. Und diese Gerichte haben ihre Aufgabe erfüllt, wenn auch nicht so gründlich und effektiv, wie es die Staatsführung, deren bekannte Äußerungen zu diesem Sachverhalt nicht zitiert zu werden brauchen, erwartete. Gleichwohl haben diese Gerichte eine Unzahl Unglücklicher auf dem Gewissen, und sie haben eine Unzahl von Märtyrern geschaffen – Zeugen für eine humanere und lebenswertere Welt. Wir bringen diesen Opfern im allgemeinen und zu Recht Hochachtung und Verehrung entgegen, und zwar deshalb, weil sie für Überzeugungen gelitten haben und gestorben sind, für die wir zwar gern eintreten, für die zu leiden und zu sterben aber vielleicht nicht allzu viele von uns bereit wären. Damals standen diese Menschen als Lumpen, Feiglinge und Verräter – als Feinde – vor den Gerichten. Es mag abgeschmackt klingen zu behaupten, sie seien Feinde gewesen. Und dennoch ist es so, wie man schon daran sieht, daß eben der nämliche Umstand, der sie damals zu Verbrechern stempelte, sie heute zu Helden macht: ihre Gegnerschaft. Wären die Dinge anders verlaufen, wären sie Verbrecher geblieben.

Für diese Menschen jedenfalls kann es nichts bedeuten, wenn wir ihnen heute ins Grab nachschreien, sie seien nicht von Gerichten, sondern von »Nichtgerichten« umgebracht worden. Und wenn wir damit nur meinen sollten: Solche »Gerichte« würden wir heute niemals als Gerichte bezeichnen können –, so ist das brav und selbstverständlich. Aber die hierfür nötige Energie sollten wir lieber darauf verwenden zuzusehen, daß *unsere* Gerichte unseren Vorstellungen entsprechen.

Und zu welchem Ende führt uns denn überhaupt diese sogenannte Theorie, welche die Vergangenheit an der Gegenwart hinrichtet? Mehrere Gerichte, z. B. einige Sondergerichte (aber bei weitem nicht alle) oder einige Militärgerichte, wären keine Gerichte gewesen; andere schon. Wieder andere hätten sich vielleicht – wie der Volksgerichtshof, dessen Entwicklung von der politischen Kadijustiz zum Terrorgericht bekannt ist – in makabrer Metamorphose vom Gericht zum Nichtgericht gewandelt.

Aber warum soll man eigentlich bei den Gerichten stehenbleiben? Empfiehlt es sich dann nicht gleich, reinen Tisch zu machen? Denn die nationalsozialistische Gerichtsverfassung war doch nach unseren Maßstäben nicht eigentlich eine Gerichtsverfassung und der NS-Staat nach seinen eigenen expliziten Bekundungen keinesfalls ein Rechtsstaat – und da auch heute noch auf der Erde die Rechtsstaaten keineswegs in der Überzahl sind, könnten wir doch gleich mit dem Rest aufräumen, um mit unseren Freunden und Gesinnungsgenossen in zufriedener Borniertheit in eine bedauernswert rechtlose Welt zu blicken.

Nein, wir werden uns mit der Feststellung anfreunden müssen, daß die allgemeine Meinung der damaligen Zeit die fraglichen Einrichtungen für Gerichte gehalten hat und daß es wenig sinnvoll ist, dieser Zeit ihre Meinung zu bestreiten.

Für alle diese Gerichte war § 1 GVG in der Interpretation »Selbständigkeit in der Bindung an die leitenden Grundsätze des völkischen Führerstaates«[13] prinzipiell gültig. Natürlich gab es im Hinblick auf die einzelnen Gerichtsbarkeiten und die einzelnen Instanzen Unterschiede. Ein hessisches Amtsgericht, ein SS-Gericht und der Volksgerichtshof konnten nicht an denselben Maßstäben gemessen werden. Das ist auch heute wieder so. Die richterliche Unabhängigkeit im gegenwärtigen Verständnis kann und darf nicht bei allen unseren Gerichten genau dieselbe Deutung erfahren, wenn die grundgesetzlich verbürgte Unabhängigkeitsgarantie effektiv sein soll. Es ist deshalb legitim und begrüßenswert, wenn die je verschiedenen Aspekte der Unabhängigkeit für die je verschiedenen Gerichtsbarkeiten differenziert werden.

Weist man solchen aus der Aufgabenstellung fließenden Akzentuierungen kein überdimensioniertes Gewicht zu, dann kann man behaupten, daß die nationalsozialistischen Gerichte unabhängig im damaligen Sinn des § 1 GVG gewesen sind. Daran hat sich auch späterhin nichts wirklich Entscheidendes geändert. Zwar hat Hitler 1942 erklärt, er werde »die ganze Justiz zum Teufel jagen« – eine Maßnahme, welche zweifellos in der Logik des Systems gelegen hätte –, aber er hat es nicht getan. Zwar ließ er sich im gleichen Jahr vom Reichstag bestätigen, daß ihm als oberstem Gerichtsherrn das Recht zustehe, »jeden Richter... ohne Verfahren... aus seinem Amte zu entfernen«, aber das ging in der Sache letztlich nicht über das Gesetz zur Wiederherstellung des Berufsbeamtentums von 1933 hinaus. Nach ihm konnten Richter, die nicht »jeder Zeit rückhaltlos für den nationalen Staat eintreten« (§ 4), aus dem Amt entfernt werden, jedoch auch schon dann, »wenn es das dienstliche Bedürfnis erfordert« (§§ 5,6). Daß diese Entfernungsbefugnis dem »obersten Gerichtsherrn« zukomme, hatte Tigges schon aus der Akklamation vom 19. 8. 1934 (Hitler als oberster Führer des deutschen Volkes) und dem damit formell installierten Führerprinzip erschlossen und als Bestandteil der nationalsozialistisch interpretierten Unabhängigkeit angesehen.

Noch weniger ist diese Unabhängigkeit durch die ungemein überschätzten 21 Richterbriefe von 1942 bis 1944 beeinträchtigt worden, welchen letztlich keine andere Bedeutung zukommt als den Hirtenbriefen für die Einschwörung und Ausrichtung der Gläubigen. – Dabei verkenne ich natürlich nicht die Pressionen, denen in je verschiedenem Maße der einzelne Entscheider ausgesetzt war. Aber diese Pressionen waren notwendiger Bestandteil der neuen Interpretation der Unabhängigkeit. Wenn ein Funktionär als weisungsfrei, aber geführt, nicht als Befehlsempfänger, aber als ideologisch rechenschaftspflichtig aufgefaßt wird, dann läßt sich ein solcher Amtsträger nur unter Einbeziehung verschiedener Formen des physischen und psychischen Dirigismus konzipieren. Das war auch klar erkannt und die politische Linie der Staatsführung. Das heutige Recht der Dienstaufsicht, die Geschäftsverteilung und die Fortbildung sind entsprechend schwache, nämlich demokratische Varianten dieses Konzepts.

Ich komme also zu dem Ergebnis, daß die Richter im Nationalsozialismus nach den damaligen Vorstellungen von der Bedeutung des § 1 GVG unabhängigen Gerichten angehörten. Nach unserer heutigen Auslegung wäre das zweifellos nicht der Fall. Es fragt sich, ob aus dieser Differenz etwas folgt.

Meines Erachtens folgt daraus nicht mehr, als daß diese Differenz besteht. Allerdings liegt der Gedanke nahe, das Bestehen dieser Differenz zum Anlaß eines Werturteils zu nehmen. Denn alle unsere Werturteile kommen in der Weise zustande, daß wir Sachverhalte, hier zwei politische Ordnungen, miteinander vergleichen und dann eine Präferenzentscheidung formulieren. Hier haben wir den Unterschied zwischen einer Diktatur und einer Demokratie vor Augen – und wenn ich unterstellen darf, daß wir alle eine Demokratie präferieren würden, ist das Werturteil schnell gefällt.

Man kann aber auch noch einen Schritt weitergehen und die Frage stellen, ob eine solche Interpretation wie die nationalsozialistische zu § 1 GVG überhaupt existieren darf. Das ist dann eine moralische Frage, die mit den Mitteln des ethischen Diskurses und der politischen Argumentation zu entscheiden ist. Schließlich kann man noch die Frage stellen, ob eine solche Interpretation einschließlich der sie flankierenden gesetzlichen Normen existieren durfte. Das scheint eine völlig sinnlose Frage zu sein, da doch unbestreitbar jene Normen samt den dazugehörigen Dogmen in der Welt waren.

Gleichwohl hat gerade diese Frage die Juristen und Gerichte der Gegenwart in besonderem Maße beschäftigt und beschäftigt sie noch. Sie wird meistens unter dem Titel des Verhältnisses von Recht und Moral erörtert, wobei für »Moral« auch »Naturrecht« oder »Vernunftrecht« stehen kann. Rechtstechnisch praktisch wird das Thema z. B. dann, wenn man auf das Problem stößt, ob man eine während des Nationalsozialismus begangene Handlung oder ergangene Entscheidung als rechtmäßig behandeln soll, weil sie damals gültigem Recht entsprach. Grundsätzlich gibt es zwei Möglichkeiten:

Man kann für Rechtmäßigkeit votieren, weil man auf die seinerzeitige

Situation abstellt – eine absurde Haltung, die die Vergangenheit zum Normgeber für die Gegenwart macht, das Jetzige zugunsten des Gestern entmündigt und das heute für richtige Gehaltene an das für falsch Erkannte verrät.

Man kann andererseits auf Unrechtmäßigkeit erkennen und dies wiederum mit zwei verschiedenen Argumenten: einmal, weil man das Geschehen an den normativen Vorstellungen der Gegenwart mißt und es von daher verurteilt – die, wie ich meine, einzig richtige Auffassung –, zum anderen, weil man die frühere Normativität an der jetzigen mißt und dann die frühere Normativität verwirft, sie für ungültig und nichtig erklärt. Diesen letzten Weg haben der Bundesgerichtshof und das Bundesverfassungsgericht mehrfach eingeschlagen. Würde man ihn auch bei unserem Gegenstand beschreiten, sähe man sich freilich erheblichen Schwierigkeiten gegenüber. Denn was sollte dies denn bedeuten, wenn wir behaupten würden, die aus unserer Sicht unabhängigkeitsbeschränkenden Normen seien wegen »unerträglichen Widerspruchs zur Gerechtigkeit« niemals gültig gewesen? Waren die Richter dann unabhängig?

Ich will diesen Gedanken nicht weiterverfolgen, weil ich schon seine Prämisse, die Vorstellung, man könne vergangene Normativität für nie dagewesen erklären, nicht nachvollziehen kann. Ich halte eine solche These nicht für Philosophie (vermutlich weil ich kein Philosoph bin), aber ich akzeptiere natürlich, wenn sie von den Experten so behandelt wird. Was mich interessiert, ist die *Funktion* einer solchen Rechtsphilosophie. Funktionell dürfte es sich um Exorzismus handeln, und zwar um einen arroganten, feigen und gefährlichen Exorzismus obendrein.

Arrogant, weil er sich anmaßt, Glaubenssysteme der Gegenwart in die Vergangenheit zu projizieren, was nur möglich ist unter Bezugnahme auf einen höheren Einsichts- oder Kenntnisstand, der sich auf Inspiration, Offenbarung oder transzendentale Weisheit gründet (und dabei ganz beiläufig einem Volk von 80 Millionen die Legitimation abspricht, sich mehrheitlich für ein Terrorregime zu entscheiden). Da wir solche Entscheidungen auch gegenwärtig unablässig beobachten können, fürchte ich auch die in dieser Theorie steckende missionarische Dynamik, denn Missionare haben mehr von dieser Welt verwüstet, als dumpfe Unaufgeklärtheit je vermocht hätte.

Als feige betrachte ich diesen Exorzismus, weil er einen Umweg schleicht, wo es darauf ankäme, direkt zu sagen, daß wir nicht im geringsten etwas besser wissen als unsere Väter, sondern daß wir bestenfalls glauben, etwas besser zu wissen, und noch genauer, daß wir einfach anderer Meinung sind und daß wir uns deswegen zu einem anderen politischen System bekennen. Da dies, was die Jüngeren angeht, schlicht Zufall ist –

wo liegt das Verdienst, postfaschistisch in der BRD das Licht der Welt erblickt zu haben? –, haben wir auch kaum das Recht, diese Väter zu verurteilen. Das Recht und nach ihrem deklarierten Selbstverständnis auch die Pflicht, diese Verurteilungen vorzunehmen, hätten jene gehabt, welche nach 1945 diesen Staat errichtet haben. Sie haben es nicht getan. Warum? Aus der Solidarität der Unterworfenen, aus dem Großmut des Neuanfangs, aus Unkenntnis vom Ausmaß der Verbrechen, aus Angst vor einem Bürgerkrieg. Die Aufrechten im Bewußtsein, in der Minderheit zu sein; die Schuldigen im Bewußtsein ihrer Schuld. In der Hoffnung, der Alpträume auf ewig ledig zu sein, und aus vielen anderen Gründen. Jedenfalls haben sie uns an Stelle einer wieder einmal versäumten Revolution, an Stelle einer sicher fürchterlichen, aber auch befreienden Generalreinigung diese Bürde aufgepackt, und wir sollten nicht so tun, als könnten wir sie mit einer Fiktion wegzaubern.

Und für gefährlich halte ich diesen Exorzismus schließlich deshalb, weil er uns weismachen könnte, jetzt sei alles gut. Sind erst die verbrecherischen Gesetze fort, verschwinden auch die Verbrechen. Eine juristische damnatio memoriae, welche die Unpersonen und damit ihre Untaten von den Tafeln der Geschichte wischt und hierdurch Raum schafft für einen neuen positiven Mythos.

Ich plädiere also dafür, daß alle NS-Gerichte unabhängige Gerichte im damaligen Verständnis des § 1 GVG waren und daß sie nach damals gültigen Normen gültig judizierten.

Aber haben sie das denn getan? Haben sie faktisch die ihnen eingeräumte Unabhängigkeit im damaligen Sinne genutzt und damit dem § 1 GVG auch zur Geltung verholfen – zur Geltung in dem Sinne, daß die Richter den an sie adressierten Teil der Norm akzeptierten? Ganz eindeutig wird sich das niemals mehr klären lassen, denn die Spuren sind nicht immer klar, und die späteren Berichte über die damalige Praxis sind gefärbt und verstellt, weil sie erinnerte Rekonstruktionen sind. Immerhin ist einiges recht gut erforscht. Das Bild läßt sich gewiß noch verfeinern, eine Verfeinerung, der nicht zuletzt diese Vorlesungsreihe dient, aber an den groben Umrissen wird sich nur wenig ändern.

Für den Einstieg sollten wir den doppeldeutigen Ausdruck meines Themas »NS-Richter« vielleicht in seine Facetten zerlegen. Denn er kann »nationalsozialistische Richter«, Nazis als Richter, meinen, und er kann »Richter unter dem Nationalsozialismus« bedeuten, falls man – wie sicher zulässig ist – unterstellt, daß nicht alle Richter Nationalsozialisten waren.

Daß die Nationalsozialisten unter den Richtern mit der Fassung ihrer Unabhängigkeit als »Selbständigkeit in der Bindung an die leitenden Grundsätze des völkischen Führerstaates«[14] einverstanden waren, darf ohne weiteres vermutet werden. Aber wie steht es mit den anderen Richtern? Sie waren doch keineswegs alle bedingungslos in den Nationalsozialismus marschiert. Es gab, wie es damals so ansprechend hieß, »dem Nationalsozialismus (zunächst) noch abwartend gegenüberstehende Kreise«, welche beunruhigt waren und »gewaltsame oder störende Eingriffe im Gebiete des Rechtslebens befürchtet hatten«. Diese Kreise wurden beruhigt, »in zahlreichen Kundgebungen führender Persönlichkeiten der nationalsozialistischen Rechtserneuerungsbewegung«.[15] Die meisten ließen sich beruhigen und nicht wenige auch bekehren. Die Folgen dieses Vorgangs liegen in den Dokumenten der »unbegrenzten Auslegung« (Rüthers) vor aller Augen. Selbst die Richterbriefe, in denen man auf Grund der Entschuldigungstiraden eines besonders fanatischen Rechtswahrers (Rothaug, Sondergericht Nürnberg) lange Zeit den eigentlichen Hort der Knechtung der Justiz vermutete, spiegeln diesen Vorgang noch wider. Denn wenn dort immerhin 50% der Urteile als zu hart gerügt werden, dann hat man durchaus den Eindruck, daß nicht allzuviel Unterdrückungsmaßnahmen nötig waren, um die Justiz zum richtigen Verständnis ihrer Unabhängigkeit zu bringen.

Gewiß gab es Ausnahmen. Aber die Fälle von direktem Protest, von Verweigerung des Treueeids etwa oder von Ausscheiden aus dem Amt sind vernachlässigenswert gering. Bei manchem machte die Bekehrung auch wieder Rückschritte – je rasanter es bergab ging, um so rapider. Manche gingen bald in den inneren Widerstand und wandten die NS-Gesetze nur zögerlich an oder ließen sich an Stellen versetzen, wo sie, ohne aufzufallen, überwintern konnten. Die große Masse aber verhielt sich so, wie sich Menschen eben verhalten: Beförderungswünsche und Karrieresucht; Rücksicht auf die Familie; vage Hoffnungen, daß alles gutgehen werde; Abstumpfung, trotziges Erst-recht nach der Selbsterkenntnis der Besudelung, fehlende Zivilcourage und nackte Angst, Lebenslügen, Anpassung. Mit einem unübertreffbaren deutschen Wort, welches alles erklärt, aber nichts entschuldigen kann: Verstrickung!

Alle diese Verstrickten haben schließlich ihre nationalsozialistisch-interpretierte Unabhängigkeit akzeptiert und die »freie Hingabe des Richtertums an die Ziele der Staatsführung«, sei es gespielt, sei es vollzogen.

Damit wurden sie schlechte Richter im doppelten Sinne. Einmal gegenüber ihrem Dienstherrn, dessen Unzufriedenheit 1942, als die Richterbriefe eingeführt wurden, noch die gleiche war wie 1934, als er den Volksgerichtshof ins Leben rief – und zwar zu Recht. Denn aus seiner Perspektive mußte die Situation genau so zu beurteilen sein, wie wir das heute tun, wenn wir der Meinung sind, ein Richter habe die Rechtsstaatsprinzipien nicht richtig begriffen. Der Unterschied liegt darin, daß wir – erfolglos – die Ablösung verlangen und er – erfolgreich – die Entfernung befahl.

Schlechte Richter waren diese Verstrickten aber auch aus unserer Sicht. Denn sie haben aus Schwäche dieses System mitermöglicht, mitgestützt und durchgehalten und sich damit jene Verachtung eingehandelt, welche der Lohn der Lauheit ist. Bei der Formulierung derartiger Verachtung dürfen wir uns allerdings Zurückhaltung empfehlen. Selbstsichere Selbstgerechtigkeit können sich nie in existentieller Bedrohung oder in berauschender Versuchung Gewesene eigentlich nicht leisten.

Ich habe jetzt alle Elemente meines Themas geprüft. Es dürfte angebracht sein, sie noch einmal kurz zu mustern und den Versuch einer Deutung zu machen. Wir haben eine Norm, die nun über 100 Jahre alt ist. Sie stellt, wie man sagt, einen Kardinalgrundsatz dar, und wie fast alle Kardinalgrundsätze hat sie ein bewegtes Innenleben hinter sich, welches man ihr aber rein äußerlich nicht ansieht. Deshalb hat sie nicht nur schon vier politischen Ordnungen gedient, sondern könnte auch noch einigen weiteren dienen. Mit anderen Worten: eine ganz normale Rechtsnorm.

Und die Richter, die unter dieser Norm gelebt haben, und die Juristen, welche mit ihr hantierten, waren ganz normale Richter und Juristen. Vergessen wir nicht: Auch unser Staat hat ideologische Gegner. Wir bekämpfen sie mit Hilfe unserer Justiz. Das ist richtig so. Wir haben kein Verständnis für den Richter, der sein Amt benutzt, um durchzusetzen, was er persönlich will. Er soll wollen, was die Mehrheit von uns will, oder nicht Richter sein. Deshalb bilden wir ihn auch fort – auch wenn er keine Richterbriefe erhält. Deshalb ermuntern wir auch die Medien, ihn zu beobachten. Deshalb schwören wir ihn auch ein auf die freiheitlich-demokratische Grundordnung, an der Universität, in der praktischen Ausbildung und in der Praxis selber.

Aber wir können natürlich nicht wirklich *wissen*, ob wir dem richtigen Glauben anhängen. Manchmal beschleichen uns Zweifel. Manchmal hören wir uns auch sagen, die Justiz habe versagt – und müßten eigentlich sehr beklommen werden. Aber dafür haben wir meistens keine Zeit. Wir müssen sehen, wie wir weiterkommen. Vielleicht haben wir Glück und unsere Gegner siegen nicht. Dann bleiben wir im Recht, so wie wir jetzt im Recht sind. Andernfalls möchte sich mancher von uns überrascht unter den Schurken finden.

Aber ist das nicht alles höllisch falsch? Haben wir nicht gehört, gelesen und gesehen, daß in jenen 12 Jahren Ungeheuerliches geschehen ist? Waren nicht das unendlich Böse, grauenhafte Barbarei, der absolute Tod in der Welt und am Werk? Zweifellos. Aber sie waren eben nur hie und da und nicht überall. Dazwischen mußte die Normalität sein, weil nur auf dem Hintergrund des Gewöhnlichen das Entsetzliche Gestalt gewinnen kann.

Die Situation war damals im Reich und im Frieden nicht anders, als sie sich uns heute kosmisch – blicken wir nur auf die conditio humana insgesamt – darstellt. Auch im Augenblick geschieht überall auf der Welt Entsetzliches – und wir wissen das ganz genau; wir könnten die Orte und die Symbole des Schreckens aufzählen – und dennoch verwalten wir gelassen unsere Normalität und gehen gleich zum Abendessen. Irgendwo weint vielleicht ein Sensibler am Fernsehgerät.

Aber vermutlich sollten wir noch einen Schritt weitergehen. Viele, fast alle Anstrengungen der letzten Jahrzehnte richteten sich darauf, auch noch das Grauen selbst in die Normalität zu holen, es einzuebnen und damit der Vergangenheit insgesamt eine erträgliche Dimension zu geben. Diese Anstrengungen begannen mit der kollektiven Verdrängung, der Ablenkung durch Arbeitswut, der Sezession von der Geschichte. Sie setzten sich später fort in Autobiographien, Untersuchungen und Prozessen – alles Mittel, um Trennungen einzuführen, das Böse vom Guten zu separieren und damit zu marginalisieren. Das ist die Szene, auf der Hitler als einmalige Reinkarnation des Satanischen erscheint und Freisler für geisteskrank erklärt wird. Jetzt sind wir angelangt bei der historischen Versenkung in den Alltag des Faschismus, bei den etwas kläglichen Juridismen der Nichtigkeits- und Nichtexistenzerklärungen und bei den politischen Forderungen nach einem positiven Geschichtsbewußtsein.

Ich bin und fühle mich nicht berufen, dies zu verurteilen. Wir können das Entsetzliche nicht festhalten, ohne unsere Existenz aufs Spiel zu setzen. Die Toten verwesen zu Zahlen, das Leid versteinert zum Mahnmal und wird durch Kranzniederlegungen und Gedenkrituale routinisiert.

Wir können uns nicht dagegen wehren, daß das Grauen sich in Normalität transformiert. Aber wir sollten vielleicht zweierlei tun:

Wir sollten diesen unvermeidlichen Prozeß nicht auch noch angestrengt vorantreiben. Wir sollten nicht versuchen, die damalige Zeit jetzt mit unseren Rechtsinstrumenten aufzuarbeiten. Recht ist geeignet, Konflikte und Devianzen im Rahmen einer prinzipiell akzeptierten Ordnung zu bereinigen und zu regulieren. Gegenüber einer anomischen Lage müssen diese Instrumente versagen. Wenn die Garantie der Gesetzlichkeit entfällt, werden Handlungen und Verfahren der Subjekte zu moralischen oder amoralischen Aktionen – und müssen so bewertet werden. Sonst kommt es fast zwangsläufig zu Rehse-Urteilen. Wir können mit unserer Normalität nicht das Grauen vermessen.

Und zum zweiten sollten wir uns nicht daran gewöhnen wollen, das Grauen in unserer Normalität zu übersehen. Denn daß es allgegenwärtig ist, dafür haben wir doch die Indizien vor unseren Augen. Wir sitzen auf unserer eigenen Vernichtung und fressen die Schöpfung und uns selbst auf. Wir hören, daß zu Pessimismus kein Anlaß besteht, wissen, wo Äthiopien und Kambodscha liegen, sehen die Gesichter derer, die unsere Geschicke bestimmen, schmecken das Wasser unserer Flüsse und Meere und riechen unsere Luft – das ist unsere Normalität, und wir werden eines Tages nicht erneut sagen wollen, wir hätten sie nicht gekannt.

Zu unserer Geschichte und speziell zu unserer Justizgeschichte haben wir uns bisher bald weinerlich, bald überheblich verhalten. Zu beidem besteht keine Veranlassung. Sie ist normal. So schrecklich normal wie wir selbst.

Michael Stolleis
Die Verwaltungsgerichtsbarkeit im Nationalsozialismus

Von Recht und Unrecht in der Zeit des Nationalsozialismus kann nicht ohne innere Anteilnahme gesprochen werden. Das gilt für die Zeitgenossen ebenso wie für die Nachgeborenen. Diese Anteilnahme verändert die Gegenstände oder – genauer gesagt: – die Sprache, in der wir über jene Gegenstände zu berichten suchen. Die Anteilnahme beflügelt uns, steht uns aber auch im Wege. Sie treibt uns an, wir betrachten sie aber als Wissenschaftler mit Skepsis. Denn um jenem leidbefrachteten Geschehen irgendwie »gerecht zu werden«, bedarf es der Distanz. Wir Nachgeborenen haben meistens ausreichend Distanz, sind aber auch noch nahe genug, um zu wissen, daß Distanzierung und Objektivierung alsbald ihre Grenzen erreichen, wenn wir als moralische Wesen intakt bleiben wollen.

Meine Darstellung der Verwaltungsgerichtsbarkeit behandelt einen Zweig der Rechtsprechung, der damals weit weniger im Mittelpunkt stand als heute, und der erst in der Weimarer Zeit aus den Kinderschuhen herausgekommen war.

I

Die Verwaltungsgerichtsbarkeit ist der Prüfstein des Rechtsstaats. Sie garantiert gerichtsförmigen Schutz der Rechte des Bürgers und Einhaltung der Rechtsregeln durch den Staat.

Diese – auf dem Höhepunkt des staatsrechtlichen Liberalismus im 19. Jahrhundert entstandene – Gerichtsbarkeit mußte unweigerlich mit dem NS-Staat in Konflikt geraten; denn so vage dessen sogenannte »Weltanschauung« im übrigen sein mochte, die Verwerfung der Idee des liberalen Rechtsstaates gehörte zu seinen Basissätzen. Die Diskussion um den Fortbestand der Verwaltungsgerichtsbarkeit begann daher schon in den ersten Monaten des Jahres 1933. Hinter dieser Diskussion standen die bis zum Ende ungelösten Spannungen zwischen *Normenstaat* und *Maßnahmestaat*, zwischen Staat und Partei (bzw. Parteikanzlei und Reichsinnenministerium, letzteres wieder verbündet mit dem Reichsjustizministerium und der Akademie für Deutsches Recht).

Die konsequenten Vertreter eines revolutionären Aktivismus, der Bewegung »an sich« und eines explizit antibürgerlichen soldatischen Führerprinzips zielten auf Abschaffung aller die »Tat« hemmenden Normen und Einrichtungen. Für diese Aktivisten war die Verwaltungsgerichtsbarkeit allenfalls übergangsweise akzeptabel und nur dann, wenn das Richterpersonal bereit war, den Dualismus von Staat und Gesellschaft über Bord zu werfen, nicht mehr das »individuelle Recht«, sondern die objektive »völkische Ordnung« als Schutzgut anzusehen und bedingungslos die von der Führung definierten öffentlichen Interessen als Leitlinie zu akzeptieren. Da die Einheit von Führer und Gefolgschaft in der »Volksgemeinschaft« axiomatisch vorausgesetzt wurde, waren alle Interessenkonflikte in der postulierten Identität rhetorisch »aufgehoben«.[1]

In der juristischen Fachpresse las man die Dinge jedoch anders. Dort dominierte das »Ja« zum neuen Staat, kombiniert mit einem »Ja« zur traditionellen Verwaltungsgerichtsbarkeit. Die Autoren gaben sich Mühe nachzuweisen, daß Verwaltungsgerichtsbarkeit und NS-Staat keineswegs einen Widerspruch darstellten, ja im Gegenteil, daß die Verwaltungsgerichtsbarkeit erst jetzt ihren eigentlichen Sinn erhalte.[2]

Bald konnten die Verteidiger der Verwaltungsgerichtsbarkeit auch einige taktische Punkte sammeln. Mehrere NS-Gesetze nahmen auf sie Bezug, ebenso verschiedene Gesetzesprojekte in der Akademie für Deutsches Recht.

Die Verwaltungsgerichtsbarkeit konnte also erst einmal aufatmen, nachdem die Gefahr, gleich im ersten Zugriff beseitigt zu werden, vorüber war. Dennoch schwelte die Grundsatzfrage weiter. Diejenigen Kräfte in der NSDAP, die der Verwaltungsgerichtsbarkeit mißtrauten, orientierten sich schrittweise um, je mehr sie entdeckten, daß auch Verwaltungsrichter lenkbar waren. Einige verwaltungsgerichtliche Entscheidungen, die im Geist der nationalsozialistischen Weltanschauung ergangen waren, wurden entsprechend gelobt. Es schien deshalb die Umstellung der Verwaltungsgerichtsbarkeit auf den neuen Staat auch als Frage des Personalwechsels und der »Erziehungsarbeit« deutbar zu sein. Daß diese Umstellung wegen der traditionellen Besetzung der Verwaltungsgerichtsbarkeit mit Vertretern liberal-rechtsstaatlichen Denkens langsamer verlaufen würde als in den anderen Gerichtszweigen, mochte man hinnehmen.

Aber selbst im engsten Führungszirkel des Nationalsozialismus waren die Ansichten geteilt. Während die radikalen Vertreter von SS und Gestapo

weiter für eine ersatzlose Beseitigung der »reaktionären« Verwaltungsgerichte plädierten, zogen die Vertreter von Reichsinnen- und Reichsjustizministerium in die entgegengesetzte Richtung. Ihnen stand Hans Frank
mit seiner Akademie zur Seite. 1935 plädierte das Reichsinnenministerium für die Verwaltungsgerichtsbarkeit als eine »bewährte Einrichtung«.
1936 legte sich der Minister selbst fest und 1939 hörte man aus dem
Munde des obersten Rechtswahrers Frank, im NS-Staat müsse jeder Ver-
waltungsakt nachprüfbar sein, und daher sei die Verwaltungsgerichtsbarkeit – so wörtlich: – »unerläßlich«.[3]
Die Verwaltungsrichter registrierten diese amtlichen Stimmen erfreut
und erhoben ab 1936 sogar wieder Forderungen nach einem Reichsverwaltungsgericht, nach Zuweisung neuer Kompetenzen und nach Verbesserung der Unabhängigkeit der Richter.[4]
Dennoch täuscht dieses Stimmungsbild. Denn was *nicht* in den Zeitschriften stand, und was die Fülle der beschwörenden Aufsätze zur Erhaltung
der Verwaltungsgerichtsbarkeit erst verständlich macht, waren ständige
Beunruhigungen der Praxis durch Mißachtung verwaltungsgerichtlicher
Urteile, Übergriffe der lokalen Parteistellen oder der Gauleiter sowie
Presseangriffe gegen sogenannte »reaktionäre«, im Sinne von *rechtsstaatliche* Urteile. Die Verwaltungsgerichtsbarkeit galt als Zufluchtsort für
Liberale und Konservative, die wenigstens den Kern des Rechtsstaats zu
bewahren suchten. Der rabiate Nationalsozialist Walter Sommer (tätig im
Stab des Stellvertreters des Führers im »Braunen Haus«) sah dies deutlich: »Die personelle Besetzung der Verwaltungsgerichte ist jedenfalls
noch nicht so nationalsozialistisch wie die der aktiven Verwaltung«, die
Verwaltungsrichter seien »liberale nationale Bürger«, Paragraphenmen-
schen und Aktenwürmer ohne Beziehung zur aktiven Verwaltung.[5]
Die von Sommer gegebene grobschlächtige Zusammenfassung der Argumente gegen die Verwaltungsgerichtsbarkeit verkörperte die in den Fach-
blättern unterrepräsentierte Ansicht der NSDAP. Kurz zusammengefaßt
lautete sie: Verwaltungsgerichtsbarkeit ist lebensfernes, totes Paragra-
phenwerk, verwaltungsinterne Kontrolle ist volksnäher und kann nicht
von Regierungsgegnern mißbraucht werden, Verwaltungsgerichte sind
langsam und teuer, die Trennung von politischer Führung und unpoliti-
scher Verwaltung gibt es im Nationalsozialismus nicht, Verwaltungsgerichtsbarkeit ist allenfalls als beratendes Gremium innerhalb der Verwaltung tragbar.
Die Gegenseite wehrte sich freilich gegen eine derart bedrohliche Herab-
stufung. Da sie in der Defensive war, gab sie ständig Positionen preis: Sie
verzichtete auf die Überprüfung von Verhaftungen durch die Gestapo, sie
erklärte sogenannte »politische Sachen« für »selbstverständlich« unan-

tastbar, sie unterstrich immer wieder das Übergewicht des Gesamtwohls gegenüber dem Individualrecht, sie versicherte, ihre richterliche Unabhängigkeit nur im Sinne der NS-Weltanschauung verstehen zu wollen, und sie bot schließlich sogar die Preisgabe der Bezeichnung »Gerichtsbarkeit« an. »Verwaltungsrechtspflege« war der passende Ersatzausdruck.[6]

So versuchte beispielsweise der Vizepräsident des Preußischen Oberverwaltungsgerichts den Nachweis zu führen, sein Gericht liege einwandfrei auf der Linie der Staatsführung.[7] Ob er das als »alter Kämpfer« und SS-Brigadeführer selbst geglaubt hat, sei dahingestellt. Immerhin wurde klar, daß die Verwaltungsgerichtsbarkeit zu vielem bereit war, um ihre Position zu halten. Sie warf ihre liberale Herkunft als Ballast ab, zog sich widerstandslos von »politischen« Gegenständen zurück, stellte sich von der Seite des Bürgers mindestens verbal auf die Seite der Verwaltung und machte Front gegen den »Justizstaat«.

Dieser Preis war hoch. Die Verwaltungsgerichtsbarkeit verlor ihr geistiges Profil, indem sie ihre eigentliche Aufgabe, den Individualrechtsschutz, verleugnete. Indem sie sich den Sprachregelungen anpaßte und die Unterordnung des Rechts unter die staatlich definierten Zwecke akzeptierte, hatte sie ihr Terrain im Grunde schon um 1935 verloren. Die spätere Debatte um die Verwaltungsgerichtsbarkeit, die sich fast bis zum Kriegsende hinzog, klammerte die Grundsatzfragen aus. Die Autoren erörterten die verbliebenen Zuständigkeiten, die Errichtung des Reichsverwaltungsgerichts, die Einbeziehung der eroberten Gebiete und die Verkürzungen des Verfahrens. Es kennzeichnete die Situation, daß am Ende mit jenem Walter Sommer derjenige Kandidat der NSDAP zum Präsidenten des Reichsverwaltungsgerichts aufstieg, der am wenigsten von der Verwaltungsgerichtsbarkeit hielt.

Die fachliche Diskussion um die Verwaltungsgerichtsbarkeit während des Nationalsozialismus endete also paradox. Die ehemalige liberale Verwaltungsgerichtsbarkeit hatte sich zwar institutionell bis zum Ende des Regimes halten können, war aber zur Bedeutungslosigkeit heruntergedrückt, von wichtigen Fragen verdrängt und gerade von ihren eigenen Verteidigern durch Preisgabe der geistigen Leitlinien zur Unkenntlichkeit verändert worden. Als die nationalsozialistischen Gegner die Festung der Verwaltungsgerichtsbarkeit endlich eingenommen hatten, war sie durch ihre Verteidiger bereits vorher schon geistig preisgegeben worden.

II

Die Verwaltungsgerichtsbarkeit verformte sich also zunächst einmal selbst und gab unter dem ideologischen Druck ihr geistiges Profil preis. Auf der anderen Seite (und gleichzeitig) wurde sie aber auch durch die Gesetzgebung verformt – genauer gesagt: – entmachtet. Um dies zu erläutern, muß ein Wort über den Zustand vor 1933 gesagt werden: Was der Nationalsozialismus im Jahre 1933 unter der Bezeichnung »Verwaltungsgerichtsbarkeit« vorfand, war institutionell uneinheitlich, verfügte über unterschiedliche Kompetenzen und lief nach verschiedenen Verfahrensordnungen ab.[8] In Preußen, Bayern, Hessen und Anhalt war die Verwaltungsgerichtsbarkeit *drei*stufig, in Sachsen, Baden, Oldenburg, Thüringen, Mecklenburg, Lippe sowie in Bremen und Hamburg war sie *zwei*stufig, in Württemberg, Lübeck und Braunschweig *ein*stufig. Sie trug auf der unteren und mittleren Stufe stärker die Züge einer verwaltungsinternen Kontrolle als die einer echten Gerichtsbarkeit. Auch bei den Oberverwaltungsgerichten war die Verwaltung, mindestens durch die nebenamtlichen Richter, noch stark beteiligt. In Sachsen, Württemberg, Thüringen und Bremen bestimmte sich die Zuständigkeit nach der Generalklausel, im übrigen galt das Enumerationsprinzip, d. h. die Einzelaufzählung der Kompetenzen. In Preußen gab es für Polizeisachen die Generalklausel, sonst aber Enumeration. Eine Verwaltungsgerichtsbarkeit des Reichs bestand nur auf Sondergebieten.

Dieser unübersichtliche Zustand blieb nach 1933 im Prinzip bestehen. Zu einer echten Reform des Verfahrensrechts und des Gerichtsaufbaus ist es (trotz aller großen Worte) nicht gekommen. Aber die vorgenommenen kleinen Änderungen sind doch sehr typisch: um den ersten Zugriff zu sichern, traten an die Stelle gewählter Laienrichter ernannte, politisch im Sinne der NSDAP »zuverlässige« Personen. Außerdem wurden die Kompetenzen der Verwaltungsgerichte drastisch beschnitten: Gegen die Beseitigung von Juden, Sozialdemokraten, Kommunisten und anderen aus *Beamten*stellen gab es von vornherein keine Rechtsmittel. Klagen von Gemeinden und Schulen gegen Maßnahmen der Aufsichtsbehörden wurden abgeschafft. Die Linie war deutlich: Der Rechtsschutz fiel dort, wo sich die neue Staatsgewalt politisch durchsetzen wollte, wo sie einschüchterte und entrechtete, wie z. B. auch bei den *Ausbürgerungen*. Der Rechtsschutz fiel vor allem bei der politischen Polizei, die einen rechtsfreien Aktionsraum beanspruchte.

Mit Ausbruch des Krieges trafen das prinzipielle Mißtrauen gegen die Verwaltungsgerichtsbarkeit und die Situation des Ausnahmezustands aufeinander. Die von der Partei schon lange gewünschte Reduzierung der

Verwaltungsgerichtsbarkeit auf ein Minimum bedurfte nun keiner Legitimation mehr. Der Führererlaß über die Vereinfachung der Verwaltung vom 28. 8. 1939 verlangte »restlosen Einsatz und schnelle, von bürokratischen Hemmungen freie Entscheidungen«.[9]

Die Klagemöglichkeiten wurden nun durch die einfache Beschwerde an die Behörde ersetzt, Rechtsmittel mußten ausdrücklich zugelassen werden, die erstinstanzlichen Verwaltungsgerichte fielen weg, das bereits bedeutungslose Laienelement in der Richterschaft wurde völlig beseitigt.

Was die Zuständigkeiten in der Sache anging, so gab es auf der einen Seite einen »schrittweisen Abbau«, auf der anderen Seite wurden aber auch ständig neue Zuständigkeiten zugewiesen, allerdings recht bedeutungslose.

Betrachten wir zunächst einmal die Kompetenz*verluste*: Am deutlichsten ist der Verlust da, wo sich die Gestapo wie ein Staat im Staate breitmachte und irgendwelche Kontrollen ihres Tuns rundweg ablehnte. Es begann mit den ersten sogenannten Schutzhaft-Maßnahmen nach der Reichstagsbrand-Verordnung vom 28. 2. 1933. Die Verwaltungsgerichte versuchten zwar zunächst noch, durch einschränkende Interpretationen das Aktionsfeld der Gestapo zu begrenzen, aber dies waren schon sichtlich Rückzugsgefechte. Wo das Unrecht in Gesetzesform daherkam, wie etwa bei der Einziehung kommunistischen Vermögens, waren die Gerichte ohnehin juristisch gelähmt. Als z. B. das Motorrad eines Kommunisten von der Gestapo beschlagnahmt wurde, wurde dies als gesetzlich geregelte »staatliche Hoheitsmaßnahme besonderer Art« bereits hingenommen.[10]

Wo Gesetze noch fehlten, versuchte das Preußische Oberverwaltungsgericht einige Zeit, das Terrain zu halten. Als dann aber das Gestapogesetz von 1936 alle Gestaposachen aus dem Rechtsschutz ausklammerte, gab das Gericht sofort nach und erklärte seine frühere Rechtsprechung für überholt.[11]

Damit war das klassische Gebiet der Überprüfung polizeilicher Verwaltungsakte teils im vorauseilenden Gehorsam preisgegeben, teils ausdrücklich weggenommen worden. Von 1938 an genügte die Etikettierung einer Sache als »politisch«, um die gerichtliche Kontrolle auszuschalten. Auch die Frage, ob die Etikettierung zu Recht erfolgt sei, war nicht mehr justiziabel. Ein Urteil des Badischen Verwaltungsgerichtshofs vom 11. 1. 1938 scheint tatsächlich, nach dem Wort von Ernst Fraenkel, »das letzte Urteil eines deutschen Verwaltungsgerichts in einer Nachprüfung *politischer* Maßnahmen« gewesen zu sein.[12]

Der vollständige Sieg der Gestapo in dieser Frage war allerdings nur möglich, weil die Rechtsprechung von Anfang an bereit war, die weiteste Auslegung des Wortes »politisch« zu akzeptieren. Auch politische Motive zur Versagung eines Führerscheins bei Kommunisten, zur Versagung eines Wandergewerbescheins für Zigeuner oder der Arbeitserlaubnis für eine Hebamme, die Zeugin Jehovas war, oder zur Auflösung eines jüdischen Vereins genügten. Wenn die Verwaltungsgerichte dies allerdings billigten, dann lag das nicht nur an der Angst vor eventuellen Mißlichkeiten, sondern dahinter steckte auch die Kompromißbereitschaft der Vertreter »geordneter Verhältnisse« mit der rücksichtslos agierenden »Hilfspolizei« der SA, mit der Gestapo und den faktisch unangreifbaren örtlichen Parteistellen. Es handelte sich um ein Verharren in einer alten Denkspur. Unverrückbar galt der Satz, Recht und Rechtskontrolle hätten dort aufzuhören, wo die »Politik« anfängt. »Politik« wurde dadurch das rechtsfreie Aktionsfeld der Macht, und die Träger der Macht definierten die Grenzen, wo sie sich kontrollieren lassen wollten und wo nicht. Kurzum: Die Verwaltungsrichter, in ihrer deutschen Entwicklungsgeschichte weit mehr »Staatsdiener« als Träger einer aus der Volkssouveränität legitimierten Dritten Gewalt, haben aus einem eingewurzelten Respekt vor der »Macht« ihre Kompetenzen schneller aufgegeben, als es nötig war.

Betrachten wir auf der anderen Seite, wo der Verwaltungsgerichtsbarkeit Kompetenzen *zugewachsen* sind, so sehen wir, daß es sich zwar äußerlich um eine große Zahl von Fällen handelte, daß aber in Wirklichkeit nur wenig substantielles Material hinzukam.

Außerdem führten diese Kompetenzzuweisungen nur noch ganz selten zu entsprechenden Verfahren. Die Inanspruchnahme der Verwaltungsgerichtsbarkeit war ohnehin dramatisch gesunken; denn eine Klage gegen den NS-Staat, gegründet auf den Vorwurf, dieser habe rechtswidrig gehandelt, erforderte Zivilcourage und Standfestigkeit. In vielen Fällen zogen die Betroffenen den Kopf ein, nahmen Unrecht stillschweigend hin, oder sie arrangierten sich irgendwie. Während des Krieges nahm dies noch zu. Wenn es z. B. um Entschädigungen ging, nahm man lieber ein geringes Angebot entgegen und schwieg, als sich dem Risiko eines verlorenen Prozesses auszusetzen. Schließlich sind ohne Zweifel viele Verfahren in der chaotischen Endphase des Regimes unbeendet steckengeblieben.

Es ist deshalb keine Übertreibung, wenn man feststellt, daß die traditionelle Rechtsschutzfunktion der Verwaltungsgerichtsbarkeit ab 1939 nahezu vollständig entwertet war. Aus den Erinnerungen von Verwaltungsrichtern haben wir später erfahren, daß ein normaler Gerichtsbetrieb kaum mehr stattfand. Aber auch schon vorher war die Schutzfunktion der Verwaltungsgerichtsbarkeit im Kern angebrochen: für alle sogenannten »politischen« Gegenstände (Gestapo-Verhaftungen, Vermögensbeschlagnahmungen, alle anderen Quälereien gegenüber Regimegegnern und Minderheiten) war die Verwaltungsgerichtsbarkeit, wie bereits gesagt, nicht mehr zuständig. Es ist schwer zu entscheiden, ob sie dies als Unglück oder nach dem Motto »was ich nicht weiß, macht mich nicht heiß« als Glück empfand... Vermuten muß man freilich, daß sie sich erleichtert fühlte, als diese unangenehmen Dinge von anderen, weniger empfindlichen Händen erledigt wurden.

III

Richten wir nun noch einen Blick auf die Gerichte selbst: Um ein wenigstens halbwegs zutreffendes Bild von der Verwaltungsgerichtsbarkeit im Nationalsozialismus zu gewinnen, muß man weniger die Reichsebene betrachten – dort gab es nur kurzfristig ein Reichsverwaltungsgericht – als die Ebene der Länder. Aber dies ist nicht einfach: die Rechtsprechung der einzelnen Obergerichte ist heute noch kaum erforscht.
Die Gründe hierfür sind unterschiedlich. Die Akten sind z. T. verbrannt (so in Hessen) oder nicht frei zugänglich (so in der DDR), zum Teil hat die Rechtsgeschichte des öffentlichen Rechts, die ohnehin schwach ist, die nötigen Detailstudien noch nicht geleistet.
Auch die Maßstäbe der »Bewertung« einzelner Fälle sind unsicher. Es sollte Einigkeit darüber bestehen, daß es »überzeitliche« Standards an Rechtsstaatlichkeit nicht oder jedenfalls nicht in allgemein verbindlicher Form gibt, und daß auch der in der Bundesrepublik erreichte Standard nicht im nachhinein als ahistorischer Maßstab für die dreißiger Jahre verwendet werden kann. Andererseits hat es einen aus der Verfassungs- und Verwaltungspraxis der Monarchie und der Weimarer Zeit weiterwirkenden Konsens darüber gegeben, worin das Ideal eines »Rechtsstaats« bestehe; gerade die Wirksamkeit der Kompromißformel »nationaler Rechtsstaat« in den Anfangsjahren des Regimes und der wissenschaftsinterne Widerstand gegen den Versuch von Carl Schmitt, den traditionellen Rechtsstaatsbegriff vom liberalen Hintergrund zu lösen[13], beweist dies. Dieser normative Rechtsstaatsbegriff der Zeit selbst, zweifellos auch er ein nachträglich erstelltes Konstrukt, müßte also hier als Leitlinie für eine Bewertung der Urteile von Verwaltungsgerichten der Jahre 1933 bis 1945 zugrundegelegt werden.
In diesem Sinne sind die folgenden Bemerkungen zu den Obergerichten der Länder zu verstehen.[14] Mit Selbstverständlichkeit hat das große *Preußische Oberverwaltungsgericht* stets die Hauptaufmerksamkeit auf sich gezogen. Seine Rechtsprechung kann als relativ gut erforscht gelten. Über

sie läßt sich sagen: Innerhalb des reduzierten Kompetenzbereichs und im Rahmen dessen, was einem in der Öffentlichkeit handelnden Gericht überhaupt möglich war, hat das PrOVG tatsächlich rechtsstaatliche Positionen durch unbeirrtes, manchmal sogar listiges Festhalten am positiven Recht in erstaunlichem Maße bewahren können. Das Gericht rügte etwa floskelhafte politische Begründungen, stellte nachträglich die Rechtswidrigkeit eines Zeitungsverbots des Reichspropagandaministeriums fest, hob die politisch begründete Beanstandung einer Vereinssatzung auf, oder es bestätigte die Erteilung eines Wandergewerbescheins als rechtmäßig. Ein anderes Urteil über *Zigeuner* gipfelt in Sätzen, die es wert sind, zitiert zu werden: »Als deutsche Staatsangehörige unterliegen Zigeuner keinem Ausnahmerecht. Wie sie den allgemeinen gesetzlichen Verpflichtungen unterworfen sind, befinden sie sich andererseits aber auch unter dem Schutz der Gesetze. Freilich ist die Polizei berechtigt, den aus den eigentümlichen Lebensgewohnheiten der Zigeuner und ihrem Nomadentum entspringenden besonderen polizeilichen Gefahren entgegenzutreten. Sie kann sie aber nicht von Ort zu Ort jagen.«[15]
Diesen Entscheidungen stehen allerdings auch andere gegenüber, in denen sich das Gericht nahezu kommentarlos aus unangenehmen Entscheidungssituationen zurückzog, etwa indem es auf die geänderte Rechtslage bzw. Rechtsauffassung hinwies. Nur wenige Entscheidungen sind prononciert nationalsozialistisch geprägt.
Für die relative Widerstandsfähigkeit des Preußischen Oberverwaltungsgerichts gegen nationalsozialistische Pressionen gibt es verschiedene Erklärungen, etwa die bis in die Zeit vor dem Ersten Weltkrieg reichende personelle Kontinuität, repräsentiert vor allem durch den Präsidenten Bill Drews, das Selbstbewußtsein des gerade wegen seiner liberalen Geradlinigkeit angesehenen Gerichts, die bis 1941 noch kaum durchkreuzte Rekrutierung des Richterpersonals aus den traditionellen Bereichen. Dieser Effekt verstärkte sich noch dadurch, daß die Verwaltungsgerichtsbarkeit den Ruf einer Zufluchtstätte für Verwaltungsjuristen genoß, die in der Verwaltung politische Schwierigkeiten hatten.
In verkleinertem Maßstab gilt das gleiche für den *Badischen Verwaltungsgerichtshof* Karlsruhe. Auch hier zeigt sich eine alte liberale Tradition, Kontinuität des Personals und der Versuch, die doppelte Moral durchzuhalten: nämlich Rechtsstaatlichkeit auf unpolitischen Gebieten und Anpassung, wo es gefährlich wurde. Ein 1982 erschienenes gründliches Buch hat dieses Schwanken im einzelnen belegt.[16]
Sehr viel weniger wissen wir über den *Württembergischen Verwaltungsgerichtshof*. Mustert man die Rechtsprechung, so findet man Reflexe des Kirchenkampfes, Auseinandersetzungen um alte dingliche Rechte und

vieles andere, was durchweg harmlos wirkt. Es fällt allerdings auf, daß der WürttVGH seine Kontrollmöglichkeiten freiwillig, ja vorbeugend beschnitt, speziell in Gestaposachen, daß er auf der Grundlage der Reichstagsbrandverordnung sogar präventivpolizeiliche Maßnahmen gegen Vereine für möglich hielt. Auch wo Festigkeit gegenüber religionsfeindlichen Maßnahmen des Regimes aufgrund der eigenen Rechtsprechung in Angelegenheiten der Volkskirchen erwartet werden konnte, fehlte es daran bei kleineren Religionsgemeinschaften (Heilsarmee, Christian Science, katholisch-apostolische Gemeinde).

Auch der *Bayerische Verwaltungsgerichtshof* bietet ein ambivalentes Bild, dessen abschließende Beurteilung aber noch aussteht. Wie anderswo zeigt sich der übliche Schrumpfungsprozeß in personeller und kompetenzieller Hinsicht. Die Grundlinie der Rechtsprechung war wie bei den anderen Oberverwaltungsgerichten positivistisch und rechtsstaatlich, soweit die Gesetzeslage dies erlaubte und ein Festhalten an der früheren Rechtsprechung möglich war, z. B. bei der Annahme der gewerberechtlichen Unzuverlässigkeit bei ständiger und eigennütziger Nichtabführung der Sozialversicherungsbeiträge. In staatskirchenrechtlichen Fragen hielt der VGH an traditionellen Positionen fest, soweit es um die Volkskirchen ging; gegenüber den Ernsten Bibelforschern hieß es dagegen in strengem Ton: »Diese Denkart und ihre Verbreitung ist staatsfeindlich, der *Form* nach, weil sie gegen das Verbot vom 13. 4. 1933 verstößt, dem *Inhalt* nach, weil sie Staat und Kirche beschimpft, Volk und Staat entfremdet und dem Pazifismus Dienste leistet, der zu der heldischen Weltanschauung des derzeitigen Staats- und Volkslebens in unvereinbarem Gegensatz steht.«[17]

»Politische« Fälle schieden schon deshalb aus der Überprüfung aus, weil es in Bayern auch vorher keinen verwaltungsgerichtlichen Schutz gegen polizeiliche Verfügungen gegeben hatte. Wo das Gesetz Deckung bot, versuchte das Gericht auch die Rechte jüdischer Synagogen bzw. jüdischer Gewerbetreibender zu schützen. Sobald dann aber die Behörden konkrete Anweisungen gaben, drehte sich die Beweislast um, etwa bei der gewerberechtlichen »Unzuverlässigkeit« von Juden.

Noch stärkere Spannungen weist das Bild auf, das die Rechtsprechung des *Sächsischen Oberverwaltungsgerichts* (Dresden) zeigt. Die Dinge sind keineswegs so idyllisch, wie sie von einem Richter später geschildert worden sind[18]: Zunächst einmal schieden Gestaposachen aufgrund der besonderen sächsischen Gesetzeslage schon 1933 aus. Das Gericht erklärte zudem, auch »mittelbar« politische Sachen könne es nicht prüfen. Selbst die einfache Behauptung, eine Sache sei »politisch«, akzeptierte es, ohne nachzufragen. Und schließlich hörte bei Maßnahmen von Reichsbehörden der sächsische Rechtsschutz auf.

Ein weiteres kommt hinzu: Das Sächsische Oberverwaltungsgericht hat
eine gewisse traurige Berühmtheit durch seine Rechtsprechung in Bau-
sachen erworben. Wie kein anderes Gericht drängte es den Individualrechtsschutz zurück und operierte rechtsschöpferisch mit der Maxime
»Gemeinnutz vor Eigennutz« aus dem Parteiprogramm der NSDAP. In
gleicher Weise politisierte es die Gewerbefreiheit und billigte die Versagung der Gewerbetätigkeit aus unüberprüfbaren »politischen« Gründen. Kommunisten, Ernste Bibelforscher und Juden fanden hier auch
gewerberechtlich keinen Schutz mehr.
Die Aufzählung von Einzelbeispielen soll hier nicht weiter fortgesetzt
werden, zumal die Schilderung einzelner Fälle in Stichworten immer
etwas Mißliches, wenn nicht gar Verfälschendes hat. Die Rechtsprechung
des Thüringischen Oberverwaltungsgerichts, des Hessischen Verwal-
tungsgerichtshofes, der Verwaltungsgerichte in Lüneburg und Schleswig,
des Oldenburgischen Oberverwaltungsgerichts, der Landesverwaltungs-
gerichte Mecklenburgs und der Hansestädte bis herunter etwa zu Braunschweig, Anhalt und Lippe zeigt durchweg die Züge, die ich noch einmal
folgendermaßen zusammenfassen möchte: Reduzierung der Kompetenzen, ein im Prinzip positivistisches Gesetzesverständnis, verbunden mit
der Bereitschaft, im Konfliktfall der Pression durch die Gestapo und sogenannten »politischen Anweisungen« von oben zu weichen.
Insofern waren diese Gerichte in einem halb regelgeleiteten, halb dezisio-
nistisch regierten Staat weder effektive Bollwerke der bürgerlichen Freiheiten noch Terrorinstrumente, sondern stille Garanten der vom Regime
definierten »Normalität«, solange es diesem nützlich erschien, jene Normalität zu gewähren.

IV

Die Verwaltungsgerichtsbarkeit im Nationalsozialismus blieb, aus der
Perspektive des Regimes, bis zum Ende ein die Dynamik bremsendes
Element liberaler Herkunft. Sie bewahrte in hohem Maße die personelle
und ideelle Kontinuität zur Richtertradition des bürgerlichen Rechtsstaats. Das gereicht ihr zur Ehre und soll hier gewiß nicht verkleinert
werden.
Aber diese Perspektive ist doch zu einfach. Sie verstellt den Blick dafür,
daß sich das Regime in seinen verschiedenen Aggregatzuständen – von
der Phase der »Revolution« 1933/34 über die innere Konsolidierung 1935/
37 zu erneuter »Revolutionierung« 1938/39 und zur Kriegsherrschaft –
recht unterschiedlich stabilisierte. Es war weithin darauf angewiesen, mit

der herkömmlichen, national und konservativ, aber nicht nationalsozialistisch denkenden Beamten- und Richterschaft auszukommen. Diese Schichten waren aber nur zur Mitarbeit bereit, soweit die bürgerliche Fassade eines »nationalen Rechtsstaates« gewahrt blieb. Hierzu trug die Fortexistenz der Verwaltungsgerichtsbarkeit in hohem Maße bei. Wo sie störte, wie bei der Unterdrückung von Regimegegnern oder bei antijüdischen Maßnahmen, wo sie lästig war, wie bei Kommunal- und Schulaufsicht, wo sie den Gang der Dinge verlangsamte, wie im Krieg, wurde sie ohne viel Federlesens beiseite gedrängt. Wo sie jedoch suggerieren konnte, auch der autoritäre Führerstaat befolge streng seine eigenen Gesetze oder verhelfe notfalls der »Rechtmäßigkeit« gegenüber einer veralteten »Gesetzmäßigkeit« zum Sieg, da erfüllte die Verwaltungsgerichtsbarkeit eine nützliche Funktion. Ihr finanzieller Aufwand war vergleichsweise gering, und das bürgerliche Publikum konnte die Illusion eines wenigstens partiell fortexistierenden Rechtsstaats bewahren.

Wie wichtig diese Funktion der Gerichte war, zeigte sich besonders im Krieg, als das Regime durch den Sicherheitsdienst die Stimmung an der »inneren Front« abhorchte. »Das Ergebnis«, so sagte ein hoher NSDAP-Funktionär wörtlich, »war für die Richter erfreulich. Es lautete, daß die Justiz auf die Bevölkerung ausgezeichnet wirke. Das Vertrauen zum ordentlichen Richter ist im Volke groß. Die wenigen Entgleisungen fallen hier überhaupt nicht ins Gewicht, so daß man sagen kann, die Richter erfüllen voll ihre Pflicht bei der Haltung der inneren Front... Wir haben erkannt, daß eine der Säulen, die die innere Front tragen, Rechtssicherheit heißt.«[19] Besser könnte auch ein Rechtssoziologe die Funktion einer korrekten Justiz in einer kriegführenden Diktatur nicht beschreiben.

Aber auch in den internen Auseinandersetzungen des Regimes bildete die Verwaltungsgerichtsbarkeit einen nützlichen Verhandlungspunkt. Nachdem sich Himmler die Unantastbarkeit der Gestapo durch Gesetzgebung, Rechtsprechung und Literatur hatte zusichern lassen, konnte er den Ministern Frick, Gürtner und Frank den Fortbestand der Verwaltungsgerichtsbarkeit ohne weiteres zugestehen, wenn auch stets mit dem Vorbehalt des Wohlverhaltens. Die Bereichsscheidung war eine Machtteilung, aus der Gestapo und SS zuletzt als Sieger hervorgingen. Die Fassade des Normenstaates mit seiner Verwaltungsgerichtsbarkeit verdeckte den tatsächlichen Machtgewinn des »Maßnahmestaates« so lange, bis es für effektive Gegenmaßnahmen zu spät war.

Schließlich ist zu bedenken, daß der Fortbestand der Verwaltungsgerichtsbarkeit und die Erhaltung rechtsstaatlicher Standards weniger ein »Verdienst« waren, als daß sie dem Zusammentreffen vor allem von drei Umständen zugeschrieben werden müssen:

1. Die Umgestaltung von Staat und Gesellschaft durch den Nationalsozialismus ging sektoral unterschiedlich rasch voran. Dabei konnte die Verwaltungsgerichtsbarkeit, sobald man ihr den Individualrechtsschutz nahm und sie im übrigen auf Gehorsam verpflichtete, lange Zeit unangetastet im »Windschatten« bleiben.

2. Obergerichte treffen typischerweise erst mit jahrelanger Verzögerung auf vergangene Sachverhalte. Sie laufen also hinter der Entwicklung her, was sich später leicht als »Bewahrung der Tradition« positiv akzentuieren läßt.

3. Wieviele Fälle krassen Unrechts gar nicht erst vor Gericht kamen, wieviele Fälle in der ersten und zweiten Instanz beendet wurden – und mit welchem Ergebnis –, wird sich niemals feststellen lassen.

Das uns heute vorliegende Fallmaterial, speziell das gezielt zum Druck aussortierte, repräsentiert nicht die Wirklichkeit des NS-Staates. Diese aus anderen Quellen bekannte Wirklichkeit, vom banalen bürokratischen Alltag bis zur Verwaltung der Todesmaschinerie, sollte man also vor Augen behalten, wenn man über die Verwaltungsgerichtsbarkeit im Nationalsozialismus zu befinden hat.

Die Lektüre der alten Gerichtsurteile zeigt, wieviel Mut und menschliche Reife ein Richter braucht, um sich in schwierigen Situationen nicht vom »Zeitgeist« wegschwemmen zu lassen; sie zeigt zugleich, wie selten solche Bürger- und Richtertugend offen geübt wurde, wie häufig andererseits dagegen in verdeckter Form, verpackt in die Folie juristischer Fachsprache.

Die Verwaltungsgerichtsbarkeit konnte und kann nicht mutiger sein als ihre Richter. Diese wiederum sind im Schnitt nicht mutiger als die Gesellschaft, in der sie leben. Die dort praktizierte politische Kultur bestimmt das Verhalten der Richter: Staatsbürgerliches Selbstbewußtsein, Mut und aufrechter Gang müssen täglich geübt werden, damit sie zur unerschütterbaren Lebensform werden.

Rainer Schröder

Der zivilrechtliche Alltag des Volksgenossen
Beispiele aus der Praxis des Oberlandesgerichts Celle im Dritten Reich *

Einleitung

Wir wissen nicht, wie die zivilprozessuale Praxis im Dritten Reich aussah, weil die Betroffenen schweigen. Wenn einige von ihnen sprechen, so glauben wir ihnen nicht. Auf diese kurze Formel kann man den gegenwärtigen Stand unserer politischen und juristischen Wissenschaft zusammenziehen. Selten äußern sich die Parteien von Zivilprozessen, ihre Anwälte und die damals beteiligten Richter publizistisch über diese Zeit. Schilderungen, wie sie Güstrow für den Bereich des Strafrechts gegeben hat, existieren für das Zivilrecht nicht.[1] Biographien über Richter bzw. Minister berühren das Thema allenfalls am Rande. Sie sind auf justizinterne oder biographische Vorgänge konzentriert. Autobiographien bleiben gleichfalls bei den Interna stehen und gleiten entweder ins Anekdotenhafte ab oder in eine Aufzählung der damals geltenden Gesetze, zumeist gleichfalls ohne Berücksichtigung des Zivilrechts.
Schilderungen »der Justiz« beschränkten sich auf den äußeren Rahmen und behaupteten, die Zivilrechtspraxis sei – von den bekannten Störungen einmal abgesehen – relativ ordentlich weitergelaufen.[2] Bei solchen Befunden stellt sich für den jüngeren Betrachter Unbehagen ein, und zwar aus einer Vielzahl von Gründen: Allein was einige Autoren aus den nationalsozialistisch redigierten juristischen Zeitschriften der Zeit zutage förderten, ist erschreckend genug. Es gab eine Fülle von Zivilurteilen, in denen der Zeitgeist voll durchschlug, aus jedem Bereich des Zivilrechts können wir Entscheidungen mit nationalsozialistischer Tendenz nachweisen.[3] Zudem ist die strafrechtliche und staatsanwaltliche Praxis – anders als die zivilrichterliche – gut erforscht. Die Dominanz nationalsozialistischen Denkens – wie sie dort in vielen Urteilen zum Tragen kommt – macht nachdenklich, denn die Strafgerichte waren Teil der ordentlichen

* Eingehend hierzu R. Schröder: »... aber im Zivilrecht sind die Richter standhaft geblieben!« Die Urteile des OLG Celle aus dem Dritten Reich, Baden-Baden 1988.

Gerichtsbarkeit, und deren Richter wechselten von einem in den anderen Zweig der ordentlichen Justiz über!

Nationalsozialistisches Rechtsdenken hatte darüber hinaus die juristische Wissenschaftskultur vollständig durchdrungen.[4] Grundlegend (rechtsphilosophisch und -theoretisch) sowie in den Details diskutierten Hochschullehrer und Praktiker über nationalsozialistische Rechtsreform, die sich selbstverständlich auch im Zivilrecht niederschlug. Wer die Werke der berühmten Zivilrechtslehrer dieser Zeit liest, kann kaum an einer vollständigen Erfassung auch dieses Lebensbereiches zweifeln. Daneben stand eine Anzahl von Schriften über die neue Stellung des Richters im Dritten Reich, die, wissenschaftlich oder autoritär politisch geboten, die Gesetze nur noch im nationalsozialistischen Sinne anwandten und auslegten. Als praktisches Mittel wollte man den Richter einerseits streng an das nationalsozialistische Gesetz binden, hingegen die »unbegrenzte Auslegung« zulassen, falls es sich um vorrevolutionäres Recht handelte.

Sollte etwa die terroristische Behandlung der Juden und anderer Feinde des Reiches, die längst vor dem Holocaust stattfand, nicht auf das Zivilrecht abgefärbt haben, obwohl wir längst eine Fülle von Urteilen ermittelten, die zum Teil in vorauseilendem Gehorsam die Rechtstellung der Juden auch im Zivilrecht untergruben.[5]

Diesen Befunden gegenüber mußte die Behauptung der Beteiligten Unglauben erwecken, wenn sie letzlich Inseln von nationalsozialismusfreier Normalität reklamierten. Man vermutet hinter solchen Apologien den Versuch, die eigene Vergangenheit zu verdrängen bzw. – milder – so zu rekonstruieren, daß sich die Betreffenden noch im Spiegel ansehen konnten. Es ist nur zu verständlich, die »besten« Jahre nicht in den »Schmutz« ziehen zu wollen. Man beließ es bei der Teilung der Deutschen in schlimme Verbrecher (Hitler, Himmler, Eichmann) und solche, die zwar keinen Widerstand leisteten, die sogar bis zu einem gewissen Grade mit der neuen Herrschaft einverstanden waren, dann aber (innerlich) abrückten. Der Preis war längst bezahlt in Form von Todesfällen in der Familie, Verlust des Vermögens sowie von Lebenschancen bzw. in der Justiz Verlust von Karrierechancen.[6]

Über solche Fragen sprach man in der Justiz nicht. Der Unfähigkeit, über die Judenvernichtung zu trauern, entsprach ein so vollständiges Schweigen, z. B. über den zivilprozessualen Justizalltag, daß der bedrückende Verdacht entstand, hier werde weitaus mehr verschwiegen, als man legitimerweise nach den Befunden vermuten durfte. Dem »So-schlimm-war-das-doch-alles-nicht« stand bohrendes Zweifeln der jüngeren Generation gegenüber.

Terror und Trivialität stehen in der Rechtspflege des Dritten Reiches nebeneinander. Die Richter des Dritten Reiches, die ihre Ausbildung im zweiten Kaiserreich oder in der Weimarer Republik erfahren hatten, leitete die Bonner Demokratie auf sich über – von Ausnahmen abgesehen. Kathartische Prozesse ersparte die junge Republik sich selbst und ihrem neuen/alten Rechtsstab, der seine eigene Vergangenheit unbewältigt ließ. Bis zu dem Zeitpunkt, als die Studentenbewegung, verbunden mit sozial-liberalen Kräften, die Unfähigkeit zur Selbstreflexion geißelte, konnte eine Vielzahl von nationalsozialistischen Gewalttätern, unter ihnen die ehemaligen Richter des Volksgerichtshofes, unbehelligt leben. Erst dieser Wandel des sozialen Klimas ermöglichte die Aufnahme einiger symbolträchtiger Strafverfahren. Man opferte alte, hinfällige Männer, deren uneinsichtige Starrheit ebenso erschreckte wie die Diskrepanz zwischen ihrer strafrechtlichen Unauffälligkeit nach dem Kriege und ihren ungeheuerlichen Verbrechen.

Von Einzelfällen abgesehen (Marinerichter Filbinger), fanden sich kaum Richter unter den moralisch oder strafrechtlich Angeklagten. Hatte die Kommentierung der Blutschutzgesetze durch Globke dessen Berufung zum Staatssekretär im Bundeskanzleramt nicht verhindert, so standen auch nationalsozialistische Vergangenheiten mit Einschluß entsprechender Spruchtätigkeiten mittleren Karrieren im Justizapparat nicht entgegen. Spricht man mit betroffenen Justizbeamten über diese Zeit, liest man ihre Memoiren, so empört deren penetrant gutes Gewissen. Die Bösen, das waren immer die anderen, man selbst war mit derartigen Fällen (»KZs und solchen Sachen«) nicht befaßt gewesen, man habe mitgemacht, um Schlimmeres zu verhüten etc.: So oder ähnlich kann man die Antworten der betroffenen Personen auf moralisch drängende Fragen zusammenfassen. Diese apologetische Praxis, verbunden mit dem undurchdringlichen Schulterschluß einer Funktionselite und fundiert durch eine unselige wissenschaftliche Bearbeitung der Fragen (Schuldzuweisung an den Positivismus und Wiederkehr des Naturrechts), machen besonders den jüngeren Betrachter irre, der diesen Antworten sachliche Richtigkeit ebenso wie moralische Glaubwürdigkeit abspricht. Mit Moral kam man indes nicht weiter.

Die Unterstellung der Lüge erhöht nicht nur den Kritiker, der unter den Bedingungen einer freiheitlichen Demokratie mutig ist, sondern sie ist wissenschaftlich nicht plausibel. In eine wissenschaftliche Sprache übertragen, bedeutet dieser Vorwurf für mehrere zehntausend Personen entweder:

● kollektives, vorsätzliches Verbreiten von Unwahrheiten oder
● kollektive Verdrängungsleistungen in ungeheurem Ausmaße oder

- kollektive verzerrte Wahrnehmungen zur Zeit des Dritten Reiches bzw.
- eine Kombination dieser Faktoren.

Niemand hat sich die Mühe gemacht zu überprüfen, welchen Richtigkeitsgehalt die These von der »Normalität in Zivilrecht« hat.

Die Hypothese, die ich im folgenden überprüfen will, läßt diese moralische Unterstellung beiseite. Sie geht von der Behauptung aus, es habe eine *relative Normalität juristischer Praxis* gegeben, die sich in einem statistischen weitgehenden Überwiegen »normaler« justizförmiger Konflikte gegenüber solchen Rechtsfällen gezeigt habe, die spezifisch nationalsozialistisch geprägt waren. Beschränkt man diese Behauptung, um den Untersuchungsgegenstand handhabbar zu machen, auf den Bereich des Zivilrechts, so würden die unter moralischem Aspekt jämmerlichen Entschuldigungen der Involvierten insofern gerechtfertigt sein, als 95 % (ich schätze bewußt hoch) der entschiedenen Zivilrechtsfälle solche Materien betrafen, wie sie in der Weimarer Republik und der Bundesrepublik vorkommen, und zwar mit nicht wesentlich abweichenden Entscheidungen. Stellt sich aber die statistische Realität richterlichen Handelns in dieser Weise dar, so erscheint die Abwehr pauschaler Verurteilungen »der« Richter durch unsere Generation plausibel. Die Vorwürfe wären in ihrer Pauschalität nicht mehr haltbar, was den Vorteil hätte, daß die Kritik präziser festgemacht werden könnte. Gleichzeitig würde eine Bestätigung dieser These deutlich machen, weshalb es jener Generation so leicht fiel, unsere – also offenkundig unrichtigen – pauschalen Angriffe zurückzuweisen.
Der zivilrechtliche Alltag des Volksgenossen spiegelt sich in der gerichtlichen Praxis, nicht in innergerichtlichen Vorgängen. Ein Gericht wirkt durch seine Urteile; um diese geht es.
Eine nüchterne Betrachtung des Forschungsstandes ergibt dies: Über Zivilrechts*praxis* im Dritten Reich wurde bisher nicht geforscht. Der Bezug auf veröffentlichte Urteile reichte den bisherigen Autoren aus, obwohl bei der nationalsozialistischen Prägung der Zeitschriften durchaus nicht sicher ist, ob die Auswahl repräsentativ war. Den Gang ins Staats- oder Gerichtsarchiv ersetzten die Forscher durch den in die Bibliothek der Juristischen Fakultäten. Dem Richter traute man alles zu, hatte er doch seine nationalsozialistische Verwendungsmöglichkeit in weiten Bereichen des Strafrechts unter Beweis gestellt, und so schloß man vom geifernden NS-Schrifttum und den veröffentlichten Entscheidungen auf eine entsprechende Praxis. Soweit ich sehe, wurden fortlaufende Reihen von Entscheidungen, die nicht oft, aber auch nicht selten in den Archiven

vorhanden sind, bisher nicht durchgesehen. Was man aus einer statistischen Erhebung über NS-Urteile schließen darf, steht auf einem anderen Blatt. Ohne diesen Befund aber zu erheben, dürfen wir die Zivilrechtspraxis im Dritten Reich wohl kaum noch betrachten. Einige Gruppen von Beispielsfällen sollen Eindrücke von der Spruchtätigkeit vermitteln. Ein Blick in die Gerichtsinterna schließt sich an, analytische Prolegomena bilden den Schluß.[7]

Einige markante Urteile

»Das gesunde Volksempfinden zieht hier die Grenzen, bis zu denen eine Rückforderung zulässig oder ausgeschlossen ist. Zu beachten ist die Wirkung auf das Rechtsgefühl auf die Gesamtheit der Volksgenossen. Denn der Mensch kommt auch in seinen privaten Angelegenheiten nicht nur als einzelner, sondern als Glied der Gemeinschaft in Betracht, so daß zu fragen ist, ob nach deren Auffassung die Bereicherung ungerechtfertigt ist oder nicht, ob man den Leistenden vom bösen Tun abhalten kann.«[8]

Der 4. Zivilsenat des Oberlandesgerichts Celle bestätigte mit solchen Formulierungen aus einem Urteil von 1942 alle meine Vorurteile. Die dogmatische Frage war recht einfach: Sollte die schenkweise Verfügung eines inzwischen Verstorbenen gegenüber der »Geliebten« Bestand haben, weil sowohl der Leistende als auch die Leistungsempfängerin sittenwidrig gehandelt hatten? Nach § 817 Satz 2 BGB konnten solche Leistungen nicht zurückgefordert werden. Indes schränkte und schränkt man diese Vorschrift für Fälle ein, in denen der rechtlich mißbilligte Zustand gerade durch das »Behaltendürfen« perpetuiert würde. Abgesehen davon, daß sich unsere Einstellung zu diesen Fragen inzwischen ebenso geändert hat wie die des BGH, erstaunt an der Entscheidung nicht das Ergebnis, sondern die penetrant nationalsozialistische Begründung, die durch ein Freisler-Zitat gestützt wurde. Der Senatspräsident des 4. Senats war am 1.10.1933 ernannt worden, also am selben Tage, an dem man den erst seit vier Jahren amtierenden Senatspräsidenten Dr. Richard Katzenstein an das Amtsgericht Harburg-Wilhelmsburg versetzt hatte. Der Berichterstatter war gleichfalls in nationalsozialistischer Zeit (am 1.7.1934) zum Oberlandesgerichtsrat ernannt worden.

Eine andere Entscheidung desselben Senates, deren Berichterstatter am 1.9.1933 ernannt worden war, formulierte: »Überdies ist an der glücklichen Entbindung im höchsten Maße *das Volksganze* interessiert«. Die Ehefrau hatte sich von ihrem Ehemann getrennt, und sie hatte an einem anderen Ort entbunden, wofür ihr Vater finanziell eingetreten war. Dieser verlangte Ersatz der Entbindungskosten vom Ex-Ehemann. Die uns sattsam bekannten nationalsozialistischen Wertungen schienen auch hier durchzuschlagen.[9]

Das Familienrecht sowie die Generalklauseln waren von nationalsozialistischem Rechtsdenken durchdrungen; das ist seit langem bekannt. Doch wie stand es mit der »normalen« Zivilrechtsdogmatik? In einem Rechtsstreit der niedersächsischen Telefongesellschaft gegen den Inhaber einer Futtermittel- und Getreidefirma wurde dieser verurteilt, 1050,– RM zu bezahlen. Der Inhaber Otto Heineberg hatte mit letztmals ergänztem Vertrag vom 4. 1. 1934 eine Telefonanlage bis 1946 gemietet. Der § 7 bestimmte, bei Konkurs seien ¾ der restlichen Jahresmieten zu bezahlen, »... das gleiche gilt, falls die Anlage nicht zur Ausführung gelangt oder ihre Benutzung in Folge eines Umstandes, den die Vermieterin nicht zu vertreten hat, zwecklos oder unmöglich wird.«[10]
Nachdem im Reich zum Boykott der Juden aufgerufen worden war und die Organisationen der Bauernschaft Bauern meldeten, die bei Juden kauften, gab der Beklagte sein Geschäft auf. Die klagende Telefongesellschaft forderte aus »Billigkeitsgründen« nicht den vollen ¾ Betrag, sondern lediglich 1050,– RM. Der Beklagte berief sich darauf, die Maßnahmen gegen die Juden seien unvorhersehbar gewesen, sonst hätte man den Vertrag am 4. 1. 1934 anders gefaßt. Der Beklagte berief sich also auf den Wegfall der Geschäftsgrundlage bzw. auf ein außerordentliches Kündigungsrecht. § 552 BGB weist indes das Verwendungsrisiko für eine gemietete Sache allein dem Mieter zu. Der Senat meinte, die »persönliche Eigenschaft als jüdischer Getreidehändler« sei »nicht geeignet, den Beklagten aus der Vertragspflicht zu befreien, denn er schuldet den Mietzins nur für die Gewährung des rechtmäßigen Gebrauchs, nicht aber dafür, daß er für seine Person in der Lage ist, diesen Gebrauch auszuführen.«
Konsequent prüfte und verwarf der Senat den Wegfall der Zahlungspflicht auf Grund folgender Gesichtspunkte: Unmöglichkeit (§ 323 BGB), Herabsetzung einer Vertragsstrafe (§ 343 BGB), außerordentliche Kündigung, Wegfall der Geschäftsgrundlage. In allen diesen Bereichen bestehen gewisse tatsächliche und rechtliche Spielräume. Nach heutigen Vorstellungen handelt es sich um einen geradezu klassischen Fall des Wegfalls der Geschäftsgrundlage, den das Gericht – um diese einzelne Argumentation herauszugreifen – so verneinte: Der Beklagte habe »vielmehr ein Risiko bewußt übernommen«. Vor allem müsse »dieses daraus gefolgert werden, daß die Parteien den Vertrag noch am 4. 1. 1934, also zu einer Zeit bestätigt haben, als (Einfügung von Hand des Berichterstat-

ters) die wirtschaftlichen Auswirkungen der staatlichen und parteilichen Maßnahmen gegen Juden bereits auf allen Gebieten erkennbar gemacht waren und mit ihrem Abschluß noch keineswegs gerechnet werden konnte.«

Diese Äußerung, die der Berichterstatter persönlich handschriftlich eingefügt hatte, ist wahr, doch an Zynismus kaum zu übertreffen. Die Behauptungen, es sei nicht sitten- oder treuwidrig, den Beklagten am Vertrage festzuhalten, folgten zwingend aus dem obigen Argument der »Risikoübernahme«. Das Landgericht hatte die Klage mit erstaunlichen Argumentationen im Zusammenhang mit dem Gesetz zur Widerherstellung des Berufsbeamtentums zugunsten des jüdischen Beklagten abgewiesen.

Bliebe ich in meinen Schilderungen auf diese Fälle beschränkt, so würde sich unweigerlich der Eindruck einstellen, selbst die Dogmatik des Zivilrechts sei vollständig pervertiert gewesen. Deutlicher als mit dem letzterwähnten Fall kann man nicht demonstrieren, wie sämtliche Argumentationsspielräume zu Lasten einer Personengruppe ausgenutzt wurden. Indes hatte ich von den etwa 600 Entscheidungen, die als fortlaufende Reihen für die erste Sichtung zur Verfügung standen, bis zu diesem Zeitpunkt 315 durchgesehen, und bei den erwähnten Fällen handelte es sich um einige der wenigen Entscheidungen, in denen nationalsozialistisches Denken so penetrant durchschlug. Das Gros der übrigen Fälle bewegte sich in dogmatischen Bahnen, die von unseren nicht weit entfernt waren. Kann man daraus aber schließen, es habe im Bereich des Zivilrechts eine relative Normalität geherrscht, die legitimerweise das damalige und heutige Bild der betroffenen Richter prägte? Wenn diese Untersuchung für den Bereich von Zivilprozessen einen hohen Prozentsatz »normaler« Zivilurteile ergibt, so bedeutet das keineswegs, nationalsozialistische Einflüsse seien überhaupt nicht zu verzeichnen.

Veränderte Umstände, Gesetze, Sprache und neuer Argumentationsstil

In vielen Fällen finden sich Bezüge zu nationalsozialistischen Normen, die ohne Rücksicht auf die demokratische Schein-Legitimation diskutiert werden. Es war in der Tat nicht bedenklich, die Pächter-Entschuldigungsverordnung vom 12. 3. 1935 (RGBl. I, S. 360) anzuwenden.

Die mittelstandsfördernden Maßnahmen und Gesetze schlugen natürlich besonders auf das Zivil- und Wettbewerbsrecht durch. Man arrangierte sich mit den »Änderungen der allgemeinen Anschauung über Warenhäuser und Großfilialgeschäfte«[11], was das Oberlandesgericht und später das Reichsgericht indes nicht hinderte, einige Privatpersonen und einen Rabattwesenverein wegen schwerer Boykottmaßnahmen gegenüber einem Warenhaus zu Schadenersatz nach §§ 823 II in Verbindung mit §§ 123 StGB und 858 BGB zu verurteilen. Lapidar stellte das Reichsgericht zum Sachverhalt fest, man habe dem Kläger die Fenster eingeschlagen, ihn angezeigt, ihn festnehmen lassen, er befinde sich in Schutzhaft etc.

Auch die Sprache hatte sich angepaßt: Von gesundem Volksempfinden war gelegentlich die Rede sowie vom Interesse des Volksganzen. Man berücksichtigte die neue wirtschaftliche Lage[12] und glaubte, die wirtschaftlichen Verhältnisse hätten sich gravierend geändert: Umsatzrückgänge, steigende Einkaufspreise etc., doch zog man hieraus nicht etwa die Konsequenz und erklärte eine geschuldete Pacht für »wucherisch überhöht«. Auch der Mietwuchereinwand (§ 49 a MSchG) fand keine Berücksichtigung. Ein »normaler« Pächter trug bei langfristigen Pachtverträgen das Risiko einer Konjunkturveränderung. Eine generelle Entformalisierung im Rahmen längerfristiger Verträge und somit eine Ausweitung der Lehre vom Wegfall der Geschäftsgrundlage oder ähnliches konnte ich nicht feststellen. Zivilrecht ist auch immer Wirtschaftsrecht. Im gewissen Umfang schlichten Gerichte Konflikte, die zwangsläufig zwischen wirtschaftenden Subjekten entstehen. Die Wirtschaftsordnung des Dritten Reiches wurde zunehmend durch Wirtschaftsverwaltungsrecht eingeengt. Hoheitliche Regulierungen (Zwangskartellgesetz) veränderten die Qualität der Auseinandersetzungen. Hatten früher Konkurrenten um Geld gestritten, so waren zunehmend verschiedenste nationalsozialistische bzw. staatliche Behörden beteiligt. Um die Versorgung mit Rohöl im Kriegsfalle sicherzustellen, konnte der Beauftragte des Ministerpräsidenten Generalfeldmarschall Göring für die Förderung der Erdölgewinnung anordnen, daß Bohrfirmen ihr Gerät einer anderen Firma zur Verfügung stellen mußten.

Zu einem der – seltenen – wirtschaftsrechtlichen Konflikte kam es, weil der Kläger annahm, es sei ein Lohnbohrverhältnis vereinbart, während hingegen der Beklagte allenfalls von der preiswerteren Miete des Bohrgerätes ausging. Man stritt um den Rechtscharakter einer Mobilmachungsanordnung durch den Mob-Beauftragten sowie den Bohrfeldbeauftragten. In schönster begriffsjuristischer Auslegung befaßten sich drei Instanzen mit der Formulierung: »... daß Sie im Mob-Fall folgende Bohranlagen zur Verfügung zu stellen haben«.[13]

Der Kläger argumentierte nicht nur juristisch. Er sei ein alter Kämpfer, habe sich in der Polenkrise bewährt und habe als »Nationalsozialist Taten begangen, für die ich schwer büßen müßte«. Alle seine Eingaben an die Gauleitung der NSDAP sowie die Parteikanzlei, auf die er das Oberlandesgericht schriftsätzlich hinwies, fruchteten nicht. Wie man einstmals die göttliche Gerechtigkeit angerufen hatte, so lag nun die Hoffnung dieses Überzeugten beim Führer:

»... wenn wir auch jahrelang gegen die dunklen Mächte angekämpft haben, so sind sie nicht in der Lage, uns den Glauben an die Gerechtigkeit zu nehmen. Im Gegenteil, wir fühlen uns durch die ganzen unberechtigten Machenschaften erst recht verpflichtet, den Glauben an die Gerechtigkeit zu bewahren. Gestärkt werden wir in dem Glauben immer wieder durch die Worte unseres Führers, welcher nicht nur in den großen Kundgebungen mit den dunklen Mächten abrechnet, sondern diese ewig wahren Worte sind auch in seinem Buch ›Mein Kampf‹ von vorne bis hinten zu lesen. Ihnen empfehle ich dieses Werk einmal zu studieren und ganz besonders die auf S. 399 Abs. 2 und Fortsetzung S. 400 angeführten Wahrheiten.«

Das Gericht ließ sich von derartigen Argumentationen nicht einschüchtern. Im Gegenteil, ich habe einige Fälle gefunden, in denen man Ermessensspielräume zuungunsten von Klägern oder Beklagten nutzte, die in besonders penetranter Weise nationalsozialistisch argumentierten.

Die Behandlung der Juden im Zivilrecht

Weite Teile der Zivilprozesse liefen ab wie vor der Zeit des Dritten Reiches und danach. Waren jedoch Juden betroffen, so ändert sich das Bild, wie etwa Diemut Majer bereits eindrucksvoll festgestellt hat. Die Juden wurden seit 1933 zunehmend entrechtet und durch die Rassegesetze aus Berufstätigkeiten herausgedrängt (z. T. unter dem Vorwand, den Mittelstand zu schützen). Demzufolge traten sie weder als Rechtssubjekte noch als Kläger vor Zivilgerichten auf. War dies jedoch einmal der Fall, so versäumte das Gericht nicht, darauf hinzuweisen: der Antragsgegner und Berufungskläger, »welcher Jude ist und in Hannover ein Geschäft und mehrere Grundstücke besitzt.«[14]

Juden fanden jedoch als »Rechtsobjekte« Erwähnung; etwa wenn es darum ging, jüdische Firmen aus dem Handelsregister zu streichen[15], oder man konstatierte 1940, es sei »das Rechtsschutzinteresse der Kläger nicht deshalb zu verneinen, weil es seit dem 1. 1. 1939 im deutschen Reichsgebiet keine jüdischen Geschäfte mehr gibt.«[16] In einem anderen Handelsregisterverfahren schrieb die Industrie- und Handelskammer für Süd-Hannover am 27. 9. 1938: »Die obengenannte Firma hat nach Beendigung des

Totalausverkaufs das Handelsgeschäft aufgegeben. Es ist auch nicht damit zu rechnen, daß der Jude Schürmann jemals wieder die Gelegenheit
erhält, ein Einzelhandelsgeschäft gemäß den Bedingungen des Einzel-
handelsschutzgesetzes zu betreiben, da ihm die persönliche Zuverlässigkeit abzusprechen ist.«[17]

Unterlassungsklagen

Die bemerkenswerteste Gruppe von Klagen stellten jene Unterlassungs-
klagen dar, in denen sich Volksgenossen oder Firmen dagegen verwahr-
ten, sie seien jüdisch oder mit Juden in Kontakt getreten.
Es klagte die Firma Gebrüder B. in H. gegen den Verlag »Deutsche Kul-
turwacht« Berlin-Schöneberg, weil sie sich in der Schrift des Dr. Johann
von Leers, »14 Jahre Judenrepublik. Die Geschichte eines Rassenkamp-
fes«, nicht als jüdische Firma titulieren lassen wollte: »Die Inhaber sind
arisch, und auch die früheren Inhaber sind arisch gewesen. Der jetzige
Mitinhaber A. B. ist Mitglied der NSDAP.« Der Verlag replizierte heftig,
der Kläger befinde sich seit 1930 im Vergleich »unter Kontrolle des jüdischen Bankhauses Spielberg«. »Das Gerücht, die Klägerin sei eine jüdische Firma, ist, soweit es überhaupt besteht, auf das eigene Geschäftsge-
bahren der Klägerin zurückzuführen.«[18]
In einem anderen Verfahren warfen sich zwei Ehepaare wechselseitig entsprechende Kontakte vor. Der Kläger behauptete, die Beklagte sei politisch unzuverlässig und er oder die beklagte Ehefrau kaufe bei Juden ein.
In einem weiteren Verfahren wehrte sich der Kläger, ein Rechtsanwalt
aus Hannover, gegen die Behauptung, er habe in einer jüdischen Pension
in Berlin gewohnt: »Herr V. machte das Ehepaar Dr. B. sofort darauf aufmerksam, daß der Inhaber der Pension Jude sei.« »Das Gericht mag berücksichtigen, daß die Beklagten keine Parteigenossen sind, während der
Kläger Amtsträger ist.« Eine Fülle von Streitverfahren zivil- und strafrechtlichen Inhalts schwebten zwischen diesen Parteien, was auf erhebliche Konflikte schließen läßt. Den Ausschlag für dieses Verfahren gab
die Zeugenaussage eines hannoverschen Landgerichtsrates, der erklärte,
Rechtsanwalt Dr. B. sei von dem Amtsträger keineswegs darauf aufmerksam gemacht worden, daß es sich um eine jüdische Pension gehandelt
habe[19].
Die Begründetheit der quasi negatorischen Unterlassungsklage folgte für
das Oberlandesgericht zwangsläufig: »Ehrenrührig aber ist, und vor allem für einen Amtswalter der Partei, die Behauptung, daß der Kläger,
nachdem er darauf hingewiesen ist, die Pension sei jüdisch, in der Pension
wohnen geblieben ist. Damit würde er, wenn die Behauptung wahr

wäre, eine vor allem für einen Amtswalter unglaubliche Gleichgültigkeit bewiesen haben.«

In allen derartigen Verfahren akzeptierten die Zivilgerichte es als einen Tatbestand, gegen den man sich mit der Unterlassungsklage wehren konnte, wenn behauptet wurde: Die betroffene Person habe Kontakt mit Juden – in welcher Form auch immer.

In einem Falle fand sich ein vergleichbares Verfahren. Der Kläger verlangte Unterlassung der Behauptung, er habe zu den führenden Männern des Reichsbanners in Leipzig gehört. »Gegen die Zulässigkeit des ordentlichen Rechtsweges bestehen keine Bedenken, da unstreitig der Beklagte die behaupteten ehrverletzenden Äußerungen nicht als politischer Leiter der NSDAP in deren Diensten aufgestellt hat.« Die Behauptung, der Kläger sei Reichsbanner-Mitglied, erschien dem Gericht geeignet, diesen »verächtlich zu machen«, »... weil sich mit dem Begriff eines Reichsbannerführers die Vorstellung eines besonders verletzenden und klassenzersetzend gesinnten Menschen verbindet.« Hingegen erachtete man den Vortrag, der Kläger sei SPD-Mitglied gewesen, nicht als ehrverletzend: »Denn es ist festzustellen, daß auch überzeugte frühere Anhänger der alten marxistischen Verbände nach der nationalen Revolution sich zu der Bewegung bekennen.«[20]

Ehesachen

Im Bereich des Vermögens- bzw. Warenverkehrsrechts erwartete bereits Ernst Fraenkel in seinem Buch »Der Doppelstaat« eine relative Normalität bzw. Kontinuität. Ausgehend von einer sozialistischen Problemsicht, glaubte er, auch der nationalsozialistische Staat müsse die Gewähr für das Weiterfunktionieren der entsprechenden Rechtsinstitute übernehmen, weil das kapitalistische System auch im Nationalsozialismus weiterlebe.[21] Andere Analytiker des Faschismus gingen darüber hinaus und erklärten den Nationalsozialismus – je nach politischem Standort – als zwangsläufige Konsequenz oder als Betriebsunfall des Kapitalismus.

Die sachliche Beobachtung Fraenkels hat sich also als zutreffend erwiesen, ohne daß man die politische Einschätzung teilen muß. Für das Personenrecht kann man als herrschende Meinung der NS-Forschung konstatieren, hier sei nationalsozialistisches Rechtsdenken in besonderer Weise durchgeschlagen. Meine Durchsicht von etwa 300 Scheidungsurteilen von Oberlandesgerichten ergab indes einen fast ebenso hohen Grad an »Normalität« wie im Bereich des Warenverkehrsrechts.

In den Scheidungsurteilen spiegeln sich die Unverträglichkeit von Charakteren, die Unfähigkeit, mit menschlichen Konflikten umzugehen sowie die vielfältigen außerehelichen Beziehungen; kurz: das gesamte Spektrum menschlichen Verhaltens bzw. menschlicher Unzulänglichkeiten. Nationalsozialistisches taucht zunächst eher untergeordnet auf, prononciert immer dann, wenn die Parteien mit allen Mitteln zur Scheidung kommen wollten.

Drei Beispiele:

Ein Kläger duldete die Prostitution seiner Ehefrau.[22] »Diese Ehe«, so stellte der III. Zivilsenat fest, »kann überhaupt nur nach den Büchern des Standesbeamten als eine solche bezeichnet werden, während sie in Wahrheit das Gegenteil von dem ist, was man von einer Ehe als sittlicher Lebensgemeinschaft erwartet.« Die Klägerin hatte selbst und durch andere Personen Erhebungen darüber angestellt, ob er nichtarischer Abstammung sei. Durch ihre Nachforschungen habe sie festgestellt, daß seine Großmutter eine Jüdin gewesen sei, was er selbst nicht gewußt habe. Diesen Verdacht teilte die Klägerin NS-Organisationen und der politischen Organisation der NSDAP mit und verbreitete die Behauptung »auch sonst in großem Umfange«. Das habe den Kläger »ganz besonders schwer... getroffen, weil er altes Mitglied der NSDAP gewesen ist...«, denn diese Tatsache habe ihn »gezwungen, seinen Austritt aus der Partei zu erklären..., der noch nicht angenommen ist.«

Der Senat stellte bereits in der Abfassung des Tatbestandes das ekelhafte Verhalten der Ehefrau gebührend heraus:»Sie ist also selbst treibend tätig geworden,... aktiv bei dem Nachweis der jüdischen Abstammung,... wobei der Antrieb nur gewesen sein kann, ihn in seinem Beruf als auch moralisch durch den Angriff auf seine Parteistellung... schwer ohne jeden Vorteil für sie und deshalb lediglich aus Rachsucht zu treffen.« Man stellte also die eheliche Treue vor die Parteipflicht. Eine Linie, die auch in Konfliktfällen relativ konsequent durchgehalten wurde.

Ein klagender Reichswehrmajor, der sich unter Geltung des BGB-Eherechts auf sämtliche Argumente berief, die nach nationalsozialistischem Denken zur Scheidung führen konnten (Ehebruch der Frau, Nervenzusammenbruch, Sanatorium, Erbkrankheit, Sterilisation), wurde sehr deutlich abgewiesen:»Wenn das Gebot der Treue im NS-Staat allgemein wieder den ihm nach deutscher Sitte und Anschauung gebührenden Platz erhalten hat, so ganz besonders in Beziehung auf das eheliche Band. Dieses Gebot legt den Ehegatten die Pflicht auf, auch im Unglück treu zusammenzuhalten, und es würde einen Mißbrauch dieses Treugebots bedeuten, wenn der Kläger sich hier auf die fragliche Eigenschaft der Beklagten berufen könnte, wo in Wahrheit aus dieser Eigenschaft sich für den Bestand der Ehe keine nachteiligen Folgen mehr entwickeln können.«[23]

Nationalsozialistisches zogen die Parteien immer dann heran, wenn sie sonst keine Möglichkeiten mehr sahen, geschieden zu werden. In einem Verfahren von 1936 trug der Kläger gegen seine Ehefrau sieben Punkte vor:

1. Die Ehefrau verweigere den Geschlechtsverkehr,
2. der Sohn des Klägers sei von der Ehefrau geschlechtlich angereizt worden, so daß der Kläger intime Beziehungen vermuten müsse,
3. die Beklagte habe Parteigeld, das er gesammelt habe, weggenommen,
4. die Beklagte habe erzählt, der Kläger wolle sie mit Kleesalz vergiften,
5. die Beklagte habe über eheliche Verhältnisse detailliert dem Untermieter berichtet,
6. die Beklagte habe sich wegwerfend über ihn geäußert
7. und endlich trotz seiner Stellung in der Partei mit Juden nahen Verkehr gepflogen.
8. »Im ganzen habe sie auch den Haushalt vernachlässigt.«

Das Gericht stützte die Scheidung auf § 1568, ohne den Punkt 7 (Umgang mit Juden) überhaupt zu erwähnen.

Selten also, wenn es um persönliche Zuverlässigkeit ging, griff man auf das politische Verhalten zurück, »der Beklagte hat sich seit seinem 17. Lebensjahr als politischer Soldat« gefühlt. Als Scheidungsgrund akzeptierte man in dieser Entscheidung von 1937 die gehässigen Äußerungen der Ehefrau, die diese in einen Kreis hineingetragen hatte, »dessen Leitung und politische Führung der Ehemann hatte«. Dadurch sei »das Ansehen des Klägers in der Partei erschüttert« worden. Hingegen beschuldigte die Klägerin den Beklagten, er kaufe bei Juden und habe anstößige Bilder im Schreibtisch. Diesen Parteien war jedes Mittel recht, um von der Ehe loszukommen.[24] Daß es sich bei den Argumentationen um solche handelt, in denen sich die Menschenverachtung gegenüber einer Minderheitsgruppe zeigte, ist – so grotesk das auf den ersten Blick klingt – eher zufällig. Wäre eine andere Gruppe diskriminiert oder ein anderes Verhalten von Staat und Partei ähnlich mißbilligt worden, so hätte man sich zweifellos auch darauf berufen. Die Senate des Oberlandesgerichts Celle wiesen Kläger regelmäßig ab, die behaupteten, der Kontakt mit Juden (Kauf eines Kleiderstoffes) müsse als Eheverfehlung gewertet werden.[25] Sicherlich liegen darin keine Widerstandshandlungen, doch spürt man auch in der distanzierten Sprache eines Oberlandesgerichts-Urteils, wie die Richter nazistische Argumentationen empfanden, mit denen die Parteien versuchten, ihre Ehegatten schlecht zu machen. Der Senat war im Jahre 1937 u. a. mit zwei Mitgliedern besetzt, die der NS-Bewegung sicher nicht fern standen. Ein erst 1937 ernannter Oberlandesgerichtsrat ließ sich wahrscheinlich freiwillig zur Parteischulung entsenden[26], und der Berichterstatter des folgenden Falles war noch Landgerichtsrat, dessen Beförderungswürdigkeit von seinem Landgerichtspräsidenten mit Hinweis auf seine besondere Loyalität gegenüber der Bewegung begründet wurde.[27] Dennoch hielt dieser Berichterstatter einen Einkauf in einem jüdischen Kaufhaus für unerheblich. Derartige Argumente häuften sich etwas in der Zeit, bevor das neue Ehegesetz in Kraft trat, das die Scheidung auch ohne Verschulden – also unter Berufung auf die Zerrüttung der Ehe – ermöglichte.

Aber auch solche, auf § 55 des Ehegesetzes von 1938 gestützten Anträge drangen nicht immer durch, weil die Person, die die Zerrüttung verschuldet hatte, sich nicht darauf berufen durfte (§ 55 II).[28]

»Denn es ist vom sittlichen Standpunkte aus nicht zu rechtfertigen, einer Frau, die ihre besten Jahre einem Manne gewidmet und infolge ihres vorgeschrittenen Alters durch eigene Arbeit sich keine neue Lebensgrundlage mehr schaffen kann, durch die Auflösung der Ehe ihre Lebensgrundlage zu entziehen, so lange nicht die Aufrechterhaltung einer zerrütteten und damit ihres wesentlichen Gehaltes verlustig gegangene Ehe vom völkischen und bevölkerungs-politischen Standpunkte aus sinnlos erscheint.« Man gab trotz der deutlichen Worte, die sich als Standardformulierungen in einer Fülle der Entscheidungen des Jahres 1939 finden, solchen Scheidungsbegehren dennoch statt, wenn der Kläger bereits in einer neuen Verbindung lebte, aus der Kinder zu erwarten waren.

Trotz dieses hohen Normalitätsgrades bei Scheidungen finden sich einige sehr schlimme Entscheidungen. 1940 verurteilte der III. Senat einen beklagten Zeugen Jehovas, der im Konzentrationslager Buchenwald gefangen gehalten wurde, mit einer schier unglaublichen Begründung: Der Beklagte könne »bei seiner Einstellung in absehbarer Zeit wegen seines Aufenthaltes im Konzentrationslager diesem (Trennungs-) Zustand auch kein Ende machen...«, und er könne darüber hinaus, »solange er in Haft ist«, keinen Unterhalt zahlen. Die Zugehörigkeit zu einer verbotenen Gemeinschaft stehe ihm höher als die Pflichten aus der Ehe. Er habe sich selbst in diese Lage versetzt und die Trennung damit selbst verschuldet.[29]

Gegenüber einer Ehefrau, die ihren Ehemann wegen des Hörens von Feindsendern im Kriege angezeigt hatte, blieb man jedoch hart. Der Ehemann war zu einem Jahr und neun Monaten Gefängnis verurteilt worden, einer Strafe, die er fast vollständig verbüßen mußte. »Gewiß«, so räumte das Oberlandesgericht im Kriege ein, sei das Hören von Feindsendern »grundsätzlich eine schwere Eheverfehlung im Sinne des § 49 EheG.« Die Anzeigeerstattung der Ehefrau sei »offensichtlich nicht von sich heraus« erfolgt, »auch nicht etwa aus staatspolitischen Gründen, wie sie jetzt sagt, sondern lediglich auf Veranlassung ihrer Eltern, die sie in dieser Beziehung stark beeinflußt haben müssen«.[30] Man sieht also, wie sich im persönlichen Bereich die Einflüsse nationalsozialistischer Ideologie mit menschlicher Unzulänglichkeit paaren, wenngleich nationalsozialistisches Denken im größten Teil der Urteile nicht zum Tragen kommt. Prinzipiell akzeptierte das Oberlandesgericht in seinen Entscheidungen die neue Ideologie. In bezug auf Rassefragen zeigte sich das bei Eheanfechtungen. Der Scheidungsbereich blieb relativ untangiert.

Nonkonformität

Auf sehr begrenzte Kompetenzkonflikte mit der Polizei ließen sich nicht nur die Straf-, sondern auch die Zivilrichter ein. In zwei Fällen erkannte man auf Schadensersatz, nachdem die Polizei ein Einzelhandelsgeschäft geschlossen hatte, wozu ihr nach Meinung der Zivilrichter und auch der Verwaltungsrichter die Kompetenz fehlte.

Im Rahmen eines spezifisch nationalsozialistischen Verbraucherschutzes schloß ein Polizist in Hildesheim ein Einzelhandelsgeschäft. Dessen Inhaber, der spätere Kläger, wurde in Untersuchungshaft verbracht. Er hatte tatsächlich sein Geschäft nicht ordnungsgemäß geführt und war von einem Angestellten angezeigt worden, »weil er Spirituosen aus demselben Faß zu verschiedenen Preisen verkauft« hatte. Der Polizist stimmte mit Polizeidirektor W. überein, »daß aufgrund der scharfen Bestimmungen des preußischen Ministerpräsidenten gegen Preissteigerungen eingeschritten werden muß.« Man lancierte unter der Überschrift »Festgenommener Betrüger« eine Fülle von Artikeln in der Lokalpresse, deren Kernsatz lautete: »Wegen fortgesetzten Betruges, falscher Beschilderung von Weinen und Spirituosen und unberechtigter Preissteigerung zum Nachteil der kaufenden Volksgenossen wurden ein hiesiger Kolonialwarenhändler und dessen Ehefrau festgenommen.«[31]

In der Tat hatte der preußische Ministerpräsident angeordnet, »in allen Fällen von ungenehmigten Preissteigerungen, insbesondere bei solchen auf Lebensmitteln, unverzüglich in schärfster Form einzugreifen«, und die Polizei berief sich darauf: »Im Zeichen einer volksverbundenen Behördentätigkeit ist die Polizei berechtigt und verpflichtet, das Publikum über ihre Maßnahmen aufzuklären. Wie das Landgericht zutreffend ausgeführt hat, ist sie sogar angewiesen, in Fällen volksschädlicher Straftaten den Namen des Täters mitzuteilen. Sie erfüllt damit zugleich ihre Aufgabe, ähnlichem Vorgehen durch heilsame Abschreckung vorzubeugen.«

Dennoch verurteilte das Oberlandesgericht nach § 839 BGB in Verbindung mit Artikel 131 WRV zu vollem Schadensersatz, obwohl die Behörde behauptet hatte: »Es liegt auf der Hand, daß unter der Herrschaft nationalsozialistischer Wirtschaftsgrundsätze (feste Preise, feste Löhne) gerade die Preissteigerung unübersehbare Folgen nach sich ziehen könnte und deshalb die entschlossene Abwehr der Behörden herausfordern muß.«

Der Konflikt um die gewerberechtliche Kompetenz der Polizei wurde bereits von Fraenkel in seinem Buch »Der Doppelstaat« eindringlich beschrieben. Er schwelte noch 1940, als ein Schlachter wegen der Schließung seines Betriebes auf vollen Schadensersatz klagte. Diese – so meinte die Polizei – habe sich »der Betreiber selbst zuzuschreiben, denn seine Sache war es, dafür zu sorgen, daß in einem Schlachtereibetriebe, also in einem für die Ernährung des Volksganzen überaus wichtigen Betriebe, ordnungsmäßige Zustände herrschen«. Ähnlich wie die Verwaltungsgerichte stellte sich das Oberlandesgericht – und ihm folgend das Reichsgericht 1941 – auf den Standpunkt: Die Polizei sei gemäß § 14 PVG nicht schließungsbefugt. Noch im Kriege beriefen sich die Beklagten darauf, »daß die Polizei im Hinblick auf die Gewerbefreiheit nicht zur völligen Untersagung eines Betriebes berechtigt sei, (es entspreche) nicht der nationalsozialistischen Rechtsanschauung..., ...der durch eine liberale Wirtschafts- und Rechtsauffassung entwickelte Grundsatz der Gewerbefreiheit sei durch zahlreiche neuere Gesetze in einem Umfange durchbrochen und eingeschränkt worden, daß er nicht mehr als das gesamte Gewerberecht beherrschend angesehen werden könne.«[32]

In nationalsozialistischer Terminologie replizierte der Kläger, er habe nämlich seine »Pflicht zur Förderung des Vierjahresplanes durchaus erfüllt.« Der Kern des Streites wurde indes nur en passant angeführt: »Der Zweck der unwahren Einwendungen der Beklagten über die angeblich ›unglaublich unsauberen Zustände‹ im Betrieb des Klägers ist allzu durchsichtig. Der Vater des Klägers war lutherischer Christ und ist im Weltkriege für das Vaterland gefallen. Er war mit einer Nichtarierin verheiratet, der Kläger ist lutherischer Christ. Gewisse Neider und Interessenten wühlten gegen den Kläger, er sei ein Jude, dem das Geschäft geschlossen werden müsse. Der Bürgermeister war zu schwach und gab den an ihn herangetragenen Einflüssen nach, worauf das Geschäft, da der Kläger in Wirklichkeit kein Jude war, aus hergesuchten Gründen geschlossen wurde.«

Das Landgericht, das Oberlandesgericht und ihnen folgend das Reichsgericht verurteilten zu vollem Schadensersatz (Grundurteil). Sie wiesen eine entsprechende Ausweitung der Polizeikompetenz auch »unter Berücksichtigung der veränderten nationalsozialistischen Auffassung« zurück. Im Ergebnis verglichen sich die Parteien aufgrund dieses Grundurteils. Solche bemerkenswerten Entscheidungen, denen einige vergleichbare in Kirchensachen zur Seite stehen, dürfen indes nicht voreilig als »Widerstand« interpretiert werden. Man stritt um Kompetenzen und wich in diesem Punkt beharrlich von der Polizei-NS-Linie ab.

Der Titanic-Effekt

Der Überblick über die Urteile des Oberlandesgerichts Celle, dem fortlaufende – nicht gesäuberte – Reihen zugrunde liegen, zeigt weit überwiegend solche Entscheidungen, wie wir sie auch heute kennen. Die bewußt herausgegriffenen Beispiele geben nicht das Durchschnittsurteil wieder, sondern die Ausnahmefälle. Die zivilrichterliche Wahrnehmung dieser Zeit scheint damit bestätigt, deren Perhorreszierung falsifiziert. Dennoch kommt mir die Ziviljustiz wie jene Tänzer an Bord der sinkenden Titanic vor, die noch in letzter Sekunde daran dachten, die Formen zu wahren, obwohl sich eine Katastrophe anbahnte. Die »juristischen Umfeldbedingungen« hatten sich nämlich gravierend geändert[33]: Zunächst änderte sich das innerbehördliche Klima. Karrieren konnten nur noch mit Hilfe der Partei stattfinden, jedenfalls aber nicht gegen die Partei. Vorzugsweise sollten gesinnungstreue Parteigenossen befördert werden.
Gegner der Bewegung und »Artfremde« entfernte die Justiz schnell und radikal aus ihren Reihen. Die politische und sonstige Gesinnung unterlag einer Überwachung, deren Ausmaß schwankte. Dezidiert nazistische Richter, Amtsträger des Bundes nationalsozialistischer Juristen, müssen die Verhältnisse beim Oberlandesgericht verändert haben. Konnte man ein offenes Wort unter Kollegen wagen? Durfte man gegen Parteiinteressen oder im Widerspruch zu den ideologischen Kernthesen urteilen, ohne Nachteile zu befürchten? Einige Schlaglichter, die aus den Generalakten des Oberlandesgerichts Celle bzw. des Landgerichts Göttingen entnommen sind, mögen dies erläutern.
Die Bedingungen, um Karriere zu machen, hatten sich verändert. Auf Rechtsanwälte und Richter wurde Druck ausgeübt, sich in der Partei oder deren Untergruppierungen zu organisieren. Man richtete Referendarlager (Hanns Kerrl) ein, und der Göttinger Landgerichtspräsident konnte bereits 1935 konstatieren: »Nahezu sämtliche Referendare gehören dem BNSDJ« an. Man richtete Arbeitsgemeinschaften zur Schulung der Richter in nationalsozialistischen Materien, z. B. im kommenden Strafrecht, ein. Sämtliche Richter des Landgerichtsbezirks zeichneten den Termin-

plan mit den entsprechenden Themen ab, und es ergibt sich aus den Generalakten des Landgerichts Göttingen, z. B. anhand von Reisekostenabrechnungen, daß das Richterpersonal von den gravierenden Veränderungen Kenntnis genommen hatte.[34]

Ein preußischer Justizminister hatte im Zweiten Kaiserreich erklärt: »Ich habe keine Angst vor der richterlichen Unabhängigkeit, solange mir das Beförderungsrecht verbleibt.« Der soziale Wandel, hier in Form der »nationalen Revolution«, zeigt sich in veränderten Beförderungskriterien. Für Staatsanwälte schrieb man etwa 1934 vor: »...bei einer späteren Beförderung im richterlichen oder staatsanwaltlichen Dienst (muß) auf ihre vielseitige Bewährung besondere Rücksicht genommen werden.« Ein Verzeichnis vom 10. 3. 1935 enthält solche Befähigungsnachweise sowie (auf Aufforderung des Ministers) genaue Angaben zur politischen Einstellung und zur Parteizugehörigkeit.[35] So lautete der Vorschlag, einen Richter zum Landgerichtsdirektor zu befördern: »Ich halte ihn in gleicher Weise zum Landgerichtsdirektor für geeignet.« »W. hat sich bereits im April zur NSDAP und jetzt (?) zum BNSDJ gemeldet und steht ganz auf dem Boden des neuen Staates.«[36] Es wurde üblich, Mitgliedschaftsnummern der Partei und ihrer Nebenorganisationen sowie die Mitgliedskarten mit einzureichen. Selbstverständlich nahm der Landgerichtspräsident einen Beförderungsvorschlag hinsichtlich des Landgerichtsrates Meyerhoff »wegen der nichtarischen Abstammung« zurück. Die Religion Meyerhoffs war katholisch, den Assessor hatte er mit »gut« bestanden. Anderen Anträgen fügte er die erforderlichen Urkunden »Geburtsschein der Frau und Heiratsurkunde der Eltern der Frau« hinzu. Richter, die zur Beförderung anstanden, wurden etwa so angeschrieben: »Falls Sie Mitglied der NSDAP oder einer ihrer Unterorganisationen sind, bitte ich mir umgehend die Mitgliedskarten oder sonstige Ausweise einzureichen.« Einige der so Vorgeschlagenen fanden sich später beim Oberlandesgericht wieder, doch ist erstaunlich, daß sich die Vorschlagsliste des Göttinger Landgerichtspräsidenten zwischen 1929 und 1935 nicht änderte, wenn man von der rassischen Säuberung auch dieser Liste absieht.

Die Texte sind so schwer zu interpretieren, weil trotz der ideologischen Sprache nicht auf eine entsprechende Einstellung des Schreibers (des Landgerichtspräsidenten) geschlossen werden kann. Wenn dieser einen der seit 1929 Vorgeschlagenen befördern wollte, so mußte er sich terminologisch umstellen. Einem glänzenden Juristen (beide Staatsexamen mit »gut« bestanden) attestierte er: »...hat er sich mit der nationalsozialistischen Weltanschauung vertraut gemacht und auf ihm anvertraute Referendare in diesem Sinne eingewirkt. Ich halte ihn daher für befähigt,

...als Träger nationalsozialistischer Gesinnung führend zu wirken. Die erforderlichen Charaktereigenschaften besitzt er in hohem Maße«.[37]
Neben derartiger Förderung stand natürlich eine erhebliche Kontrolle: »Gegen den B. ist der Verdacht der politischen Unzuverlässigkeit geäußert worden.« In einem Handschreiben bat der Oberlandesgerichtspräsident, ob »neue Tatsachen hervorgetreten sind, die den früheren Verdacht rechtfertigen.« War es Equilibristik, als vom Oberlandesgericht angefragt wurde: »Ich bitte andererseits gegebenenfalls aber auch solche Tatsachen anzuführen, die für seine jetzige politische Zuverlässigkeit sprechen.«
Der Göttinger Landgerichtspräsident, ein ehemaliges Mitglied des Stahlhelms, replizierte, es gebe keine neuen Tatsachen, doch: »andererseits spricht aber auch nichts dafür, daß er den neuen Staat vorbehaltlos bejaht. Ich habe versucht, seine politische Einstellung zu erforschen, jedoch ohne politisches Ergebnis. Er versucht, sich den Verhältnissen anzupassen und alles zu vermeiden, wodurch er sich verdächtig machen könnte. Ich halte ihn für einen von marxistischen Ideen angekränkelten Intellektuellen und befinde mich in Übereinstimmung mit dem Bezirksobmann des Juristen-Bundes und der Personalamtsleitung der hiesigen Gauleitung der Partei.«[38]
Die Karriere des so Beschriebenen war zweifellos zu Ende. Eine Einstellung des Assessors in die Justiz kam überhaupt nicht in Betracht. Anders etwa, wenn der Landgerichtspräsident einem anderen Assessor attestierte: »Ein gut befähigter, außerordentlich fleißiger Richter mit guten Kenntnissen. Er ist bemüht, den nationalsozialistischen Ideen im Recht zum Durchbruch zu verhelfen. Angenehmes und sicheres Auftreten. Leistung erheblich über dem Durchschnitt. Uneingeschränkt gut. Führung ohne Tadel. Betätigt sich eifrig in Partei und Juristen-Bund als Schulungsleiter. Unbedingt zuverlässig. 29.1.1935. Gezeichnet Landgerichtspräsident«[39].
Bei diesen Kontrollmaßnahmen erschreckt die Willfährigkeit, mit der die Justizverwaltung auf die hektischen Anordnungen, zum Teil per Funkspruch von Roland Freisler aus Berlin, reagierte.[40] Mit Funkspruch vom 31.3.1933 begann die Entfernung der Juden aus dem Justizsystem, von entsprechenden Umläufen nahmen sämtliche Richter Kenntnis.
Zu einem grotesken Konflikt kam es beim Versuch des Göttinger Landgerichtspräsidenten, eines Ex-Stahlhelmers, in Göttingen einen Stahlhelm-Juristenbund ins Leben zu rufen. Einer seiner eigenen Referendare überwachte im Auftrag der SS diese Versammlung. Es entstand eine Auseinandersetzung mit anwesenden SS-Leuten. Nunmehr wollte der Präsident den SS-Referendar dienst- und strafrechtlich in seine Schranken verweisen. Bescheinigungen der SS und SA, er habe in ihrem Auftrag gehan-

delt, machten die Sache schwer, und zum guten Schluß wies der Oberlandesgerichtspräsident seinen Landgerichtspräsidenten an, vor einem Strafantrag »meine Stellungnahme« abzuwarten.[41]

Solche Einflußnahmen erzeugten ein Klima, in dem es schwer wurde, von den – neuen – sozialen Normen oder gar von den neuen Gesetzen abzuweichen. Auch Angst vor Überwachung war gewiß vorhanden, denn die Führung des Bundes nationalsozialistischer deutscher Juristen war vom Personalreferenten des Oberlandesgerichts übernommen worden. Scharfmacher in der Anwaltschaft hatte es auch in Celle seit der Machtübernahme gegeben.[42]

Diese Klimaveränderungen und Einflußnahmen durch Gesetze, Personalpolitik, Organisationsveränderungen im Makro- und Mikrobereich, Anpassung der Ausbildung an die neuen Ideale, Belehrung der Richter durch Schulungen und die (vielfach überschätzten) Richterbriefe, persönliche Interventionen durch Parteigrößen (z. B. Göring) sowie durch die örtlichen Parteiführer – vornehmlich aber bezogen auf den Bereich des Strafrechts – sowie Anprangerungen in der Parteipresse, z. B. in der SS-Zeitung »Das schwarze Korps«, können nicht ohne Einfluß auf die richterliche Tätigkeit, auf das Selbstwertgefühl der unabhängigen Organe der Rechtspflege geblieben sein. Wie stark diese Unabhängigkeit sich bewährte, blieb vornehmlich eine persönliche Frage. Neben solchen Beeinflussungen, die sich in aller Regel nicht durch aktenkundige Einflußnahmen auf Zivilprozesse vollzogen, muß man die grundsätzliche Einstellung der Juristen bedenken. Sie entstammten mit Sicherheit eher konservativen Kreisen, standen nicht selten dem »Stahlhelm« nahe, und sozialdemokratische Richter oder solche, die dem Republikanischen Richterbund angehörten, blieben die große Ausnahme; in Celle wurde die Entfernung des Senatspräsidenten Dr. Katzenstein unter anderem mit dessen Mitgliedschaft im Republikanischen Richterbund begründet.

Während der Weimarer Republik waren die Schwierigkeiten der Richter im Umgang mit demokratischen Gesetzen ebenso deutlich geworden wie die sogenannte Vertrauenskrise der Justiz. In ihrer Mehrheit standen sie der Republik eher ablehnend gegenüber, wie auch weite Teile der Beamtenschaft, oder allenfalls als Vernunftrepublikaner.[43]

Welche Möglichkeiten blieben in dieser Situation den Richtern unterhalb der Schwelle des offenen Widerstandes? Sehr begrenzt etwa Auslegungstricks, indem man gewünschte Ergebnisse unter Verwendung nationalsozialistischer Terminologie und Ideologie begründete. Das setzte aber eine besondere Vorsicht im Umgang mit den Kollegen und in der Entscheidungssituation eines Senates voraus. Darüber hinaus konnte man beantragen, versetzt zu werden (z. B. in ein Grundbuchamt), man konnte in die Krankheit flüchten sowie Verzögerungstaktiken anwenden. Doch kam es für die Richter an Oberlandesgerichten in den allermeisten Fällen nicht zu Entscheidungen, die Konflikte hervorgerufen hätten. Denn die politisch, rassisch oder aus sonstigen Gründen »sensiblen« Fälle gelangten gar nicht mehr an die Oberlandesgerichte. Die Parteien, deren Interessen verletzt waren, wagten es nicht mehr zu klagen. Terroristische Maßnahmen oder Institutionen des öffentlichen Rechts bzw. Parteiorganisationen filterten die Konflikte heraus. Die folgenden Überlegungen machen deutlich, weshalb Oberlandesgerichte auch im Dritten Reich vornehmlich mit »Normalfällen« zu tun hatten:

1. Die Zahl der *Zivilprozesse* war erheblich zurückgegangen. Die Prozeßrate in Zivilsachen (Eingänge in allen Verfahren erster Instanz pro einhundert der Wohnbevölkerung) hatte durch die Turbulenzen gegen Ende der Weimarer Republik und zu Beginn der dreißiger Jahre Höchststände zwischen 6,5 % und 8,5 % erreicht. 1933 lag sie etwa bei 4,5 %, um bis 1940 auf nur 2 % zu sinken.[44]

Gewöhnliche Prozesse, Güte- und Streitverfahren	1935	1936	1937	1938	1939
	1 988 224	1 826 409	1 654 952	1 435 575	1 139 808

Dieser Rückgang von Prozessen geht zunächst auf die Veränderungen der Wirtschaft zurück. Dazu gehört das Ausscheiden vieler Geschäftsleute; die jüdischen Wirtschaftssubjekte wurden zwischen 1933 und 1939 vollständig aus dem Rechtsverkehr verdrängt. Damals wie heute sind sämtliche Geschäftsleute auf die Gerichte angewiesen, um Forderungen geltend zu machen und sie sich titulieren zu lassen.

2. Der Zugang zum Gericht fällt einem Geschäftsmann stets leichter als dem Privaten. Eine wesentlich höhere Klagequote als beim Privaten liegt auf der Hand. Da der Anteil von Juden unter den Geschäftsleuten relativ hoch war, jedenfalls höher, als es ihrem statistischen Anteil an der Bevölkerung entsprach, kann man auch für diese Personengruppe eine entsprechende Klagequote vermuten. Die vielen hoch qualifizierten jüdischen Anwälte erleichterten jenem Personenkreis die gerichtliche Geltendmachung der Forderungen. Alsbald nach der Machtergreifung wurden die Juden ebenso aus der Anwaltschaft herausgetrieben wie aus der Geschäftswelt. Bedrückende Akten des Landgerichts Göttingen und des Oberlandesgerichts Celle zeigen, welche Maßnahmen zuerst gegen nichtarische Anwälte und deren Personal ergriffen wurde. Man erfaßte sie in

Listen, erteilte z. T. zunächst Hausverbote für Gerichtsgebäude und ergriff ein Bündel von Maßnahmen, das alsbald zu einem Vertretungsverbot führte, und zwar bevor die Rechtsanwaltsordnung geändert war. Mit dem Herausdrängen von Juden aus der privaten Wirtschaft (später in formalen Verfahren) konnten diese allenfalls noch als private Kläger auftreten, jedoch nicht mehr als Kläger im Bereich der Warenverkehrsgeschäfte. Somit sank die Chance, daß Richter mit den »unerwünschten Personen« zivilrechtlich überhaupt in Kontakt gerieten, so daß die verbleibenden Verfahren – »rein arisch« – stattfinden konnten. Der Konfliktherd war also ausgesondert. Der Primat einer völkischen Ungleichheit, den man auch an zivilrechtlichen Entscheidungen (zum Teil veröffentlichten) nachweisen konnte, kam also in der Masse der Verfahren überhaupt nicht zum Tragen.

3. Neben der Ausgliederung solcher Personengruppen aus dem Kreis möglicher Prozeßparteien traten Veränderungen des Wirtschafts- und Zivilrechts ein, die, so paradox sich das auf den ersten Moment anhört, im wesentlichen im öffentlichen Recht stattfanden (Preis- und Lohnfestsetzungen). Der Versuch, die Wirtschaft ständisch zu organisieren, führte zu Konfliktlösungsmodellen, die außerhalb der Ziviljustiz lagen, nämlich im Bereich der Parteiorganisationen bzw. im hoheitlichen Bereich. Die Zahl der zivilrechtlichen Konflikte mußte z. B. in der kartellierten Industrie sinken, weil sich nunmehr eine ehemals finanzielle Auseinandersetzung zwischen zwei Parteien als ein Konflikt zwischen Mitgliedern einer einheitlichen Organisation darstellte. Eine ähnliche »Befriedungsfunktion« wirkte sich im Arbeitsrecht aus. Obwohl der Treuhänder der Arbeit relativ wenige Prozesse durchführte, bewirkten die Zerschlagung der Gewerkschaften und die innerbetriebliche Kontrolle, daß auch im Arbeitsbereich die Konflikte nicht mehr gerichtlich ausgetragen wurden.[45] Hoheitliche Normen und Organisationsregeln traten an die Stelle der Konfliktregulierung durch Zivilprozesse. Das Leitbild einer privatautonomen Gestaltung der Verhältnisse verfiel sowohl in der Praxis als auch in der Theorie.[46]

Bei den Alltagskonflikten und Verbraucherstreitigkeiten begannen die hoheitlichen Regeln gleichfalls eher zu greifen als der Interessenausgleich durch den Markt und gegebenenfalls einen Prozeß. Einer der oben beschriebenen Zivilprozesse hat – unfreiwillig – gezeigt, wie die Polizei ihre usurpierte gewerberechtliche Kompetenz propagandistisch auszuschlachten versuchte. Ohnedies fiel Verbrauchern der Zugang zum Gericht schwerer als Geschäftsleuten. Verfolgt man etwa die Deutschlandberichte der SPD, die hier mit den Lageberichten der Gestapo aus dem Reich übereinstimmen, so litt die Bevölkerung zum Teil unter Unterversorgung, Einkommensdefiziten etc. Solche Schwierigkeiten schlagen sich indes traditionell nicht in Zivilverfahren nieder. Als der Krieg dann im Gange war, verschärften sich die Versorgungsschwierigkeiten, so daß man oft glücklich sein konnte, auf dem schwarzen Markt Notwendiges erlangt zu haben – Zivilrechtskonflikte schieden auch hier aus.

Schluß

So blieb den Zivilgerichten lediglich ein Kernbestand von zivilprozessual erledigbaren Schwierigkeiten; ein Bereich, der sich kontinuierlich verkleinerte, denn politische, soziale Konflikte und solche mit rassistischem Hintergrund traten beim Oberlandesgericht kaum noch auf. Wer durch Staatsorgane oder Partei verfolgt wurde, wagte nicht mehr, sich mit Hilfe der Ziviljustiz zur Wehr zu setzen, zumal doch die – wenigen – eindeutig nationalsozialistischen Urteile des Celler Oberlandesgerichts zumindest bei den Anwälten bekannt gewesen sein müssen. Selbst wenn man also die Zugangsbarrieren, zum Teil wegen der Ausschaltung der jüdischen Anwälte, überwand, konnte man ernstlich noch Vertrauen haben? Ein Verlust an Rechtssicherheit trat ein, so daß und weil das betroffene Publikum die Institution als Kontrollorgan kontinuierlich weniger in Anspruch nahm. In tatsächlicher Hinsicht – nicht unbedingt in rechtlicher – zogen Parteiorganisationen und/oder Polizei, Gestapo etc. Kompetenzen an sich. So blieb also die Integrität der Ziviljustiz scheinbar unangetastet, die sich weiterhin mit dem Inkasso von geschäftlichen Forderungen, mit Verkehrsunfällen, Grundstücksgeschäften und ähnlichem befaßte, was für die Betroffenen persönlich natürlich von äußerster Wichtigkeit sein konnte. Als Institut zur Kontrolle von Macht konnte man sich nicht mehr auf das Oberlandesgericht verlassen, in allen anderen Beziehungen jedoch nach wie vor.

Diese Diskrepanz erklärt die unterschiedlichen Wahrnehmungen der zivilrechtlichen Praxis im Dritten Reich. Der hohe Prozentsatz an normalen Rechtsstreitigkeiten resultiert aus Ehescheidungen, Vermögens- und Verkehrssachen. Hier existierte Kontinuität seit dem Kaiserreich. Wer diesen – statistisch weit überwiegenden – Aspekt in den Vordergrund rückt, wie die beteiligten Richter zum größten Teil, kommt also zu einer Normalitäts- bzw. Kontinuitäts-These. Sieht man indes die Funktion der Ziviljustiz in der Verteidigung bürgerlicher Freiheiten auch gegen ideologisch motivierte Übergriffe des Staates, von Parteiorganisationen oder Dritter, so kann das statistische Überwiegen von »Normalfällen« weder den damals Betroffenen noch den heutigen Kritiker befriedigen. Es ist aus individual- und sozialpsychologischen Gründen nur zu verständlich, daß die Beteiligten den ersten Weg wählten. Die bedenklichen, gleichheitsverletzenden Entscheidungen definierte man als Ausrutscher, denen manch mutige Richtertat gegenüberstand.

Die Selektivität der Wahrnehmung erklärt also, weshalb die betroffenen Richter und die Kritiker auf verschiedenen Ebenen sprechen. Als einziges Erklärungsmodell für die Praxis des Zivilrechts im Dritten Reich taugt die Normalitätsthese zweifellos nicht. Indes können wir dies statistische Überwiegen von Normal-Fällen ebensowenig vernachlässigen, wie wir die seltenen nazistisch geprägten Entscheidungen als reine Ausrutscher betrachten können. Jedoch gebieten es die wenigen schlimmen Entscheidungen nicht, die normalen Fälle zu perhorreszieren. Es ist also – auch nach diesem ersten Überblick – an der Zeit, daß wir beginnen, die Schwarz-Weiß-Gemälde zu zerstören, um die verschiedenen Grau-Schattierungen sehen zu können; freilich nicht in der Absicht, Eindeutiges hinwegzudifferenzieren.

Andreas Kranig

Treue gegen Fürsorge

Arbeitsrichter unter dem
Nationalsozialismus

Welchen Beitrag haben deutsche Richter und deutsche Gerichte zwischen
1933 und 1945 zur Unterstützung, Flankensicherung oder ideologischen
Verbrämung der nationalsozialistischen Diktatur geleistet? Inwieweit
waren sie darüber hinaus aktive Verfechter nationalsozialistischer
Rechts- bzw. Unrechtsauffassungen? Beteiligten sie sich direkt an nationalsozialistischem Unrecht und Terror? Oder ist nachweisbar, daß Richter und Gerichte sich vom NS-Regime mehr oder weniger deutlich distanzierten? Waren gar einzelne Urteile deutscher Gerichte Äußerungen des
Widerstandes gegen das NS-Regime?
Diese Fragen lassen sich nicht ohne weiteres allgemein, d. h. für alle Gerichtszweige oder gar für alle Einzelpersonen in der Justiz, einheitlich
beantworten. Parteinahme für oder gegen das NS-Regime lag für die
Richter vor allem dort nahe, wo politisch brisante Fälle zu entscheiden
waren bzw. wo das NS-Regime politische Lösungen und Begründungen
von den Richtern erwartete. Für das allgemeine Zivilrecht hat – vorste-
hend – Rainer Schröder gezeigt, daß spezifisch nationalsozialistisch begründete oder im Ergebnis an nationalsozialistischen Rechtsauffassungen
orientierte Entscheidungen nur einen geringen Prozentsatz aller Entscheidungen der Zivilgerichte ausmachten. Der Alltag des Zivilrichters
war geprägt von den »normalen« Fällen, die auch heute mit gleichen oder
entsprechenden Begründungen entschieden würden. Diese Aussage
deckt sich teilweise mit meinen Beobachtungen und Eindrücken von veröffentlichten Entscheidungen der Landesarbeitsgerichte und des Reichsarbeitsgerichts. Allerdings kann ich hierzu keine statistisch abgesicherte
Aussage treffen, da ich nicht die Gelegenheit hatte, eine fortlaufende
Reihe von Urteilen eines Arbeitsgerichts oder Landesarbeitsgerichts aus-
zuwerten.
Manchen mag dies unwahrscheinlich klingen. Manche werden vielleicht
einwenden: Das NS-Regime hat doch gerade die Arbeitsbeziehungen
nach seinen ideologischen Vorstellungen und nach den Erfordernissen

von Aufrüstung und Kriegswirtschaft umgestaltet. Deswegen müßten gerade arbeitsgerichtliche Urteile politischen Zündstoff enthalten haben. Die Gründe für das Überwiegen der »Normalität« im Alltag des Arbeitsrichters der Jahre nach 1933 sind meines Erachtens folgende:

Die überwiegende Zahl der politisch brisanten Eingriffe des NS-Regimes in die Arbeitsbeziehungen konnte gar nicht vor die Arbeitsgerichte kommen, und zwar aus folgenden Gründen:

Nach der Regelung des Arbeitsordnungsgesetzes von 1934 entfiel die Zuständigkeit der Arbeitsgerichte für Streitigkeiten zwischen Tarifvertragsparteien, zwischen den Gegnern eines Arbeitskampfes sowie zwischen dem Betriebsrat und dem Arbeitgeber.

Tarifvertragsrechtliche und arbeitskampfrechtliche Streitigkeiten waren obsolet geworden; Tarifverträge konnten seit der Zerschlagung der Gewerkschaften am 2. 5. 1933 nicht mehr geschlossen werden, die Tariffestsetzung wurde staatlichen Behörden, den Treuhändern der Arbeit, übertragen. Arbeitskämpfe waren damit geächtet. Für betriebsverfassungsrechtliche Streitigkeiten wurden ebenfalls die Treuhänder der Arbeit zuständig. Was im Bereich des kollektiven Arbeitsrechts in der Weimarer Republik zu den politisch bedeutsamsten Aufgaben der Arbeitsgerichte gezählt hatte, entfiel oder wurde zur Aufgabe weisungsabhängiger, dem NS-Regime unmittelbar verpflichteter Verwaltungsbehörden.

Die Zerschlagung der Gewerkschaften selbst konnte unter den gegebenen Umständen nicht unmittelbar zum Gegenstand gerichtlicher Verfahren gemacht werden: Die Gewerkschaftsführer befanden sich in Haft, im KZ oder im Ausland!

Zwei weitere für das Arbeitsleben des NS-Staates charakteristische Bereiche blieben den Arbeitsgerichten ebenfalls verschlossen: Dies gilt zum einen für alle Konflikte, die sich aus den seit 1933 bis Ende des Zweiten Weltkrieges stetig zunehmenden staatlichen Maßnahmen zur Arbeitskräftelenkung und Zwangsverpflichtung ergaben. Für dieses Recht des sogenannten Arbeitseinsatzes waren die Arbeitsgerichte nicht zuständig. Denn der Arbeitseinsatz gehörte zum öffentlichen Recht und wurde von den Arbeitsämtern durchgeführt. Gegen deren Verfügungen, z. B. gegen eine Zwangsverpflichtung eines Bauarbeiters zur Arbeit beim Bau des Westwalles im Jahre 1938, gab es keinerlei gerichtlichen Rechtsschutz.

Der zweite Bereich betraf den gesamten Komplex der Arbeit von zwangsverpflichteten Fremdarbeitern, insbesondere aus Polen und der Sowjetunion, von Kriegsgefangenen sowie von Insassen der Konzentrationslager während des Zweiten Weltkrieges. Die Entrechtung dieser nach Millionen zählenden Arbeitskräfte ging so weit, daß sie die deutschen Arbeitsgerichte noch nicht einmal anrufen konnten. Allenfalls hatten hier wiederum Verwaltungsbehörden zu entscheiden.

Zusammengefaßt bedeutet dies: Die Arbeitsgerichte befaßten sich nur mit individualarbeitsrechtlichen Streitigkeiten zwischen einzelnen Arbeitnehmern und Arbeitgebern. Herschel hat dies als zeitgenössischer Beobachter im Jahre 1938 wie folgt beschrieben: »Urteile zu grundlegenden Fragen unserer Sozial- und Volksordnung sind verhältnismäßig selten geworden. Dagegen treten Fragen von weniger grundsätzlicher Tragweite oder von nur vorübergehender Bedeutung stärker hervor, wie Eingruppierungsstreitigkeiten, Streitigkeiten aus dem Sonderarbeitsrecht der Sozialversicherungsträger, aus Gehalts- und Pensionskürzungen, aus dem Gesetz zur Wiederherstellung des Berufsbeamtentums.«[1]

Alfred Hueck[2], einer der bekanntesten Arbeitsrechtslehrer des Dritten Reiches und der Bundesrepublik, hat die Arbeitsgerichte der NS-Zeit als Idylle der »Normalität«, quasi als Rückzugsort des politisch distanzierten, am positiven Recht ausgerichteten und sozial aufgeschlossenen Juristen dargestellt – und zwar noch in den letzten Auflagen seiner Lehrbücher.

Nach Huecks Einschätzung »traten auf dem Gebiet des Individualarbeitsrechts keine grundsätzlichen Änderungen ein«. Er meint, die Rechtsprechung habe »unter Führung des Reichsarbeitsgerichts in stiller, konsequenter Arbeit, wenig gestört vom Nationalsozialismus, den weiteren Ausbau eines sozial fortschrittlichen Arbeitsvertragsrechts in erheblichem Umfang gefördert«. Als Beispiele nennt Hueck das Urlaubsrecht, das Pensionsrecht, das Gratifikationsrecht, die Regeln über das Betriebsrisiko und vor allem die Ausgestaltung der Fürsorgepflicht des Arbeitgebers und der Treuepflicht des Arbeitnehmers.

Diese Einschätzung Huecks kann das Selbstverständnis der unter dem NS-Regime tätigen Arbeitsrichter und Arbeitsrechtswissenschaftler beleuchten. Sie trifft auch durchaus zu, wenn man die Terrorjustiz eines Volksgerichtshofs als Vergleichsobjekt heranzieht: Gemessen daran verrichteten die Arbeitsrichter im Dritten Reich tatsächlich eine stille und kontinuierliche Arbeit. Dennoch bleibt die Einschätzung Huecks in mehrfacher Hinsicht fragwürdig. Folgende Fragen bleiben bei Hueck ausgeklammert:

1. An welchen Stellen wurden die Arbeitsrichter mit spezifisch nationalsozialistischen Bestrebungen und Maßnahmen konfrontiert und wie verhielten sie sich demgegenüber?
2. Wurden nicht auch im Individualarbeitsrecht Akzentverschiebungen vorgenommen, die spezifisch nationalsozialistische Handschrift trugen? Wie gingen die Arbeitsgerichte insbesondere mit den General-

klauseln von Treue und Fürsorge, Betriebsgemeinschaft, Arbeitsfrieden und Gemeinwohl um, die die arbeitsrechtliche Gesetzgebung des NS-Regimes prägten?

Zur ersten Frage: Die Arbeitsgerichte waren mit Maßnahmen des NS-Regimes zunächst vor allem auf der Ebene der personellen und organisatorischen Veränderungen konfrontiert. Neben der bereits dargestellten Einschränkung der Zuständigkeiten und neben den allgemein für Justiz und Staatsapparat geltenden Säuberungs- und Gleichschaltungsmaßnahmen ist für die Arbeitsgerichte besonders auf folgendes hinzuweisen: Bereits im Frühjahr 1933 wurden die Laienbeisitzer der Arbeitsgerichte gegen Anhänger des NS-Regimes ausgetauscht. Seit der Zerschlagung der Gewerkschaften übernahmen ebenfalls regimenahe Vereinigungen, seit 1934 war dies allein noch die Deutsche Arbeitsfront, die Prozeßvertretung vor den Arbeitsgerichten in erster Instanz. Der Arbeitsrichter war also umringt von Anhängern der neuen Machthaber – an ein Abweichen von Grundüberzeugungen des NS-Regimes war daher schon seit Mitte 1933 auch für einen Arbeitsrichter, der den Nazis kritisch oder distanziert gegenüberstand, nicht mehr zu denken.

Die Rechtsberatungsstellen der Deutschen Arbeitsfront hatten neben der Prozeßvertretung auch die Aufgabe, ihre Mitglieder, Arbeitnehmer wie Arbeitgeber, in arbeitsrechtlichen Fragen zu beraten. Diese Beratungsaufgabe bot der Deutschen Arbeitsfront die Möglichkeit zu steuern, welche arbeitsrechtlichen Streitigkeiten überhaupt vor die Gerichte kommen sollten und welche nicht. Die Rechtsberatungsstellen sorgten im Sinne der Gemeinschaftsideologie und der Erhaltung des Arbeitsfriedens dafür, daß möglichst viele Auseinandersetzungen zwischen Arbeitgebern und Arbeitnehmern bereits im Vorfeld und ohne die vor Gericht übliche Eskalation und Verhärtung der beiderseitigen Standpunkte gelöst wurden. Rechtsschutz hatten die Rechtsberatungsstellen nur zu gewähren, wenn die beabsichtigte Rechtsverfolgung Aussicht auf Erfolg bot und mit den nationalsozialistischen Grundsätzen von der »Ehre der Arbeit« im Einklang stand. Man kann sich vorstellen, daß das die Konfliktbereitschaft und damit die Prozeßhäufigkeit erheblich dämpfte. Die Zahl der erstinstanzlichen Verfahren sank von ca. 370 000 im Jahr 1932 auf ca. 200 000 im Jahr 1934 und auf ca. 82 500 im Jahr 1940. Ich führe diesen Rückgang neben der Einflußnahme der Rechtsberatungsstellen auf weitere Faktoren zurück:

Die Verbesserung der Arbeitsmarktlage seit 1933, die Einschüchterung oppositioneller Arbeitnehmer, denen ihr Rückhalt in Gewerkschaften und politischen Parteien genommen war, sowie gewisse soziale Zugeständnisse der Arbeitgeber auf Betriebsebene im Rahmen einer gegenüber den Jahren der Wirtschaftskrise verstärkten betrieblichen Sozialpolitik dürften ihr Teil zur Verminderung des Konfliktpotentials beigetragen haben.

Bestimmten die personellen und organisatorischen Maßnahmen des NS-Regimes den äußeren Rahmen der arbeitsgerichtlichen Rechtsprechung, so ist nun auf die Inhalte einzugehen. Mit Konflikten spezifisch nationalsozialistischer Prägung hatten die Arbeitsgerichte insbesondere in folgenden Fällen zu tun, auf die ich nun näher eingehe:

- Bei Kündigungen von Arbeitnehmern des öffentlichen Dienstes aufgrund des Gesetzes zur Wiederherstellung des Berufsbeamtentums,
- bei Kündigungen wegen Mitgliedschaft in den früheren Gewerkschaften und Arbeiterparteien,
- bei Kündigungen wegen »gemeinschaftswidrigen Verhaltens« und
- bei Kündigungen jüdischer Arbeitnehmer.

Arbeitnehmer des öffentlichen Dienstes, die sich vor der Machtergreifung in SPD oder KPD engagiert hatten sowie jüdische Arbeitnehmer des öffentlichen Dienstes wurden 1933 aufgrund des Gesetzes zur Wiederherstellung des Berufsbeamtentums entlassen. Die Betroffenen setzten sich in der Regel nicht gegen die Entlassung selbst zur Wehr. Sie versuchten aber in vielen Fällen, ihre Ansprüche gegen die Pensionskassen, die damalige Form der Zusatzversorgung, abzusichern. Die Gerichte hatten hierbei zu prüfen, ob die betroffenen Arbeitnehmer »nach Ablauf einer zehnjährigen Betriebszeit gegen ihren Willen ohne eigenes Verschulden aus dem Dienst entlassen wurden«. Das Landesarbeitsgericht Essen hatte in zwei kurz aufeinanderfolgenden Verfahren um die Jahreswende 1933/34 sowohl über den Anspruch eines ehemaligen Gewerkschafters, SPD- und Betriebsratsmitglieds als auch über den Anspruch eines ehemaligen Sympathisanten der Kommunisten zu befinden. Dem ersten sprach es den Anspruch zu, dem zweiten nicht, obwohl beide aus demselben gesetzlichen Grund entlassen worden waren: Sie boten »nach ihrer bisherigen politischen Betätigung nicht die Gewähr dafür, daß sie jederzeit rückhaltlos für den nationalsozialistischen Staat eintreten«. Die Urteilsbegründungen lassen eine immer wieder vorzufindende Differenzierung zwischen Sozialdemokraten und Kommunisten erkennen, die ihren Grund nicht in den anzuwendenden Gesetzen hatte, sondern in der allgemeinen Haltung, die das NS-Regime gegenüber Sozialdemokraten einerseits und Kommunisten andererseits einnahm. Ich zitiere hierzu aus den beiden Entscheidungen:

»Nun rechtfertigt aber allein die Tatsache, daß der Kläger einer freien Gewerkschaft angehört hat und als Mitglied einer solchen Gewerkschaft in die Betriebsvertretung gewählt war, noch nicht die Annahme nationaler Unzuverlässigkeit, vielmehr müßte dargetan werden, daß der Kläger irgendwie gehässig gegen die nationale Bewegung aufgetreten ist, z. B. ihren Führer beschimpft, oder seine Stellung als Mitglied des Betriebsrats dazu mißbraucht hat, national gesinnte Arbeitnehmer zu verfolgen, zurückzusetzen oder sonst zu schädigen.

In dieser Hinsicht ist aber von der Beklagten nichts vorgebracht. Unstreitig beschäftigt sie in ihrem Betriebe noch zahlreiche Arbeiter, die früher auch Mitglieder der freien Gewerkschaften und Angehörige der SPD waren. Solange sie sonst nichts gegen den Kläger vorbringen kann, muß dessen Entlassung als willkürlich und ohne zwingenden Grund erfolgt angesehen werden. Hiernach muß aber der Klageanspruch als begründet anerkannt werden«.[3]

»Wird ein Arbeitnehmer wegen kommunistischer Betätigung entlassen, so ist diese Entlassung im Sinne des § 16 Ziff. 4 der Satzung der Pensionskasse für Beamte Deutscher Privateisenbahnen verschuldet.

Im vorliegenden Fall ist das Berufungsgericht mit dem Vorderrichter zu der Überzeugung gelangt, daß der Kläger seine Entlassung selbst verschuldet hat und daß ihm deshalb ein Anspruch auf die geforderte Bescheinigung nicht zusteht. Der Sinn der Bestimmung des § 16 Ziff. 4 der Pensionskassensatzung ist jedenfalls – wie die Beklagte zutreffend ausführt – der, ein Mitglied, welches die Anwartschaft auf Ruhegeld bereits erworben hat, vor einer willkürlichen Entlassung durch den Arbeitgeber zu schützen. Von einer solchen willkürlichen Entlassung kann aber dann keine Rede sein, wenn das Mitglied den Grund zur Entlassung durch eigenes schuldhaftes Verhalten selbst herbeigeführt hat. Das Verschulden des Klägers ist darin zu erblicken, daß er sich seit 1931 bis in die Zeit der nationalen Revolution hinein im kommunistischen Sinne betätigt hat.«[4]

Zur zweiten Fallgruppe: Im Arbeitsrecht der Privatwirtschaft wurden Kündigungen gegen oppositionelle Arbeitnehmer wegen ihrer früheren politischen Betätigung von den Arbeitsgerichten durchgängig bestätigt. Dabei griffen die Urteilsbegründungen häufig betont nationalsozialistische Gedankengänge auf.

Die Gesetzeslage im Kündigungsrecht hatte sich nach 1933 wie folgt geändert: Die außerordentliche Kündigung war nach wie vor nach § 626 BGB bzw. den speziellen gewerbe- und handelsrechtlichen Vorschriften zu beurteilen. Zusammenfassend mußte danach ein wichtiger Grund für die Kündigung vorliegen, der bei Abwägung der beiderseitigen Belange die weitere Zusammenarbeit unzumutbar machte. Da insoweit keine ausdrückliche Gesetzesänderung vorgenommen wurde, hätte es für die Gerichte nahegelegen, an ihre bisherige Rechtsprechung anzuknüpfen, in der politische Gründe eine außerordentliche Kündigung allenfalls in Ausnahmefällen rechtfertigen konnten. Als Einfallstor für eine Wende dieser Rechtsprechung dienten den Gerichten die in § 2 Abs. 2 Arbeitsordnungsgesetz normierte Treuepflicht des Arbeitnehmers gegenüber dem Arbeitgeber sowie die Gemeinwohlformel des § 1 Arbeitsordnungsgesetz. Durch § 1 Arbeitsordnungsgesetz wurde die Zusammenarbeit von »Betriebsführer« und »Gefolgschaft«, das heißt von Unternehmer und Belegschaft, auf den »gemeinen Nutzen von Volk und Staat« ausgerichtet. Über Kündigungen war in diesen Generalklauseln explizit nichts gesagt, doch fiel es den Arbeitsgerichten nicht schwer, die erforderliche gedankliche Brücke aus Versatzstücken der nationalsozialistischen Ideologie zu schlagen. Zwei Beispiele für viele sollen das erhellen: Das Landesarbeitsgericht Frankfurt begründete eine Entscheidung vom 17. September 1934 wie folgt:

»Im nationalsozialistischen Staat kann es keinem Arbeitgeber zugemutet werden, eine kommunistisch eingestellte Frauensperson auch nur einen Tag noch in Arbeit und Brot zu behalten, während Tausende verdienter nationalsozialistischer alter Kämpfer und anderer nationalgesinnter Männer arbeitslos auf der Straße liegen. In dem Sich-Identifizieren und Sympathisieren mit dem Kommunistengesindel liegt ein schuldhaftes Verhalten, ein Verbrechen gegen den Staat und die Volksgemeinschaft und eine so schwere Verletzung der Treueverpflichtung aus dem Arbeitsvertrag, daß dem Arbeitgeber eine Fortsetzung des Arbeitsverhältnisses auch für die Dauer der ordentlichen Kündigungsfrist nach Treu und Glauben unmöglich zugemutet werden kann.«[5]

Das Landesarbeitsgericht Gleiwitz schob in einer Entscheidung vom 9. 1. 1936 Bedenken, die sich aus dem weitergeltenden § 123 Gewerbeordnung ergaben, mit folgender Begründung beiseite, die mit schulmäßiger Rechtsanwendung nichts mehr gemein hatte:

»Diese Rechtsprechung kann heute nicht mehr aufrechterhalten werden. Sie widerspricht dem Volksempfinden, denn es kann dem Betriebsführer nicht zugemutet werden, daß er einen Arbeiter weiterbeschäftigt, der sich in seiner Einstellung zum Staat, zum Volk und zur Betriebsgemeinschaft als schädlich erweist. Während die genannten Gesetze nur den ›liederlichen Lebenswandel‹ als Entlassungsgrund anführen, muß heute dieser Begriff weiter gefaßt werden. Jeder Schädling an der Gemeinschaft muß nach den heutigen Begriffen von Staat, Volk und Betriebsgemeinschaft als ein Mensch angesehen werden, der in die Gemeinschaft des Betriebes nicht hineingehört.«[6]

Mit dieser Begründung bestätigte das Gericht die fristlose Entlassung eines Arbeitnehmers, der auf einer Gemeinschaftsveranstaltung das Horst-Wessel-Lied nicht mitsang und den Deutschen Gruß nicht mit dem nötigen Ernst ausführte.

Ähnlich wie bei Kommunisten wurde auch bei Kündigungen von Sozialdemokraten und Gewerkschaftern argumentiert, wenn sie aus ihrer Ablehnung der Nazis kein Hehl gemacht hatten. Dagegen bildete die bloße Mitgliedschaft in SPD und Gewerkschaft und auch die bloße Mitarbeit in Betriebsrat oder anderen Gremien keinen wichtigen Grund für eine außerordentliche Kündigung.

Diesem Personenkreis konnte jedoch unter Einhaltung der Kündigungsfristen gekündigt werden. Die Bewertungsmaßstäbe des Gesetzes zur Wiederherstellung des Berufsbeamtentums wurden hier im Ergebnis auf das Arbeitsrecht der Privatwirtschaft übertragen. Der Kündigungsschutz gegenüber ordentlichen Kündigungen, der damit angesprochen ist, war im Jahre 1934 durch das Arbeitsordnungsgesetz umgewandelt worden. Vor 1933 hatte der Betriebsrat unter anderem auch dann ein Einspruchsrecht gegen eine ordentliche Kündigung, »wenn der begründete Verdacht vorliegt, daß die Kündigung wegen der Zugehörigkeit zu einem bestimmten Geschlechte, wegen politischer, militärischer, konfessioneller oder gewerkschaftlicher Betätigung oder wegen Zugehörigkeit oder Nichtzugehörigkeit zu einem politischen, konfessionellen oder beruflichen Verein oder einem militärischen Verbund erfolgt ist« (§ 84 BRG). Der nationalsozialistische Gesetzgeber strich diese gegen Diskriminierungen aller Art gerichtete Vorschrift ersatzlos und reduzierte die Gründe, mit denen eine Kündigung vor Gericht angegriffen werden konnte, auf eine einzige Generalklausel: Eine Klage auf Widerruf der Kündigung war nur dann begründet, wenn die Kündigung »unbillig hart und nicht durch die Verhältnisse des Betriebes bedingt ist« (§ 56 AOG).

Diese Generalklausel der unbilligen Härte und der Betriebsbedingtheit füllten Arbeitsgerichte mit nationalsozialistischem Gedankengut aus. Hatte sich ein Arbeitnehmer »gemeinschaftswidrig« verhalten, hatte er sich also außerhalb des von den Nazis definierten Konsenses aller nationalen Kräfte gestellt, so konnte der Arbeitgeber ihm risikolos kündigen. Der zugrundeliegende Gedankengang läßt sich wie folgt skizzieren: Wer sich – auch außerhalb des Betriebes – nicht konform verhielt, gab Anlaß dafür, daß die Arbeitskollegen oder Unternehmer Anstoß an seinem Verhalten nahmen. Dadurch konnte es zu Auseinandersetzungen im Betrieb kommen – der Arbeitsfrieden und die Betriebsgemeinschaft waren gestört. Eine Störung dieser wichtigsten »Rechtsgüter« in der nationalsozialistischen Arbeitsverfassung rechtfertigte es, die Kündigung als betriebsbedingt anzusehen. Als gemeinschaftswidrig wurden z. B. folgende Verhaltensweisen angesehen: Verweigerung des deutschen Grußes, Nichterfüllung geschriebener und ungeschriebener staatsbürgerlicher Pflichten wie Beteiligung an Wahlen und Beiträge zu Sammlungen nationalsozialistischer Einrichtungen, kritische Äußerungen zu Maßnahmen des NS-Regimes, soweit sie nicht bereits als »staatsfeindlich« eingestuft und mit härteren Mitteln bekämpft wurden. Gerade der Begriff der Gemeinschaftswidrigkeit brachte ein hohes Maß an Rechtsunsicherheit mit sich, da die Gerichte von Fall zu Fall unterschiedlich entscheiden, vor allem die festgestellten Tatsachen unterschiedlich werten konnten. Zwei Beispiele mögen dies belegen:

Im ersten Fall war ein Arbeitnehmer der Firma Krupp in Essen seiner Wahlpflicht bei der Reichstagswahl 1936 nicht nachgekommen. Am Wahltag hatte er vor dem Gang zur Wahl einen Bootsausflug unternommen, war gekentert und konnte wegen dieses Mißgeschicks nicht mehr rechtzeitig zur Wahl erscheinen. Die Firma Krupp kündigte ihm betriebsbedingt und begründete dies damit, daß die Belegschaft sich über sein Verhalten erregt habe.

In einem zweiten Fall wurde im Jahre 1942 einem ehemaligen sozialdemokratischen Redakteur gekündigt, der erst nach langen Jahren der Arbeitslosigkeit die jetzige Stelle gefunden hatte. Als Grund wurde angeführt, daß er den deutschen Gruß seines Arbeitgebers nicht erwidert hatte und sich aus einer Betriebsversammlung kurz vor dem Gruß an den Führer und dem Absingen der Hymne entfernt hatte.

Im ersten Fall bestätigte das Landesarbeitsgericht Essen in einer Entscheidung vom 8. 7. 1936 die Kündigung und machte mit folgender Begründung aus einem unglücklichen Zufall ein Verschulden des gekündigten Arbeitnehmers:

»Wahlrecht ist nicht nur ein Recht, sondern eine Wahlpflicht, der sich kein wahlberechtigter Deutscher entziehen kann und darf. Sonst stellt er sich außerhalb der Volksgemeinschaft ... Seine Schuld an seiner Nichtbeteiligung an der Wahl liegt darin, daß ihm sein Vergnügen vor seine Pflicht für seinen Führer und sein Vaterland ging ... Es ist daher verständlich, daß die Beklagte ... die Kündigung aussprach, zumal es sich bei der Beklagten um die Waffenschmiede des Deutschen Volkes handelt, die ganz besonders mit dem Wohl und Wehe der Deutschen Nation verbunden ist.«[7]

Im zweiten Fall sah das Landesarbeitsgericht Leipzig[8] in einer Entscheidung vom 2. 6. 1942 überraschend keinen Grund für eine Kündigung. Es stimmte zwar in seinen allgemeinen rechtlichen Ausführungen mit der sonstigen Rechtsprechung überein, aber in einer für die damalige Zeit erstaunlich arbeitnehmerfreundlichen Beweiswürdigung hielt es dem Kläger zugute, er habe möglicherweise den Gruß seines Arbeitgebers überhört bzw. übersehen, er habe den Ablauf der Betriebsversammlung durch sein Verlassen nicht konkret gestört, und es könne ihm nicht widerlegt werden, daß er sich deswegen verfrüht aus der Versammlung entfernt habe, weil er noch einen Einschreibebrief auf dem Postamt habe abholen wollen.

Andere Gerichte hätten für meine Begriffe in diesem Fall anders entschieden und den Kläger auf die Möglichkeit verwiesen, an einem anderen Tag den Brief abzuholen. Gelegentlich scheinen also einzelne Gerichte unter dem Deckmantel konformer Rechtsausführungen im Ergebnis nicht ganz konforme Entscheidungen getroffen zu haben.

Kündigungen jüdischer Arbeitnehmer wurden bis zum 3. 10. 1941, als die »Verordnung über die Beschäftigung von Juden« die Juden allgemein aus der Betriebsgemeinschaft mit deutschen Arbeitnehmern ausschloß und ihnen neben anderen Schutzrechten auch den Kündigungsschutz nahm, nach den gleichen Vorschriften beurteilt wie Kündigungen deutscher Arbeitnehmer. Das bedeutet aber nicht, daß die Juden im Ergebnis gleichbehandelt wurden.

Bereits im Jahre 1933 wollten Gerichte der ersten und zweiten Instanz die fristlose Entlassung jüdischer Arbeitnehmer aufgrund ihrer Identität als Juden zulassen. Sie gaben Arbeitgebern recht, die die fristlose Kündigung gegenüber jüdischen Arbeitnehmern damit begründet hatten, daß bei Belegschaft und Kunden Unruhe wegen der Beschäftigung jüdischer Arbeitnehmer entstehen könne und daß deswegen Konflikte mit Behörden zu erwarten seien. Gegenüber dieser schon sehr früh voll auf den antisemitischen Terror einschwenkenden Linie vieler Untergerichte verhielt sich das Reichsarbeitsgericht etwas reserviert. Die Leitsätze einer wichtigen Entscheidung vom 25. 11. 1933 lauten:

»1. Auch unter der veränderten Einstellung, die der nationale Staat und das deutsche Volk in seiner Allgemeinheit gegenüber dem Judentum einnehmen, ist ein Satz, jeder Angestellte nichtarischer Abstammung könne fristlos entlassen werden, für das Gebiet des Wirtschaftslebens nicht anzuerkennen. Vielmehr läßt sich nur auf Grund der besonderen Umstände des Einzelfalles beurteilen, ob und inwieweit die Rassenfrage der Aushaltung eines Dienstvertrages entgegensteht.

2. Die bloß subjektive Vermutung einer Gefahr für den Arbeitgeber genügt nicht, um die fristlose Entlassung zu rechtfertigen, vielmehr muß für eine solche Befürchtung eine beachtliche objektive Grundlage vorhanden sein.«[9]

Damit richtete das Reichsarbeitsgericht aber keinesfalls ein Bollwerk gegen die Diskriminierung der Juden auf, sondern allenfalls eine niedrige Hürde, die ein mit dieser Rechtsprechung vertrauter Arbeitgeber mit geeignetem Sachvortrag leicht überspringen konnte. Einige Passagen der Entscheidung belegen dies:

».. . Grundsätzlich ist davon auszugehen, daß auch unter der veränderten Einstellung, die der nationale Staat und das deutsche Volk in seiner Allgemeinheit gegenüber dem Judentum einnehmen, ein Satz, jeder Angestellte nichtarischer Abstammung könne fristlos entlassen werden, für das Gebiet des Wirtschaftslebens nicht anzuerkennen ist.

Die von der Reichsregierung bezüglich der Beschäftigung nichtarischer Personen erlassenen Gesetze und Verordnungen beziehen sich auf Berufsbeamte, Angestellte und Arbeiter öffentlicher Unternehmen, Rechts-, Patentanwälte, Ärzte, Zahnärzte und Zahntechniker, Schöffen, Geschworene, Arbeitsrichter, Steuerberater und dergleichen, allenthalben also Personen, die im öffentlichen Dienste stehen oder öffentliches Vertrauen genießen. In bezug auf Angestellte von Privatbetrieben liegen entsprechende Maßnahmen gesetzlicher Art nicht vor. Ihre Beschäftigung unterliegt mithin an sich keiner Behinderung. Damit ist freilich nicht gesagt, daß nichtarische Abkunft eines Dienstverpflichteten nicht doch unter den grundlegend geänderten Anschauungen der heutigen Zeit einen wichtigen Grund für die sofortige Lösung des Dienst- oder Arbeitsvertrags bilden könnte, wenn nämlich dem Dienstberechtigten die Fortsetzung des Vertragsverhältnisses bis zum Ablauf der ordentlichen Kündigungsfrist nach Lage der Sache nicht zuzumuten ist; denn die durch die nationale Erhebung begründete neue Einstellung des deutschen Volkes zum Judentum ist gegenüber der vergangenen eine so grundlegend verschiedene, daß an ihren Auswirkungen auch auf dem Gebiete des privaten Vertragsrechts keinesfalls vorbeigegangen werden kann. Immer aber wird sich diese Auswirkung nur an den besonderen Umständen des Einzelfalles ermessen lassen, insofern sich allein nach diesen beurteilen läßt, ob und inwieweit die Rassenfrage der Aushaltung eines Dienstvertrages entscheidend entgegensteht. Dabei kann nur die Betrachtung aus den geklärten Anschauungen der Gegenwart heraus, nicht die unter dem Eindruck politischer Ereignisse etwa überstürzt gewonnene Betrachtungsweise maßgebend sein.

. . . Das angefochtene Urteil begründet die Untragbarkeit einer Weiterbeschäftigung des Klägers bei der Beklagten nur mit der Gefahr in den Kreisen der Mitglieder entstehender Unruhe und möglicher Konflikte mit amtlichen Stellen und geht dabei ersichtlich von der Annahme aus, daß die bloße subjektive Vermutung einer solchen Gefahr bei der Beklagten

als ausreichender Entlassungsgrund genüge. Eine solche Auffassung
würde indessen rechtsirrig sein. Denn die Prüfung eines Entlassungsgrundes auf seine Wichtigkeit hat stets danach zu erfolgen, ob nicht nur in der
Vorstellung des Kündigenden, sondern auch in Wirklichkeit Umstände
gegeben und festgestellt sind, die eine Weiterbeschäftigung des Betreffenden als für den Dienstberechtigten derart schädlich oder seine Interessen gefährdend erscheinen lassen, daß sie ihm billigerweise nicht
zugemutet werden kann, muß also davon ausgehen, ob die subjektive
Einstellung, aus der heraus die Kündigung erfolgt, auch tatsächlich eine
beachtliche objektive Grundlage hat. In dieser Richtung sind aus dem
Berufungsurteil für das Bestehen eines Entlassungsgrundes positive Unterlagen nicht ersichtlich. Eine neue Prüfung des Sachverhalts an Hand
der dargelegten Grundsätze ist mithin erforderlich.«

In späteren Entscheidungen hat sich das Reichsarbeitsgericht an die allgemein zunehmende Diskriminierung und Verfolgung der Juden in allen
Lebensbereichen immer weiter angepaßt.

Fristlose Kündigungen, die nach der sogenannten Reichskristallnacht gegen jüdische Arbeitnehmer ausgesprochen wurden, fanden von 1939 ab
durchweg die Billigung des Reichsarbeitsgerichts, wobei die neue, härtere Linie gelegentlich gegen anderslautende, noch auf die frühere Rechtsprechung verpflichtete Urteile der Vorinstanzen durchzusetzen war. Die
Leitentscheidung dieser harten Linie lautet in ihren wichtigsten Passagen:

»Ob ein Dienstverhältnis mit einem Juden wegen seiner Abstammung aus
wichtigem Grunde gelöst werden kann, ist nicht mehr, wie es bisher geschehen ist, allein oder vorwiegend danach zu beurteilen, welche schäd-
lichen Folgen wirtschaftlicher Art die Einhaltung des Dienstverhältnisses
für den Dienstherrn haben kann. Ein viel stärkeres Gewicht muß den
rassepolitischen Anschauungen des Nationalsozialismus beigemessen
werden. Ihre Auswirkung auf die Rechtsbeziehungen der Parteien muß
im Vordergrund stehen. Das gilt in verstärktem Umfang für den Lehrver-
trag, der ein besonderes Vertrauensverhältnis zwischen den Vertragspar-
teien bedingt.

Das Berufungsgericht hat nicht genügend beachtet, welche Bedeutung
der Rassegedanke besonders in neuerer Zeit auch für das Wirtschaftsle-
ben besitzt, auf das er vor allem seit dem Erlaß des Gesetzes zum Schutze
des deutschen Blutes und der deutschen Ehre vom 15. 9. 35 (RGBl. I,
S. 1146) und den dazu erlassenen Ausführungsverordnungen in zunehmendem Maße entscheidend einwirkt, und zwar dahin, daß jüdische Unternehmen und solche, in denen noch Juden beschäftigt werden, aus dem
deutschen Wirtschaftskörper auszuscheiden sind. Bei der Überführung

solcher Geschäfte in deutsche Hand kommen vorwiegend öffentliche Belange in Frage, und es kann daher nicht allein dem Belieben des einzelnen überlassen sein, wie dabei zu verfahren sei.«[10]

Zwei weitere Entscheidungen des Reichsarbeitsgerichts, die auf Klagen jüdischer Arbeitnehmer ergingen, verdienen ebenfalls referiert zu werden.

Im ersten Fall ging es um die Klage auf Weiterzahlung des Lohnes bei einer verhältnismäßig langen Kündigungsfrist. Der Arbeitgeber stellte sich auf den Standpunkt, er habe wirksam fristlos gekündigt und schulde daher überhaupt keinen Lohn mehr. Diese Auffassung ließ sich jedoch unter keinem rechtlichen Gesichtspunkt halten. Das Landesarbeitsgericht sprach daher unter korrekter Anwendung der schuldrechtlichen Vorschrift des § 324 BGB dem Kläger den gesamten eingeklagten Lohn zu. Das Reichsarbeitsgericht[11] korrigierte diese Entscheidung teilweise, indem es Billigkeitsgesichtspunkte aus der Formel vom »personenrechtlichen, auf Treue und Fürsorge gegründeten Gemeinschaftsverhältnisse« ableitete und auf dieser Grundlage den Lohnzahlungszeitraum zu Lasten des jüdischen Klägers erheblich kürzte. Die Abkehr von der arbeitsvertraglichen Sicht des Arbeitsverhältnisses als schuldrechtliches Austauschverhältnis und die Hinwendung zur spezifisch nationalsozialistischen Sicht des Arbeitsverhältnisses als personenrechtliches Gemeinschaftsverhältnis diente dem Reichsarbeitsgericht hier als Grundlage für einen Kompromiß: Einesteils konnte das Reichsarbeitsgericht die juristisch korrekte Entscheidung der Vorinstanz kaum völlig übergehen, andererseits wollte oder mußte das Gericht den rassistischen Zielen des NS-Regimes seinen Tribut zollen. Inwieweit bei dieser und bei der sogleich noch zu besprechenden Entscheidung direkter politischer Druck des NS-Regimes mit im Spiel war, läßt sich heute nicht mehr klären. Die soeben kurz referierte Entscheidung ist auch deshalb von besonderem Interesse, weil Rüthers sie nachträglich in die Nähe des Widerstandes gegen das NS-Regime gerückt hat.[12] Dies beruht auf einem Mißverständnis einiger Passagen des Urteils.[13]

Ganz allgemein kann man sagen, daß manche Entscheidungen des Reichsarbeitsgerichts und mancher Untergerichte eine gewisse Distanz zum NS-Regime, was seine gewaltsamen Einrichtungen, Maßnahmen und Äußerungsformen betrifft, erkennen lassen. Zeugnisse richterlichen Widerstandes habe ich jedoch nicht feststellen können, was nicht ausschließt, daß es ihn an versteckter Stelle doch einmal gegeben haben mag. Umgekehrt gibt es jedoch, wie bereits dargestellt, zahlreiche Beispiele erschreckender Willfährigkeit der Arbeitsgerichte gegenüber dem NS-Regime. Die schlimmste Äußerung dieser Willfährigkeit sehe ich in einem Urteil des Reichsarbeitsgerichts vom 24. 7. 1940.

Das Reichsarbeitsgericht wies mit diesem Urteil die Klage eines jüdischen Arbeitnehmers auf Lohnzahlung für mehrere Feiertage zurück, darunter für den 1. Mai (Tag der nationalen Arbeit), sowie für den Führergeburtstag. Für diese Feiertage war nach gültigen Vorschriften Lohn zu zahlen. Diese Vorschriften hatten jüdische Arbeitnehmer nicht von der Geltung ausgenommen. An sich führte kein Weg daran vorbei, dem Kläger den begehrten Feiertagslohn zuzusprechen. Dennoch fand das Reichsarbeitsgericht im Sinne der unbegrenzten Auslegung eine dem gewünschten Ergebnis entsprechende Lösung.

Die Leitsätze des Urteils sprechen für sich und zeigen, daß das Reichsarbeitsgericht im Jahre 1940 bereit war, sich nicht nur der allgemeinen Diskriminierung der Juden anzupassen, sondern sogar Vorreiterfunktion zu übernehmen:

»1. Die Gestaltung des Arbeitsverhältnisses im Arbeitsordnungsgesetz als eines auf den Gedanken der Treue und Fürsorge und der sozialen Ehre begründeten Gemeinschaftsverhältnisses entspricht germanischer, besonders deutschrechtlicher Anschauung. An einer solchen Gemeinschaft kann der Jude, dem jene Anschauung fremd ist, nach seiner ganzen auf die Förderung persönlicher Interessen gerichteten rassischen Veranlagung keinen Anteil haben, und es ist ihm nach seiner Natur verwehrt, sich als Glied in diese Gemeinschaft einzufügen und sein Denken und Handeln nach der Gefolgschaftsidee auszurichten.

2. Daraus ergibt sich die notwendige Folge, daß das Arbeitsordnungsgesetz, insbesondere seine tragenden Grundgedanken, sowie die sonstigen im besonderen in neuerer Zeit getroffenen arbeitsrechtlichen Bestimmungen nicht ohne weiteres und uneingeschränkt auf einen jüdischen Arbeiter Anwendung finden können.

3. Solange für den in Betrieben tätigen Juden noch kein besonderes Arbeitsrecht geschaffen ist, ergibt sich die Notwendigkeit, die bestehenden arbeitsrechtlichen Bestimmungen entsprechend auf ihn anzuwenden, soweit sich dieses nicht nach dem Wesen der Bestimmungen von selbst verbietet.

4. Der jüdische Arbeiter ist kein ›Gefolgschaftsangehöriger‹ im Sinne der Anordnung über die Bezahlung von Feiertagen. Aus der Präambel dieser Anordnung ergibt sich deutlich, daß hier unter Gefolgschaftsangehörigen nicht die Beschäftigten schlechthin, sondern nur solche gemeint sein können, die als Mitarbeiter an dem großen Werk des Führers angesehen werden können. Die Bezeichnung ›Gefolgschaftsangehöriger‹ ist hier deshalb enger, nämlich in dem Sinne zu verstehen, wie das Arbeitsordnungsgesetz ihn meint. Nur diesem, also dem in die Betriebsgemeinschaft eingereihten, mit dem nationalsozialistischen Staate innerlich verbunde-

nen und für dessen Ziele bewußt mitschaffenden deutschen Arbeiter, nicht aber dem Juden, der dem Werke des Führers fremd gegenübersteht, gewährt die Anordnung die Vergünstigung der Feiertagsentschädigung.

5. Die gleichen Grundsätze gelten für die Beurteilung der von jüdischen Arbeitern erhobenen Ansprüche auf Lohnzahlung für den Nationalen Feiertag des Deutschen Volkes und den Geburtstag des Führers. Die Gesetze, die die Bezahlung dieser beiden Tage vorschreiben, tragen ausgesprochen politischen Charakter und wollen den deutschen Menschen in den Betrieben Gelegenheit geben, sich an diesen Tagen der Bedeutung der Volksgemeinschaft und ihrer engen Verbundenheit mit dem Führer besonders bewußt zu werden. Sie können ihrem ganzen Sinn nach nicht auf Juden Anwendung finden.

6. Daß die einschlägigen Gesetze keine besonderen Ausnahmen für Juden machen, steht dieser Entscheidung nicht entgegen. Denn alle Gesetze sind nach der geläuterten Anschauung der Gegenwart auszulegen.«[14]

Der Überblick über politisch brisante Entscheidungen zeigt, daß die Arbeitsgerichte bis hinauf zum Reichsarbeitsgericht dann, wenn es darauf ankam, die vom NS-Regime erwarteten Entscheidungen fällten und über die positivistische Anwendung des von den neuen Machthabern gesetzten Rechts bereitwillig hinausgingen. An vielen Stellen wurde das alte, weiterbestehende Recht im Sinne der neuen Generalklauseln uminterpretiert. Die Richter machten sich nicht nur zu Handlangern, sondern zu Propagandisten des NS-Regimes, wenn sie ihre Entscheidungen auf rassenpolitische Anschauungen des Nationalsozialismus, auf deutsch-rechtliche Anschauungen oder auf das Volksempfinden stützten. Gelegentlich etwas moderatere Zwischentöne oder geringfügig verzögerte Anpassungsprozesse verweisen darauf, daß es Richter mit gewissen Vorbehalten gegeben haben mag. Unter den herrschenden Umständen bestimmten jedoch nicht sie, sondern die willfährigen Arbeitsrichter das Bild.

Ich komme nun zu dem zweiten Fragenkomplex: Wie wirkten sich die Generalklauseln des Arbeitsordnungsgesetzes, die Treuepflicht der Arbeitnehmer und die Fürsorgepflicht der Arbeitgeber, die Gemeinwohlformel und die zusammenfassende Charakterisierung des Arbeitsverhältnisses als personenrechtliches Gemeinschaftsverhältnis auf die politisch weniger brisanten Entscheidungen der Arbeitsgerichte aus? Ich kann hier nur einen kurzen Überblick geben.[15] Zunächst ist darauf hinzuweisen, daß die neue Sicht des Arbeitsverhältnisses den Arbeitsgerichten nicht völlig fremd war. Ansätze zu dieser Sicht waren bereits von der Rechtsprechung vor 1933 entwickelt worden. Sie hatten allerdings durch das Arbeitsordnungsgesetz eine starke Betonung erfahren. Leitgedanke der Treue- und Fürsorgepflicht war, daß der Arbeitnehmer zur Wahrung der Rechtsgüter und Interessen des Arbeitgebers und umgekehrt der Arbeitgeber zum Schutz der Rechtsgüter der Arbeitnehmer in besonderem Maße verpflichtet sein sollte. Treue- und Fürsorgepflicht zielten also auf den Abbau der Interessengegensätze, auf verstärkte gegenseitige Rücksichtnahme und auf eine Stärkung der Gemeinsamkeiten von Arbeitgebern und Arbeitnehmern. Diese Pflichten waren eng mit der Betriebsgemeinschaftsideologie verknüpft. Eine in der arbeitsrechtlichen Literatur des Dritten Reichs stark vertretene Auffassung forderte von der Rechtsprechung, aus diesen Generalklauseln konkrete Ansprüche, z. B. einen Urlaubsanspruch für alle Arbeitnehmer, abzuleiten. Die Rechtsprechung der Arbeitsgerichte öffnete sich dieser Forderung erst allmählich. Das hatte zur Folge, daß die Rechte und Pflichten im Arbeitsverhältnis relativ behutsam fortentwickelt wurden. Aufsehenerregende Sprünge in der Rechtsentwicklung, die auf die Treue- und Fürsorgepflicht zurückzuführen wären, blieben aus. Immerhin wurden einige Schutzrechte der Arbeitnehmer ausgebaut, auf der anderen Seite wurden den Arbeitnehmern verstärkte Anstrengung, politisches Wohlverhalten und gegebenenfalls ein zeitweiser Verzicht auf an sich zustehende Rechte abverlangt, letzteres vor allem dann, wenn hinter dem Interesse des Arbeitgebers ein rüstungs- oder kriegswirtschaftliches Interesse des NS-Regimes stand.

Den Schutz der Arbeitnehmer verstärkten die Arbeitsgerichte vor allem in folgenden Bereichen:

Der Arbeitgeber haftete strenger als zuvor für die Beschädigung oder den Verlust von Eigentum des Arbeitnehmers, z. B. Kleidung oder Fahrzeuge, die der Arbeitnehmer zur Arbeit mitbrachte und während der Arbeit nicht beaufsichtigen konnte.

Die öffentlich-rechtlichen Arbeitsschutzvorschriften wurden nunmehr zur Ausfüllung der privatrechtlichen Vorschrift des § 618 BGB herangezogen, was vor 1933 sehr umstritten und jedenfalls noch nicht zuverlässig abgesichert war.

Aus der Fürsorgepflicht und dem Betriebsgemeinschaftsdenken leiteten die Arbeitsgerichte den Grundsatz der Gleichbehandlung ab: Bei der Zahlung von Gratifikationen und betrieblichen Pensionen durfte der Arbeitgeber danach nicht willkürlich einzelne Arbeitnehmer benachteiligen.

Die Haftung von Arbeitnehmern für Beschädigung des Eigentums des Arbeitgebers wurde beschränkt: War die Arbeit gefahrgeneigt und fiel dem Arbeitnehmer nur leichte oder mittlere Fahrlässigkeit zur Last, so haftete der Arbeitnehmer nicht bzw. nur anteilig.

Das Risiko, daß der Betrieb durch Umstände lahmgelegt wurde, die weder Arbeitgeber noch Arbeitnehmer zu vertreten hatten, das sogenannte Betriebsrisiko, lasteten die Arbeitsgerichte den Arbeitgebern an; sie mußten in diesen Fällen im Grundsatz auch dann Lohn zahlen, wenn wegen des Stillstandes des Betriebs keine Arbeit geleistet worden war. Die Arbeitsgerichte wandten sich damit von der vor 1933 zu diesem Problem entwickelten Sphärentheorie ab, die eine Risikoverteilung zwischen Arbeitgeberschaft und Arbeitnehmerschaft vorgesehen hatte.

Die Liste sozialer Verbesserungen für die Arbeitnehmer durch die arbeitsgerichtliche Rechtsprechung erscheint auf den ersten Blick beeindruckend. Doch wurden die Verbesserungen teils gleich wieder aufgrund der Treuepflicht der Arbeitnehmer eingeschränkt: So mußten Arbeitnehmer im Krieg Kürzungen von Gratifikationen und betrieblichen Pensionen hinnehmen und sogar vorübergehend Lohnverzicht üben, wenn ihr Arbeitgeber durch Kriegseinwirkungen in wirtschaftliche Schwierigkeiten geraten war. Gratifikationen und Pensionen wurden darüber hinaus auch vom Wohlverhalten der Arbeitnehmer abhängig gemacht.

Manche der genannten Verbesserungen hatten für die Arbeitnehmer faktisch nur geringes Gewicht. So wurde nur relativ selten vor den Arbeitsgerichten über die Durchsetzung von Arbeitsschutzpflichten der Arbeitgeber oder auch über die Haftung von Arbeitnehmern bei gefahrgeneigter Arbeit gestritten.

Und schließlich standen den Verbesserungen auch Entwicklungen in der Rechtsprechung gegenüber, die aufgrund der Treuepflicht die Anforderungen an die Arbeitnehmer nicht unerheblich verschärften.

So weiteten die Arbeitsgerichte vor allem die Weisungsbefugnisse der Arbeitgeber aus. Nach dieser geänderten Rechtsprechung waren Arbeitnehmer auf Anordnung des Arbeitgebers verpflichtet, im Rahmen der nach der Arbeitszeitordnung zulässigen Höchstgrenzen Überstunden zu leisten. Dies galt besonders für Überstunden, die »im nationalen Interesse«, das heißt aus rüstungs- und kriegswirtschaftlichen Gründen angeordnet wurden. Mit der gleichen Begründung ließen die Arbeitsgerichte es auch mehr und mehr zu, wenn ein Arbeitgeber einem Arbeitnehmer einen anderen als den vertraglich vereinbarten Arbeitsplatz zuwies, und zwar selbst dann, wenn die neue Arbeit schlechter bezahlt wurde als die frühere.

In der Rechtsprechung der Arbeitsgerichte wird also ein weiterer Grundzug der nationalsozialistischen Arbeitsverfassung deutlich: Die Kombination von Treue- und Fürsorgepflicht führte in der praktischen Umsetzung durch die Arbeitsgerichte nicht nur und nicht so sehr, wie Hueck meinte, zum Ausbau eines sozial fortschrittlichen Arbeitsvertragrechts, sondern eher zur bescheidenen materiellen Kompensation für eine zunehmende Inpflichtnahme der Arbeitnehmer.

Fassen wir zusammen: Auch wenn die Arbeitsgerichte im Dritten Reich eher zum Nebenschauplatz wurden, so bewährten sie sich für das NS-Regime, was das Gesamtbild anbelangt, als willfährige Diener, häufig auch als Propagandisten und gelegentlich sogar als Vorreiter nationalsozialistischer Zielsetzungen und Ideologien. Die Entscheidungen der Arbeitsgerichte spiegeln wesentliche Elemente der nationalsozialistischen Konzeption zur Bändigung und Inpflichtnahme der Arbeitnehmerschaft. Diese Konzeption umfaßte

- die Beseitigung der kollektiven Rechte und Organisationen der Arbeitnehmerschaft,
- die Terrorisierung und Ausschaltung aller außerhalb der nationalen Gemeinschaft Stehenden, der linken Regimegegner ebenso wie der rassisch Verfolgten,
- die Verschärfung der Leistungsanforderungen für die in der betrieblichen und nationalen »Leistungsgemeinschaft« zusammengefaßten Arbeitnehmer
- und schließlich die Kompensation für politische Entrechtung und verstärkte Inpflichtnahme durch gewisse, wenn auch bescheidene sozialpolitische Zugeständnisse, die gerade noch ausreichten, die Arbeitnehmer einigermaßen bei der Stange zu halten.

Johann Heinrich Kumpf
Die Finanzgerichtsbarkeit im Dritten Reich

Die Finanzgerichtsbarkeit ist ein Zweig der deutschen Justiz, dessen Geschichte zwischen 1933 und 1945 noch einer gründlichen Aufarbeitung bedarf. Erste Ansätze, zum Teil von pragmatischen Fragestellungen bestimmt, finden sich bereits kurz nach Kriegsende.[1] Mit dem Beginn der fünfziger Jahre erlahmt dieses Interesse. Es dauert mehrere Jahrzehnte, bis – in anderen Zusammenhängen – einzelne Aspekte beleuchtet werden.[2] Erst in letzter Zeit mehren sich die Anzeichen, daß auch die Geschichte der Finanzgerichtsbarkeit im nationalsozialistischen Deutschen Reich bald eine intensivere Beschäftigung erfahren wird.[3]

Das Fehlen einer frühzeitigen kritischen Aufarbeitung hat die Entstehung und Verfestigung eines Geschichtsbildes begünstigt, das hauptsächlich bei offiziellen Anlässen zu hören ist und sich knapp wie folgt zusammenfassen läßt[4]: Die Finanzgerichte, in erster Linie der Reichsfinanzhof, standen zwischen 1933 und 1945 unter massivem Druck von außen. Dagegen habe man sich immer wieder zur Wehr gesetzt.[5] »Wenn es infolge der auf den Nationalsozialismus zugeschnittenen Gesetzgebung zwar nicht immer gelang, Konzessionen an den Zeitgeist zu vermeiden, so ist doch anzuerkennen, daß die Rechtsprechung des Reichsfinanzhofs, von wenigen Ausnahmen abgesehen, es verstanden hat, sich von ausgesprochen politisch gefärbten Entscheidungen freizuhalten.«[6]

Ob bzw. inwieweit dieses freundliche Bild richtig oder falsch ist, soll nachfolgend überprüft werden. Die Darstellung beruht auf allgemein zugänglichen gedruckten Quellen, vor allem der Amtlichen Sammlung von Entscheidungen und Gutachten des Reichsfinanzhofs ab Band 33, dem Reichssteuerblatt und der Zeitschrift »Steuer und Wirtschaft« ab Jahrgang 1933. Soweit sich Parallelen zu anderen Zweigen der Justiz, vornehmlich zur Verwaltungsgerichtsbarkeit[7], ergeben, werden sie hier nur angedeutet. Der Schwerpunkt wird stärker auf die spezifischen Problemfelder gelegt, die sich bei einem Blick auf die Finanzgerichtsbarkeit selbst ergeben.

Die Finanzgerichtsbarkeit vor 1933

Zum Verständnis der äußeren und inneren Entwicklung, die die Finanzgerichtsbarkeit ab 1933 genommen hat, ist es zunächst ratsam, die Vorentwicklung seit 1918 kurz zu umreißen.[8]
Die Finanzgerichtsbarkeit nimmt ihren Anfang als eigenständiger Zweig
der Justiz mit der Errichtung des Reichsfinanzhofs im Oktober 1918. Von
heute aus betrachtet, ist die Finanzgerichtsbarkeit jener Jahre noch stark
von Vorbildern aus dem 19. Jahrhundert beeinflußt. Dies zeigt sich einmal in einer relativ starken Beteiligung des Laienelements, das sich auf
zwei Ebenen niederschlug. Im *Finanzamt* gab es für den Bereich der Einkommen- und Vermögensteuer einen Steuerausschuß, der bei der Steuerfestsetzung mitwirkte und auch über Einsprüche gegen diese Veranlagungen entschied. Auch in den *Finanzgerichten* wirkten Laien mit. Sie hatten
in den Kammern, die aus drei ehrenamtlichen und zwei hauptberuflichen
Richtern zusammengesetzt waren, ein zahlenmäßiges Übergewicht. Zum
anderen fehlte den Finanzgerichten – vom Reichsfinanzhof zunächst einmal abgesehen – die völlige Selbständigkeit gegenüber der Verwaltung.
Die Finanzgerichte waren organisatorisch der Mittelstufe der Finanzverwaltung, den Landesfinanzämtern (den Vorläufern der heutigen Oberfinanzdirektionen), angegliedert. Die Landesfinanzämter stellten u. a. das
Personal für die Finanzgerichte. Dies gilt auch für die hauptberuflichen
Richter. Sie waren Beamte des höheren Dienstes der Landesfinanzämter,
die an ein bis zwei Tagen in der Woche richterliche Tätigkeit ausübten.
Dabei waren sie nach § 14 der Reichsabgabenordnung von 1919 »als solche unabhängig und nur dem Gesetz unterworfen«. An den übrigen Arbeitstagen waren sie als Referenten des Landesfinanzamts tätig und in
dieser Funktion voll weisungsabhängig. Sie waren jederzeit absetzbar
oder versetzbar. Die in Artikel 104 der Weimarer Reichsverfassung ausgesprochenen Garantien der Unabsetzbarkeit und Unversetzbarkeit galten nicht für sie.
Damit sind zwei Strukturprobleme angesprochen, die zur Zeit der Weimarer Republik Gegenstand öffentlicher Kritik waren und auch bei der
Beurteilung der Entwicklung der Finanzgerichtsbarkeit nach 1933 im
Auge behalten werden müssen. Besonders in Kreisen der Beamtenschaft
und der hauptberuflichen Finanzrichter wurde das Laienelement als problematisch empfunden. Kritisiert wurde immer wieder die geringe oder
gar fehlende steuerrechtliche Sachkenntnis der ehrenamtlichen Richter.
Von seiten der Steuerzahler und der Anwaltschaft wurde die fehlende
Selbständigkeit der Finanzgerichte und ihre Besetzung mit Verwaltungsbeamten gerügt, die von der ihnen durch die Reichsabgabenordnung ge-

währten richterlichen Unabhängigkeit in der Praxis nur allzu vorsichtig Gebrauch machten. Von dieser Seite her wurden die Finanzgerichte als »Hausgerichte der Finanzverwaltung«[9] kritisiert.

Das Problem der Selbständigkeit und Unabhängigkeit stellte sich auch für den Reichsfinanzhof.[10] Seine Mitglieder, nach § 36 Reichsabgabenordnung »als solche unabhängig und nur dem Gesetz unterworfen«, entstammten teils der ordentlichen Gerichtsbarkeit, teils der Verwaltungsgerichtsbarkeit, zum überwiegenden Teil aber der Finanzverwaltung.[11] So war der erste Präsident des Reichsfinanzhofs, Gustav Jahn, zuvor Unterstaatssekretär im Reichsschatzamt.[12] Sein Nachfolger, Herbert Dorn, der von 1931 bis Ende März 1934 amtierte, war vorher Ministerialdirektor im Reichsfinanzministerium.[13]

Ein Grundzug in der Entwicklung des Reichsfinanzhofs ist, daß man von Beginn an auf eine strenge Abgrenzung gegenüber der Reichsfinanzverwaltung, an ihrer Spitze das Reichsfinanzministerium, bedacht war. Man wehrte sich (mehr oder minder erfolglos) dagegen, daß der Reichsfinanzhof etatmäßig als Teil des Reichsfinanzministeriums ausgewiesen war, daß die Richter auf alleinigen Vorschlag des Reichsfinanzministers vom Reichspräsidenten ernannt wurden, daß der Reichsfinanzminister die Zahl der Senate und die Art der Veröffentlichung der Entscheidungen des Reichsfinanzhofs bestimmte. Die Richter kritisierten auch ihre Amtsbezeichnung »Reichsfinanzrat«, die per se eine beamtenmäßige Abhängigkeit ausdrücke.[14] (Diesem alten Anliegen wurde 1937 entsprochen: Ab 1938 hießen sie »Reichsrichter«[15]). Dieses – durchaus nicht immer unbegründete[16] – Mißtrauen gegenüber Reichsfinanzverwaltung und -ministerium muß bei der Betrachtung der inneren Befindlichkeit der Richter am Reichsfinanzhof vor und nach 1933 stets berücksichtigt werden.

Die grundsätzliche Abwehrhaltung gegenüber Reichsfinanzverwaltung und -ministerium darf aber nicht dahingehend mißverstanden werden, daß der Reichsfinanzhof der natürliche Anwalt der Steuerpflichtigen gegenüber der Verwaltung gewesen wäre. Die Dinge liegen komplizierter. Der Reichsfinanzhof hat seine Rolle als oberster Rechtsschutzgarant in Steuerrechtsstreitigkeiten nie verkannt. Er fühlte sich mit dieser Rolle aber nicht ausgelastet.[17] Prägendes Merkmal seiner Judikatur ist die Tendenz, die zur Entscheidung stehenden Probleme über den Einzelfall hinaus zu betrachten, sie unter dem Gesichtspunkt der Systemgerechtigkeit weiter zu entwickeln und zu verstetigen. Es ist wichtig für das Verständnis des Reichsfinanzhofs, daß er sich zur Zeit der Weimarer Republik als der eigentliche Motor der Fortentwicklung des noch jungen und stark spezialisierten Steuerrechts sah.[18] Aus dem Gefühl der Verantwortung für die Existenz des Staates heraus füllte er ein Vakuum aus, das Gesetzgeber und Verwaltung in einer krisenreichen Zeit mit einer vorwiegend an Tagesproblemen orientierten und oftmals hektischen Steuergesetzgebung gelassen hatten. Dieses Verantwortungsgefühl für das Wohl des Staates hatte seine Kehrseite darin, daß – besonders in den Krisenjahren ab 1929 – der Reichsfinanzhof diesen Gesichtspunkt scharf akzentuierte. So schrieb z. B. der Senatspräsident Enno Becker, der als Verfasser des Entwurfs der Reichsabgabenordnung sowie als Kommentator von Reichsabgabenordnung und Einkommensteuergesetz ein hohes Ansehen genoß, im Jahre 1931: »Daß erster Zweck eines Steuergesetzes ist, Geld hereinzubekommen, und daß dieser Zweck bei drängender Notlage des Reichs und der am Steuerertrag beteiligten Körperschaften berücksichtigt werden muß, zieht sich wie ein roter Faden durch die gesamte Rechtsprechung des Reichsfinanzhofs und erklärt manche Entscheidung, die früher nicht oder doch nicht in dieser Schärfe ergangen wäre. Die Notlage des Reichs gebietet, die Besteuerung streng durchzuführen, alle Löcher zu verstopfen und für eine wirkliche Gleichmäßigkeit der Besteuerung zu sorgen.«[19] Die Kritik an dieser Rechtsprechung bündelte sich im Vorwurf der »Kassenjustiz«.[20] Welche Folgen eine solche staatswohlorientierte Rechtsprechung in einem Staat haben konnte, wie er sich nach 1933 etablierte, läßt sich erahnen.

Einer Betrachtung bedarf auch das Verhältnis des Reichsfinanzhofs zum Reichsgericht. Im Hinblick auf die Rechtsstellung des Gerichts und der Richter betrachteten seine Richter das Reichsgericht stets als Vergleichsmaßstab. Man gestand dem Reichsgericht anstandslos das Erstgeburtsrecht zu, achtete aber ansonsten eifersüchtig darauf, daß der Grundsatz der Gleichbehandlung gewahrt blieb. 1927 empfanden es die Richter des Reichsfinanzhofs als große Schmach, daß der Reichstag im Zuge von Sparmaßnahmen ihre Gehälter kürzte, die der Richter des Reichsgerichts dagegen verschonte.[21] Es ist sicher nicht unerheblich, daß es der neue Staat war, der diesen ungleichen Zustand 1937 beseitigte.[22]

Bei seiner Steuerrechtsprechung fühlte sich der Reichsfinanzhof nicht an die Judikatur des Reichsgerichts zum Zivilrecht gebunden. In seinen Händen wurde das Steuerrecht zu einer selbständigen Rechtsmaterie mit einer eigenen Begrifflichkeit entwickelt, die für den hauptsächlich am Zivilrecht geschulten Juristen immer schwerer zugänglich wurde.[23] Diese in ihren Auswirkungen noch heute spürbare Tendenz wurde mit einer prinzipiellen Zweckverschiedenheit des Steuerrechts gegenüber dem Zivilrecht erklärt. Dem Steuerrecht komme es, wie Enno Becker geschrieben hat, darauf an, »die Auswirkungen wirtschaftlicher Kräfte steuerlich zu erfassen«. Die Finanzverwaltung und der Finanzrichter hätten daher auf

die »tatsächliche Gestaltung im wirtschaftlichen Leben Rücksicht zu nehmen«, nicht dagegen auf die »bloß formale Rechtsgestaltung«. Keinesfalls dürfe es geschehen, daß der Richter auf den »Hokuspokus der bür-
gerlich-rechtlichen Aufmachung hereinfällt«.[24]
Ihren reinsten Ausdruck fanden diese Vorstellungen in der vom Reichsfinanzhof aus § 4 (später § 9) Reichsabgabenordnung entwickelten »wirtschaftlichen Betrachtungsweise«.[25] Sie wurde angewendet sowohl bei der
Gesetzesauslegung als auch bei der richterlichen Feststellung des Sachverhalts. Bei der Anwendung dieser Methode konnte es geschehen, daß
ein (zivilrechtlicher) Kommanditist als (steuerrechtlicher) Komplemen-
tär oder ein (zivilrechtlicher) Arbeitnehmer als (steuerrechtlicher) Mit-
unternehmer betrachtet wurde. Dem Steuerpflichtigen mußte diese Methode nicht notwendig von Nachteil sein. Dies belegen viele Klagen aus
der Finanzverwaltung über die Ergebnisse der wirtschaftlichen Betrachtungsweise. Wo sich aber die wirtschaftliche Betrachtungsweise mit
einem staatswohlorientierten Fiskalismus paarte, konnten sich für den
Steuerpflichtigen beträchtliche Nachteile ergeben.[26]
Gleiches gilt auch für eine andere Schöpfung des Reichsfinanzhofs vor
1933, die sogenannte typisierende Betrachtungsweise.[27] Bei der Anwendung dieser Methode blieben die konkreten Verhältnisse im Einzelfall
unberücksichtigt. Statt dessen wurde darauf abgestellt, wie sich ein Sachverhalt typischerweise, z. B. im Branchendurchschnitt, darstellte. Derjenige, der seine Verhältnisse – vielleicht bewußt – abweichend vom typi-
schen Fall gestaltet hatte, wurde im Ergebnis doch so behandelt, als läge
bei ihm der typische Fall vor.

Die äußere Entwicklung der Finanzgerichte ab 1933

Äußerlich ändert sich zunächst nicht viel für die Finanzgerichte. Laut Statistik[28] steigen im Jahr 1933 die Eingänge sprunghaft an, fallen danach ab
und nehmen für 1936 und 1937 wiederum stark zu. Lassen sich die Zahlen
für 1933 als Folge der wirtschaftlichen Krisenjahre mit vielen, durch über-
eilte Notverordnungen neu eingeführten steuerlichen Belastungen interpretieren, so erscheinen die Zahlen für 1936 und 1937 als Folge von Neue-
rungen, die im Zuge von Änderungen seit 1933, hauptsächlich durch die
groß angelegte Finanzreform vom Herbst 1934[29], eingeführt wurden. Vor
allem mit dieser Reform wurde die Funktionalisierung des Steuerrechts
im Hinblick auf die wirtschafts-, sozial-, bevölkerungs- und rassenpoliti-
schen Ziele der nationalsozialistischen Staatsführung vorangetrieben.
Mit der Reform ging eine erhebliche Verschärfung des Steuerklimas ein-

her. Gewissenhaftigkeit und Pünktlichkeit der Steuerentrichtung wurden zu neuen Tugenden erklärt. Ertappte Sünder mußten sich öffentlich als »Steuerschurken« oder »Steuerparasiten« beschimpfen lassen.[30] Ungeachtet ihrer steigenden Inanspruchnahme gerieten die Finanzgerichte schon bald in eine existenzbedrohende Diskussion. Die schärfsten Attacken, die öffentlich vorgetragen wurden, kamen von der Gruppe der Reichssteuerbeamten im gleichgeschalteten Beamtenbund. Zielscheibe der Kritik war in erster Linie das bereits zu Weimarer Zeiten als störend empfundene Laienelement in Steuerausschuß und Finanzgericht. Dieser Kritik schlossen sich schnell prominente Vertreter der Richterschaft an, an ihrer Spitze der frühere Chefpräsident des Reichsfinanzhofs, Jahn.[31] Ziemlich spät erkannte man in der Finanzrichterschaft, daß nicht nur das Laienelement, sondern die Finanzgerichtsbarkeit insgesamt auf dem Spiele stand und die Devise nun nicht mehr Angriff, sondern Verteidigung zu lauten hatte. In Beamtenkreisen hatte man fest damit gerechnet, daß die Finanzgerichte spätestens mit der Reform des Jahres 1934 aufgehoben würden. Die Reformgesetze, an deren Vorbereitung auch Richter des Reichsfinanzhofs beteiligt waren,[32] beseitigten aber nur die ungeliebten Steuerausschüsse bei den Finanzämtern. Die Finanzgerichte blieben zunächst unangetastet. Ihr Ende kam mit dem »Führererlaß zur Vereinfachung der Verwaltung« vom 28. 8. 1939,[33] durch den sie gegenstandslos und durch »Abteilungen für die Bearbeitung von Anfechtungssachen auf dem Gebiet der Besitz- und Verkehrssteuern« bei den Oberfinanzpräsidien ersetzt wurden. Leiter dieser Abteilungen wurden die früheren Finanzgerichtspräsidenten. Gegen Entscheidungen dieser Anfechtungsabteilungen konnte Rechtsbeschwerde beim Reichsfinanzhof erhoben werden. Voraussetzung war allerdings, daß der Oberfinanzpräsident sie wegen grundsätzlicher Bedeutung oder wegen der besonderen Umstände des Einzelfalles ausdrücklich zugelassen hatte. Nach entsprechenden Weisungen aus dem Reichsfinanzministerium soll von dieser Zulassungsmöglichkeit nur restriktiv Gebrauch gemacht worden sein.[34] Die Eingänge des Reichsfinanzhofs gingen daher stark zurück. Kamen 1933 insgesamt 6448 neue Sachen auf ihn zu, so waren es 1944 nur noch 502.[35] Der Reichsfinanzhof, der zeitweilig ebenfalls zur Disposition gestanden hatte, blieb bis 1945 bestehen.[36] Er hat, wie es scheint, trotz deutlich sinkender Eingangszahlen seinen Bestand an Senaten und Richterstellen ungeschmälert erhalten können.[37] Wie er und seine Richter sich auf die geänderten politischen Verhältnisse ab 1933 einstellten, sei nachfolgend näher untersucht.

Die Übergangszeit im Reichsfinanzhof (1933 bis 1935)

Ausweislich der gedruckten Quellen hatte sich mancher Richter recht schnell auf die neue Zeit eingestellt. So forderte etwa der bereits mehrfach zitierte Enno Becker seine Richterkollegen im Reichsfinanzhof 1933 auf, in dieser Zeit »werdenden, sich plötzlich gestaltenden Rechts« ihre Aufgabe darin zu sehen, »mit(zu)arbeiten, auf(zu)bauen, nicht nieder-(zu)reißen«. Dies sei schon beim Umbruch 1918/19 die Devise des Reichsfinanzhofs gewesen. Auch stellte Becker immer wieder die Rolle des Steuerrechts beim Aufbau des neuen Staates und seines Rechts heraus und lobte die Vorreiterrolle, die der Reichsfinanzhof beim Aufbau einer flexiblen Steuerrechtsordnung gespielt habe.[38]

Doch solche offenen Huldigungen an den neuen Zeitgeist finden sich 1933 recht selten, schon gar nicht in den (veröffentlichten) Entscheidungen des Reichsfinanzhofs. Er hebt sich damit von Finanzgerichten erster Instanz ab, in denen die Hinwendung zum neuen Staat und seiner Ideologie offenbar schneller erfolgt war. So wurde z. B. im September 1933 in einer Steuerbeamtenzeitschrift ein Urteil eines Finanzgerichts als positives Beispiel erwähnt, in dem es um den Fall eines jüdischen Großhändlers ging. Der Steuerpflichtige hatte als Beweismittel das Gutachten einer als seriös bekannten Treuhandgesellschaft vorgelegt. Dieses Gutachten wurde vom Finanzgericht mit folgender Bemerkung abgelehnt: »Das Gutachten wendet den in der Praxis üblichen Maßstab an, legt also die streng soliden Grundsätze des christlichen, seriösen Kaufmanns zugrunde, was hier offensichtlich verfehlt ist.«[39]

Im Gegensatz zu solchen Urteilen erstinstanzlicher Gerichte lassen die Entscheidungen des Reichsfinanzhofs zunächst keine Hinweise auf die geänderten politischen Umstände erkennen. Bei der Lektüre entsteht der Eindruck, daß dieses Gericht ganz bewußt an der Linie seiner früheren Judikatur festhielt. Dies gilt auch für Urteile, die auf den ersten Blick als Hinwendungen zur neuen Zeit erscheinen. So wurde z. B. im April 1933[40] einem jüdischen Religionslehrer die steuerliche Abzugsfähigkeit für einen »Zehnten« verweigert, den er aus moralischen Gründen freiwillig für wohltätige Zwecke entrichtet hatte. Im Mai 1933[41] erklärte der Reichsfinanzhof Spenden für den Zentralverein deutscher Staatsbürger jüdischen Glaubens als steuerlich nicht abzugsfähig. Diese Urteile können nicht als Beleg für eine versteckte antisemitische Grundhaltung des Gerichts gewertet werden. Sie liegen vielmehr auf der Linie seiner ständigen Rechtsprechung. Mit ähnlichen Begründungen hat der Reichsfinanzhof 1933 auch Beiträge und Spenden für NSDAP oder Winterhilfswerk für nicht abzugsfähig erklärt.[42]

Diese große Vorsicht und Zurückhaltung dauern bis Ende 1933 an. Bis zu diesem Zeitpunkt war der Reichsfinanzhof, in München recht weit vom Ort des Hauptgeschehens in Berlin entfernt, von der allgemeinen Umwälzung und den damit verbundenen personellen Auswechslungen weitgehend verschont geblieben. Er wurde, wie auch andere Gerichte, zu einer Auffangstation für ranghohe Beamte, die vom Gesetz zur Wiederherstellung des Berufsbeamtentums vom April 1933 bedroht waren.[43] Belegt ist z. B. der Fall des Betriebsprüfungsreferenten im Reichsfinanzministerium, Rolf Grabower, der wegen jüdischer Abstammung dort nicht länger bleiben konnte.[44] Nach München an den Reichsfinanzhof versetzt wurden 1933 auch mehrere Präsidenten von Landesfinanzämtern, die dem Zentrum angehörten. Der Chefpräsident des Reichsfinanzhofs, Herbert Dorn, war jüdischer Abstammung. Er mußte sein Amt mit Wirkung von Ende März 1934 verlassen.[45] Es ist vielleicht kein Zufall, daß die ersten betont antijüdischen Entscheidungen des Gerichts kurz nach der offiziellen Mitteilung des Ausscheidens von Dorn im Dezember 1933 zu finden sind.[46]

Die Zeit relativer Ruhe bleibt auch nach dem erzwungenen Ausscheiden Dorns für einige Zeit erhalten. Nachfolger Dorns wurde Richard Kloß, ein Reichsfinanzrat der ersten Stunde.[47] Er amtierte nur kurze Zeit bis zu seinem Tode Ende 1934. Der Amtsantritt seines Nachfolgers Ludwig Mirre im Frühjahr 1935 markierte dann im Reichsfinanzhof personell den Anbruch der neuen Zeit.[48] Mit ihm und nach ihm kommen neue Richter nach München, die sich in der Literatur zum Teil mehr durch Gesinnung als durch fachliche Kompetenz ausgewiesen hatten.[49]

Der Konflikt zwischen Reichsfinanzhof und Reichsfinanzministerium

Im Jahr 1935 beginnt ein Konflikt zwischen Reichsfinanzhof und Reichsfinanzministerium, der sich über mehrere Jahre hinzieht und mit der Unterordnung des Gerichts endet. Bereits vor 1935 hatte es Versuche gegeben, den Reichsfinanzhof an die kürzere Leine zu nehmen. Im Herbst 1933 hatte der neue Staatssekretär im Reichsfinanzministerium, der frühere Handelsschullehrer Fritz Reinhardt[50], auf dem Deutschen Juristentag angekündigt, »daß dem Reichsfinanzhof nicht mehr ein so großer Spielraum wie bisher bei der Auslegung der Steuergesetze gegeben sein wird«.[51] Im Februar 1935, bei der Amtseinführung des neuen Präsidenten Mirre, wurde Reinhardt deutlicher. Er erteilte dem Reichsfinanzhof zwar zunächst eine Bestandsgarantie, machte den versammelten Richtern aber deutlich, daß die eigenständige Rolle des Reichsfinanzhofs bei der Steuerrechtsentwicklung vorbei sei. Es fiel der – nach 1945 häufig zitierte – Satz, daß »im nationalsozialistischen Staat der Reichsfinanzhof der Gehilfe des Reichsministers der Finanzen bei der Auslegung der Steuergesetze und bei der Entwicklung des Steuerrechts nach den Grundsätzen der nationalsozialistischen Weltanschauung zu sein hat«.[52] Wie eng der dem Reichsfinanzhof zugedachte Spielraum nur noch sein sollte, wird daraus deutlich, daß er von nun an auch Rechtsverordnungen und Verwaltungsvorschriften des Reichsfinanzministers unterworfen sein sollte. Ein Nachprüfungsrecht, wie es der Reichsfinanzhof früher stets für sich in Anspruch genommen hatte, sollte ihm nicht mehr zustehen. Dies war deswegen von ganz besonderer Bedeutung, weil sich die Umgestaltung des Steuerrechts im nationalsozialistischen Staat nicht in erster Linie über eine Änderung der Steuergesetze, sondern über Verordnungen, Richtlinien, Erlasse und Verfügungen der Finanzverwaltung vollzog.[53]

Der Grund für die schockierende Deutlichkeit von Reinhardt im Frühjahr 1935 lag vermutlich darin, daß die Richter des Reichsfinanzhofs einen zeitlich vorangegangenen Versuch des Ministeriums, eine Anpassung des Steuerrechts an die neuen politischen Verhältnisse nicht zuletzt über den Weg der Rechtsprechung vorzunehmen, hatten leerlaufen lassen. Damit ist das im Oktober 1934 im Rahmen der sogenannten Reinhardtschen Steuerreform erlassene Steueranpassungsgesetz gemeint, dessen wichtiger § 1 folgenden Wortlaut hatte[54]:

»(Absatz 1:) Die Steuergesetze sind nach nationalsozialistischer Weltanschauung auszulegen.

(Absatz 2:) Dabei sind die Volksanschauung, der Zweck, die wirtschaftliche Bedeutung der Steuergesetze und die Entwicklung der Verhältnisse zu berücksichtigen.

(Absatz 3:) Entsprechendes gilt für die Beurteilung von Tatbeständen.«

Dieser § 1 richtete sich speziell an die Finanzgerichte, an ihrer Spitze den Reichsfinanzhof. Für die Finanzverwaltung hatte der Reichsfinanzminister bereits im Juli 1933 durch Erlaß angeordnet, daß zukünftig alle Entscheidungen nur nach nationalsozialistischen Grundsätzen zu treffen seien.[55]

Mit der Anwendung der beiden ersten Absätze von § 1 Steueranpassungsgesetz hatten die Gerichte keine besonderen methodischen Schwierigkeiten, da sich hier an Bekanntes anknüpfen ließ. Der Absatz 2 entsprach – mit Ausnahme des neu hinzugekommenen Kriteriums »Volksanschauung« – wörtlich dem früheren § 4 Reichsabgabenordnung, der die gesetzliche Grundlage für die wirtschaftliche Betrachtungsweise des Reichsfinanzhofs gebildet hatte. Diese wirtschaftliche Betrachtungsweise wurde nun von der neuen »nationalsozialistischen Betrachtungsweise« abgelöst, bei deren Anwendung sich dem Reichsfinanzhof ein relativ großer Entscheidungsspielraum eröffnete. Mit ihr ließ sich manches Urteil begründen, das der politischen Führung des Reichsfinanzministeriums nicht gefiel. Insgesamt aber muß festgestellt werden, daß die Reinhardtsche Rechnung aufging, denn über § 1 Absätze 1 und 2 des Steueranpassungsgesetzes flossen relativ ungehindert die Ziele der nationalsozialistischen Steuerpolitik[56] in das Steuerrecht ein. Ein markantes Beispiel dafür ist das oft zitierte Pfennig-Urteil des Reichsfinanzhofs vom 22. 5. 1935[57]: Ein Unternehmen hatte das Monatsgehalt seines Prokuristen von 500 RM auf 499,99 RM herabgesetzt. Zweck dieses Vorgehens war es, den Prokuristen in eine geringere Stufe der Ehestandshilfe (eine steuerähnliche Abgabe zur Förderung von Eheschließungen) fallen zu lassen. Das Finanzgericht hatte hierin keinen Gestaltungsmißbrauch gesehen. Der Reichsfinanzhof sah darin aber einen Anwendungsfall von § 1 Absätze 1 und 2 des Steueranpassungsgesetzes: »Der Zweck des Gesetzes zur Verminderung der Arbeitslosigkeit, das in Deutschlands höchster Notzeit erlassen ist, geht dahin, den deutschen Aufstieg zu fördern, die Vermehrung der Eheschließungen zu erleichtern und die Mittel für Ehestandsdarlehen zu beschaffen. Diese Absichten des Gesetzes würden durch eine solche Vereinbarung gefährdet und geradezu durchkreuzt, wenn der Ertrag der in dem Gesetz vorgesehenen Abgabe durch den Eigennutz einzelner Volksgenossen beliebig vermindert werden könnte. Nach der Volksanschauung wird ein derartiges Verhalten als ein Verstoß gegen die öffentlich-rechtliche Treuverpflichtung aller Volksgenossen angesehen.«

Schwer tat sich dagegen der Reichsfinanzhof mit § 1 Absatz 3 des Steueranpassungsgesetzes (Beurteilung von Tatbeständen nach nationalsozialistischer Weltanschauung). Mehrfach betonten seine Richter ihr Unverständnis für diese Vorschrift. Dieses Unverständnis schlug um in Abwehr, als die dieser Vorschrift eigentlich zugedachte Funktion erkennbar wurde. Die Finanzverwaltung leitete daraus unter dem Einfluß von Staatssekretär Reinhardt einen »allgemeinen Beurteilungsgrundsatz« ab, der immer dann zum Tragen käme, wenn die Anwendung von Steuergesetzen zu Ergebnissen führte, die nicht mit der nationalsozialistischen Weltanschauung in Einklang stünden. § 1 Absatz 3 des Steueranpassungsgesetzes sollte den Reichsfinanzhof insbesondere verpflichten, sich bei der Anwendung des vor 1933 erlassenen Rechts zunächst zu vergewissern, ob diese formell nicht aufgehobenen Vorschriften mit dem neuen nationalsozialistischen Geist vereinbar wären. »Ist die alte Vorschrift mit der nationalsozialistischen Weltanschauung nicht vereinbar, so greift der allgemeine Beurteilungsgrundsatz des § 1 Absatz 3 Platz, d. h. der in Betracht kommende Tatbestand ist nach nationalsozialistischer Weltanschauung zu beurteilen.«[58]

Damit war dem Reichsfinanzhof eine Schlüsselrolle im Prozeß der Umgestaltung des Steuerrechts ohne Einschaltung des Steuergesetzgebers zugedacht. Die Aufforderung, die überkommenen Steuergesetze zu überprüfen, lief zugleich auf eine Überprüfung der darauf beruhenden Rechtsprechung des Reichsfinanzhofs hinaus. Dadurch fühlten sich seine Richter herausgefordert. § 1 Absatz 3 des Steueranpassungsgesetzes wurde in der Folgezeit zu einem Feld, auf dem das Gericht versuchte, seine Autorität und Unabhängigkeit gegen Angriffe von außen zu verteidigen. Dies geschah nicht offen, sondern verdeckt in vielen Entscheidungen.

Die Auseinandersetzung begann damit, daß der Reichsfinanzhof trotz drängender Hinweise des Reichsfinanzministeriums § 1 Absatz 3 des Steueranpassungsgesetzes in seinen Entscheidungen in auffälliger Weise ignorierte. Auch durch öffentlich vorgetragene Kritik, die hauptsächlich in der gleichgeschalteten Beamtenpresse erschien[59], ließ sich der Reichsfinanzhof nicht umstimmen. Daraufhin provozierte das Reichsfinanzministerium eine Machtprobe, und zwar in einem Fall, der vom Tatsächlichen her relativ belanglos war, bei dem aber ein gutes Stück Rechtsstaatlichkeit in Gestalt der Bestandskraft von Steuerbescheiden auf dem Spiel stand. Im betreffenden Fall[60] ging es um die Einheitsbewertung eines Grundstücks im Jahre 1929. Das Finanzamt hatte das Grundstück fälschlicherweise als Feldgrundstück und nicht als Bauland bewertet. Dies zog eine niedrigere Steuerveranlagung nach sich. Der Fehler wurde nach Eintritt der Bestandskraft des Einheitswertbescheids, aber vor Ablauf der Verjährungsfrist entdeckt. Die Verwaltung wollte den Fehler durch einen Berichtigungsbescheid korrigieren. Dies war nach der Reichsabgabenordnung nur bei offenbaren Unrichtigkeiten zulässig. Hierunter fiel – so der Reichsfinanzhof – nicht die fehlerhafte Rechtsanwendung durch einen Beamten. Das Reichsfinanzministerium griff diese Entscheidung auf und forderte in der auffälligen Form des Gutachtenersuchens den Großen Senat des Reichsfinanzhofs zu einer rechtlichen Überprüfung auf. In diesem Ersuchen wurde vor allem die Nichtanwendung von § 1 Absatz 3 des Steueranpassungsgesetzes kritisiert. Nach den Grundsätzen der Steuergerechtigkeit und der Gleichmäßigkeit der Besteuerung sowie nach der Volksanschauung müsse in diesem Fall eine Fehlerberichtigung zuungunsten des Steuerpflichtigen durchgeführt werden. Gegenüber diesem Ansinnen zeigte sich der Große Senat des Reichsfinanzhofs zunächst scheinbar unnachgiebig. Wiederum zog er § 1 Absatz 3 des

Steueranpassungsgesetzes und den »allgemeinen Beurteilungsgrundsatz« nicht heran. Zum Schluß aber näherte er sich dem Reichsfinanzministerium an, indem er für den konkreten Fall durch erweiternde Auslegung des Gesetzeswortlauts eine Ausdehnung der Berichtigungsmöglichkeiten befürwortete.

Dieses Verhalten ist typisch für die Zeit von 1935 bis etwa 1938/39. Im Grundsätzlichen wird Standhaftigkeit betont, im konkreten Steuerfall aber dem Ministerium nachgegeben. Dies läßt sich auch belegen am Beispiel der Rechtsprechung des Reichsfinanzhofs zur Überprüfbarkeit von Verwaltungsvorschriften. In einem Urteil von 1939[61] führt er zunächst aus: »Daß Runderlasse des Reichsministers der Finanzen keine Rechtsverordnungen sind und daher die Steuergerichte nicht förmlich binden, hat der Reichsfinanzhof bereits... mehrfach ausgesprochen.« Dann fährt der Senat aber fort: »Soweit die Runderlasse aber Bewertungsrichtlinien enthalten, haben sie aus den vom Reichsminister der Finanzen angegebenen Gründen eine tatsächliche Bedeutung, die einer förmlichen Bindung sehr nahe kommt.«

Diese Art von Gegenwehr wurde etwa ab 1939 aufgegeben. Dies ist ganz besonders für den Umgang mit § 1 Absatz 3 des Steueranpassungsgesetzes festzustellen. Von dieser Zeit an häufen sich die Entscheidungen, in denen die erkennenden Senate auf diese Vorschrift zurückgreifen. Der Staatsrechtler Theodor Maunz bemerkte dazu süffisant im Jahre 1940: »Verwirrend wirkt freilich die Gepflogenheit des Reichsfinanzhofs, den § 1 Absatz 3 (des Steueranpassungsgesetzes) als Schmuckstück des Urteils zu zitieren, auch wenn ein Zusammenhang der Urteilsbegründung mit ihm nur recht lose ist und mit dem Zitat wohl nur betont werden soll, daß sich die Richter von nationalsozialistischen Erwägungen haben leiten lassen.«[62]

Zu diesem Zeitpunkt hatte der Reichsfinanzhof seine Rolle als eigenständiges, unabhängiges Organ der Steuerrechtspflege längst ausgespielt und sich dem Willen des Reichsfinanzministeriums untergeordnet. Daß dieser Prozeß im Grunde bereits früh eingesetzt hatte und in wichtigen Teilbereichen durchaus ohne erkennbares Widerstreben im Reichsfinanzhof abgelaufen war, soll am Beispiel zweier Kategorien von Fällen dargestellt werden: Fälle, in denen Juden beteiligt waren, und Fälle, in denen christliche Kirchen und Orden betroffen waren.

Entscheidungen in Steuerangelegenheiten von Juden

Die ersten Entscheidungen, die im Ergebnis recht einheitlich zum Nachteil jüdischer Steuerpflichtiger ausfielen, ergingen ab Ende 1933. In diesen Fällen ging es zumeist um die Reichsfluchtsteuer[63], die zwar bereits 1931 – zunächst befristet – eingeführt worden war, dann aber nach 1933 mehrfach verlängert und besonders mit Blick auf die Juden verschärft wurde, die Deutschland angesichts der für sie bedrohlichen Umstände verließen. Bemerkenswert sind die Begründungen zu diesen Entscheidungen, in denen die gewandelten Verhältnisse in Deutschland und besonders die Situation der Juden als unerheblich beiseite geschoben werden. Einem jüdischen Rechtsanwalt, der nach Verlust seiner Zulassung nach England gegangen war, um dort u. a. deutsche Firmen zu vertreten, wurde entgegengehalten[64]: »Kann er sich auch nicht mehr in seinem früheren Berufe... betätigen, so steht ihm in seinem Lebensalter doch nichts im Wege, sich bei seinem nicht unbeträchtlichen Vermögen auf einen anderen Beruf umzustellen. Das haben... nach anderen umwälzenden Ereignissen zahlreiche Berufsoffiziere und Beamte gleichfalls tun müssen.« Einem jüdischen Geschäftsmann, dessen Vermögen von der politischen Polizei beschlagnahmt worden war und dem man »Schutzhaft« angedroht hatte, wurde gesagt[65]: »Die vom Beschwerdeführer angegebenen Vorgänge haben sich in der ersten Zeit der politischen Umwälzung abgespielt, als die Leidenschaften noch erregt gewesen und einzelne Übergriffe vorgekommen sein mögen, die von den leitenden Stellen keineswegs gebilligt worden sind. Seitdem haben sich die Gemüter aber wieder beruhigt. Nach den wiederholten Versicherungen von Regierungsmitgliedern und bei den heute in Deutschland bestehenden Verhältnissen ist nicht anzunehmen, daß dem Beschwerdeführer noch irgendwelches Unrecht zugefügt wird. ...Er hätte deshalb inzwischen unbedenklich zurückkehren können.«

Zuständig für diese Fälle war der III. Senat des Reichsfinanzhofs. Seine keinesfalls wenigen[66] Reichsfluchtsteuerentscheidungen waren fast ausnahmslos ungünstig für die betroffenen jüdischen Steuerpflichtigen. Diese Tendenz war eindeutig und überlagerte auch das sonst feststellbare Bemühen um eine in sich folgerichtige Rechtsprechung. So war der III. Senat anfangs geneigt, sehr früh die Aufgabe des inländischen Wohnsitzes und damit die Entstehung der Reichsfluchtsteuer anzunehmen. Davon wich der Senat später in solchen Fällen ab, in denen auf einen späteren Zeitpunkt ein höheres steuerpflichtiges Vermögen ermittelt wurde. Hier wurde mit Blick auf die höhere Reichsfluchtsteuer dieser spätere Zeitpunkt als maßgeblich für die Aufgabe des Wohnsitzes angesehen[67].

Auch andere Senate haben harte Urteile gegen jüdische Steuerpflichtige gesprochen. Die Mehrzahl dieser Entscheidungen fällt in die Zeit nach Inkrafttreten des Steueranpassungsgesetzes vom Oktober 1934. Hier seien einige relativ späte Entscheidungen vorgestellt, in denen die dahinter stehende antisemitische Grundhaltung ganz offen zutage tritt. In einem 1941 entschiedenen Fall[68] ging es um die Inanspruchnahme der in § 34 des Einkommensteuergesetzes enthaltenen Steuerermäßigung durch einen Juden. Nach Auffassung des Reichsfinanzhofs handelte es sich nicht um eine Frage der Gesetzesauslegung, sondern der Anwendung des § 1 Absatz 3 des Steueranpassungsgesetzes: »Es würde der gesunden deutschen Volksanschauung widersprechen, wenn einem Juden der ermäßigte Steuersatz zugebilligt würde.« Auch bei der Rechtsprechung des Reichsfinanzhofs zum Einkommensteuerrecht ist eine mit der Zeit immer stärker zunehmende Verschärfung dieser Tendenz zu beobachten. So hatte z. B. der Reichsfinanzhof im November 1940[69] als Leitsatz herausgestellt, daß es bei Ehen, in denen ein Ehegatte Jude war, der andere nicht, für die Einordnung in die (ungünstige) Steuergruppe I immer auf die Abstammung des Ehemanns ankomme. Knapp zwei Monate später, im Januar 1941[70], hatte der Reichsfinanzhof einen Fall zu entscheiden, in dem der Ehemann, auf dessen Abstammung es nach dem früheren Urteil ankommen sollte, Nichtjude war, seine Frau Jüdin. Einkünfte hatte aber nur die jüdische Ehefrau. In diesem Fall stellte das Gericht ohne weiteres allein auf die Abstammung der Ehefrau ab. Auf der gleichen Linie liegt eine Entscheidung desselben IV. Senats vom Februar 1943[71]. Bis dahin war es allgemeine Auffassung, daß nach allen Gesetzen, Verordnungen und Verwaltungsanweisungen die Abstammung über die Zugehörigkeit zur »jüdischen Rasse« entschied. In diesem Urteil ging der Senat einen deutlichen Schritt darüber hinaus, indem er nunmehr auch die bloße Glaubenszugehörigkeit für diese Zuordnung entscheidend sein ließ. Dies ging selbst der willfährigen Zeitschrift »Steuer und Wirtschaft« zu weit. Deren Schriftleitung ließ den Abdruck einer vorsichtig formulierten, in der Sache aber deutlichen Kritik zu[72].

Die Kette der Urteile des Reichsfinanzhofs gegen jüdische Organisationen, hauptsächlich solche, die soziale Einrichtungen wie Krankenhäuser, Kinderheilanstalten, Schulen usw. unterhielten, beginnt mit dem Jahr 1936. Herkömmlicherweise waren diese karitativen Organisationen wegen Mildtätigkeit, Gemeinnützigkeit oder wegen Verfolgung kirchlicher Zwecke steuerbefreit. Schritt für Schritt wurden ihnen alle Steuervergünstigungen genommen, auch mit Wirkung für die Vergangenheit. Die Methoden und Begründungen waren die gleichen wie bei den christlichen Kirchen und geistlichen Orden. Dazu wird im nächsten Abschnitt mehr gesagt werden. Hier sollen am Beispiel eines besonderen Falles die Konsequenzen aufgezeigt werden, die diese Rechtsprechung des Reichsfinanzhofs für die betroffenen Organisationen hatte.

Die meisten der karitativen Zwecken dienenden jüdischen Organisationen finanzierten sich vorwiegend aus Spenden, die vor Erlaß des Steueranpassungsgesetzes nicht der Schenkungssteuer unterworfen waren. Nach dem Inkrafttreten des Steueranpassungsgesetzes mit seinen Gemeinnützigkeitsbestimmungen ging die Finanzverwaltung zur Erhebung von Schenkungssteuer über. Nach der Rechtsprechung des Reichsfinanzhofs konnte das Steueranpassungsgesetz auch auf vor 1934 liegende Sachverhalte angewendet werden[73]. Im Ergebnis bedeutete dies, daß für bis zu 10 Jahren zurückliegenden Schenkungen nachträglich Schenkungssteuer erhoben werden konnte. Die sich für diesen langen Zeitraum ergebende Steuerforderung war vielfach höher als das aktuelle Gesamtvermögen dieser Organisationen. Nach den Lebenserinnerungen eines Steuersachverständigen, der bei einer Organisation mitarbeitete, die Auswanderungen nach Palästina vorbereitete und durchführte, stellte die harte Rechtsprechung des Reichsfinanzhofs die einzelnen Organisationen vor eine verzweifelte Situation, mußten sie doch mit dem Verlust ihres ganzen Vermögens rechnen. Kam es zu einer Auseinandersetzung mit der Finanzverwaltung, galt als oberste Devise, einen solchen Steuerstreitfall niemals vor die Finanzgerichte kommen zu lassen. »Bei dem Geiste der Rechtsprechung des Reichsfinanzhofs, der uns ja aus den Rückwirkungsurteilen bekannt war, (mußte damit gerechnet werden), daß die Entscheidung gegen uns ausfiel.«[74] Statt dessen versuchte man, solche Streitfälle mit dem Finanzamt »gütlich« zu regeln, auch um den Preis großer steuerlicher Nachteile für die Zukunft, solange das Finanzamt auf eine Nachforderung für die Vergangenheit verzichtete. Dies zeigt deutlich, wie tief das Vertrauen in den Reichsfinanzhof als Garant eines wirklichen Rechtsschutzes in Steuerangelegenheiten gesunken war.

Daß jüdische Organisationen keinen wirksamen Rechtsschutz vom Reichsfinanzhof mehr erhoffen konnten, belegt eine Entscheidung des III. Senats aus dem Jahre 1941[75], in der es um die Entrichtung von Vermögensteuer für einen jüdischen Friedhof ging. Das Finanzamt hatte als Wert des Friedhofs den Verkehrswert der Grundfläche angenommen. Der Hinweis der jüdischen Gemeinde, der Friedhof dürfe nach den jüdischen Religionsgesetzen niemals veräußert werden, ein Ansatz mit dem Verkehrswert (= erzielbarer Verkaufserlös) sei daher ungerechtfertigt, wurde vom Reichsfinanzhof mit folgender Bemerkung zurückgewiesen: In den Friedhöfen verfügten die Synagogengemeinden über Vermögenswerte, die sie zu »gegebener Zeit« realisieren könnten. »Daß die Beschwerdeführerin sich durch Religionsvorschriften an der Verwertung des Grundstücks zu anderen Zwecken behindert sehen würde, ist ein lediglich persönlicher Umstand, der die Bewertung nicht berühren kann.«

Entscheidungen in Steuerangelegenheiten von Kirchen, Religionsgesellschaften und geistlichen Orden

Wenig Hilfe vom Reichsfinanzhof hatten auch Kirchen, Religionsgesellschaften und geistliche Orden zu erwarten. Ein Blick in die einschlägigen Entscheidungen rechtfertigt die Bemerkung, daß sich das Gericht im 1938 einsetzenden Feldzug des Staates gegen die Kirchen als getreuer Gehilfe der Finanzverwaltung betätigt hat. Bei diesem vor verschiedenen Hintergründen zu sehenden[76] Vorgehen wurde als eine der wirkungsvollsten Waffen das Instrument der Besteuerung eingesetzt. Über die Besteuerung konnte relativ unauffällig, dafür aber sehr effektiv die wirtschaftliche Grundlage und damit die Tätigkeit der bekämpften Kirchen, Religionsgesellschaften und Orden getroffen werden. Fiskalisch war dieses Vorgehen ebenfalls nicht uninteressant, denn die Erträge aus der Heranziehung von bislang steuerbefreiten Vermögen und Einkünften konnten gut für die Aufrüstung mit ihren gewaltigen Kosten verausgabt werden.

Mit dieser planmäßig betriebenen Verfolgung ging eine Änderung der Rechtslage einher, die im Zusammenwirken von Finanzverwaltung und Steuerrechtsprechung auf der Basis des Steueranpassungsgesetzes von 1934 herbeigeführt wurde. In §§ 17–19 des Steueranpassungsgesetzes war näher umschrieben, was in Zukunft unter gemeinnützigen, mildtätigen und kirchlichen Zwecken verstanden werden sollte.[77] Das Verfolgen eines dieser Zwecke war Voraussetzung für Befreiungen oder andere Vergünstigungen bei den einzelnen Steuern. Unter »gemeinnützig« sollte die Förderung der Allgemeinheit verstanden werden, näher konkretisiert als das Wohl der »Deutschen Volksgemeinschaft«. »Mildtätig« waren solche Zwecke, die auf die Unterstützung bedürftiger Personen im Inland oder bedürftiger »deutscher Volksgenossen« im Ausland gerichtet waren. Ab 1936 galt als mildtätig generell nur noch die Unterstützung »deutscher Volksgenossen«, wobei der Reichsfinanzhof diese Einschränkung auch bei zeitlich früher liegenden Sachverhalten zur Anwendung brachte.[78] Unter »kirchlich« wurden schließlich solche Zwecke verstanden, durch deren Erfüllung eine christliche (= erste Einschränkung) Religionsgesellschaft des öffentlichen Rechts (= zweite Einschränkung) gefördert wurde.

Alle diese Merkmale wurden vom Reichsfinanzhof sehr eng ausgelegt.

Als erste Hürde erwies sich die Anerkennung als Körperschaft des öffentlichen Rechts, an die das Gericht sehr strenge Maßstäbe anlegte.[79] Selbst wenn diese Voraussetzung erfüllt war, war damit für den Steuerpflichtigen noch nicht viel gewonnen, denn auch das Merkmal »kirchliche Zwecke« wurde restriktiv interpretiert. Dies läßt sich anschaulich an mehreren Entscheidungen über Grundsteuerbefreiungen für Grundstücke oder Teile davon belegen. Zu befinden hatte der Reichsfinanzhof z. B. über das Gemeindehaus einer Kirchengemeinde, in dem sich ein Saal mit einer Bühne befand[80]. Hier fanden unter anderem Reformations-, Advents- oder Weihnachtsfeiern, Veranstaltungen der Inneren Mission und des Kirchenchors statt. Grundsteuerbefreiung wegen Verfolgung kirchlicher Zwecke versagte der Reichsfinanzhof mit der Begründung, durch derartige Veranstaltungen würde nicht »das Wissen der Teilnehmer in religiösen Fragen vermehrt«. Dieses Kriterium war in einem späteren Fall[81] unstreitig erfüllt, weil hier überwiegend Gottesdienste veranstaltet wurden. Hier behalf sich der Senat in seiner ablehnenden Entscheidung damit, daß er nicht auf die tatsächliche Nutzung, sondern auf die Zwecke abstellte, für die der Saal ursprünglich geschaffen worden war.

Durchweg verneint wurde auch das Vorliegen gemeinnütziger oder mildtätiger Zwecke. So wurde einer Bibelanstalt, die unter anderem Übersetzungen der Bibel in Eingeborenensprachen verbreitete, die Steuerbegünstigung versagt, weil »Herstellung und Verbreitung des Alten Testaments, in dem die jüdische Rasse und ihre Geschichte verherrlicht wird, mit der nationalsozialistischen Weltanschauung nicht in Einklang zu bringen ist. Das nationalsozialistische deutsche Volk könnte nicht verstehen, daß die Herausgabe und der Vertrieb einer Schrift, die das Judentum, mit dem es einen Kampf auf Leben und Tod führt, verherrlicht und als das auserwählte Volk Gottes darstellt, als gemeinnützig anerkannt und steuerbegünstigt werde«.[82]

Dieses Zitat erlaubt einen tiefen Einblick in die Geisteshaltung der Richter des erkennenden Senats VIa. Dieser Senat war 1937 speziell für Fälle der §§ 17–19 des Steueranpassungsgesetzes eingerichtet worden.[83] Ab 1938 stand er unter dem Vorsitz des Reichsrichters Ott, der sich vorher hauptsächlich mit dem Grunderwerbssteuerrecht auseinandergesetzt und durch parteitreue Aufsätze in den Fachzeitschriften für diese Aufgabe empfohlen hatte. Nach dem Tode Otts im Januar 1939 leitete der Präsident des Reichsfinanzhofs, Ludwig Mirre, selbst den Senat VIa.[84] Dieser hat auch Entscheidungen gefällt, die im Ergebnis zugunsten der Betroffenen ausfielen. Im Regelfall steuerte der Senat VIa aber unbeirrt einen harten Kurs. Wo er kirchliche, gemeinnützige oder mildtätige Zwecke nicht leugnen konnte, setzte er den Hebel bei dem Erfordernis der Unmittelbarkeit und Ausschließlichkeit der Zweckverfolgung und ihrer Absicherung in der geschriebenen Satzung der Organisation an. Auch hierzu zwei Beispiele: Eine christliche Stiftung unterhielt ein Asyl für hilfsbedürftige, arbeits- und obdachlose Frauen, außerdem eine Erziehungsanstalt für weibliche Fürsorgezöglinge. Diese Stiftung wurde deswegen mit allen ihren Einkünften zur Körperschaftsteuer herangezogen, weil sie noch ein Pflegeheim für »Frauen besserer Stände« betrieb und damit nach Auffassung des Senats die Ausschließlichkeit der gemeinnützigen Betätigung fehlte.[85] Dies war 1942. Bereits 1937 hatte derselbe Senat VIa einer Stiftung, die unter der Leitung barmherziger Schwestern Krankenpflege betrieb, die Steuerbegünstigung versagt.[86] Grund: Die Stifterin hatte angeordnet, daß im Falle der Auflösung der Anstalt das Stiftungsvermögen dazu verwendet werden sollte, eine Niederlassung barmherziger Schwestern römisch-katholischer Religion zu errichten. Diese Anordnung bot dem Senat nicht genügend Gewähr dafür, daß das Vermögen tatsächlich für gemeinnützige oder mildtätige Zwecke eingesetzt werden würde. Es ist zu beobachten, daß der Reichsfinanzhof bei der Prüfung der satzungsmäßigen Absicherung steuerbegünstigter Zwecke noch über die vom Reichsfinanzministerium gestellten hohen Anforderungen hinausging.

Aus der Fülle dieser Entscheidungen seien abschließend noch einige Beispiele herausgegriffen, in denen die ganze Härte und Kälte dieser Rechtsprechung deutlich werden. Es sind Urteile, die in Steuerangelegenheiten geistlicher Orden und ordensähnlicher Gemeinschaften gesprochen wurden. In diesem Bereich war ab 1938 der Buch- und Betriebsprüfungsdienst der Reichsfinanzverwaltung intensiv tätig.[87] Im Interesse einer möglichst scharfen Besteuerung der Orden hatte man zwei Theorien entwickelt, die auch der Reichsfinanzhof zur Grundlage seiner Rechtsprechung machte: die Familientheorie und die Selbstheiligungstheorie.

Die Familientheorie läßt sich knapp wie folgt zusammenfassen[88]: Der ganze Orden wurde als eine große Familie aufgefaßt und steuerlich als solche behandelt. Das hatte unter anderem zur Folge, daß Einkünfte von Ordensmitgliedern, die außerhalb des Ordens arbeiteten, nicht mehr als Arbeitsverdienst des einzelnen der Lohnsteuer unterworfen wurden. Statt dessen wurden alle diese Einkünfte zusammen beim Orden erfaßt und als Betriebseinnahmen mit Körperschaftsteuer belegt. Kosten, die dem Orden für seine Mitglieder entstanden, durften hingegen nicht als Betriebsausgaben abgesetzt werden. Eine weitere Auswirkung der Familientheorie war, daß Vermögen, die einzelne Ordensangehörige besaßen, vermögensteuerlich nicht mehr bei ihnen, sondern ebenfalls zentral beim Orden erfaßt wurden. Die einzelnen Ordensmitglieder konnten vorher persönliche Freibeträge in Anspruch nehmen. Diese Abzugsmöglichkeit

wurde dem Orden dagegen versagt. Es sei festgestellt, daß der Reichsfinanzhof diese Theorie nicht selbst erfunden hat. Er hat sie aber unter
Aufgabe seiner früheren Judikatur übernommen und teilweise noch
schärfer praktiziert als die Finanzverwaltung.[89]

Die Selbstheiligungstheorie hatte zum Inhalt, »daß der eigentliche Zweck
aller katholischen Orden (darin besteht), das Streben ihrer Mitglieder
nach der christlichen Vollkommenheit (Selbstheiligung) zu fördern. Für
diesen Zweck sind sie ins Leben gerufen und tätig. Sie erfüllen ihn dadurch, daß sie ihre Mitglieder an die Befolgung der Ordensregeln und an
die Einhaltung klösterlicher Lebensformen binden, daß sie ihnen Werke
der Nächstenliebe zur Pflicht machen und ihnen ihre Einrichtungen zur
Verfügung stellen.«[90] Diese Theorie zielte darauf ab, Orden, die kirchliche oder gemeinnützige Zwecke verfolgten, von der Steuerbegünstigung
auszunehmen, weil diese Zwecke nur Nebenzwecke neben dem Haupt-
zweck der Selbstheiligung seien und es somit an der erforderlichen Unmittelbarkeit und Ausschließlichkeit der steuerbegünstigten Tätigkeit
fehle. Auch diese Theorie hat der Reichsfinanzhof von der Reichsfinanzverwaltung übernommen und in ständiger Rechtsprechung praktiziert[91].

Schluß

Der Reichsfinanzhof der Jahre 1933 bis 1945 zeigt ein doppeltes Gesicht.
Er hat in der Tat eine Zeit lang versucht, Pressionen seitens des Reichsfinanzministeriums, die seine schon vor 1933 verteidigte Unabhängigkeit
als oberstes Steuergericht des Reiches bedrohten, zu widerstehen oder sie
ins Leere laufen zu lassen. Diese durchweg in politisch wenig heiklen Fällen gezeigte und später aufgegebene Abwehrhaltung wurde nach 1950
zum Kern des eingangs beschriebenen, weit verbreiteten Geschichtsbildes.

Weitgehend verdrängt wurde seit den fünfziger Jahren das zweite Gesicht
des Reichsfinanzhofs. In den politisch weit schwierigeren Fällen der Besteuerung von Juden, Kirchen und geistlichen Orden hat er sich ohne
erkennbares Widerstreben als verlängerter Arm des Reichsfinanzministeriums betätigt. Weil diese Fälle heute – auch innerhalb des betreffenden Gerichtszweiges – weitgehend aus dem Bewußtsein geschwunden
sind, wurden sie hier vergleichsweise ausführlich dargestellt. Es soll daran
auch erkennbar werden, daß diese Entscheidungen schwerwiegende Auswirkungen für die Betroffenen hatten. In vielen Fällen stand die wirtschaftliche Existenz der Steuerpflichtigen auf dem Spiel. Die Sicht aus der

Perspektive der Opfer, die bei der bis heute üblichen Art der Darstellung der Geschichte der Finanzgerichtsbarkeit nicht oder nur am Rande erscheint, darf bei einer Betrachtung der Justiz im NS-Staat nicht fehlen.

Es sei abschließend noch einmal betont, daß es sich bei den in den beiden letzten Abschnitten erwähnten Entscheidungen des Reichsfinanzhofs nicht um Einzel- oder Ausnahmefälle handelt. Allein zur Besteuerung von Juden sind in der Amtlichen Sammlung, dem Reichssteuerblatt oder in der Zeitschrift »Steuer und Wirtschaft« zwischen 1933 und 1943 fast 60 Entscheidungen dieses Gerichts veröffentlicht. Noch wesentlich zahlreicher sind die veröffentlichten Entscheidungen zur Besteuerung von Kirchen und Orden[92]. Eine auch die nicht veröffentlichten Entscheidungen berücksichtigende Gesamtzahl dieser Fälle ist derzeit noch nicht bekannt. Die einschlägigen Prozeßakten sind vermutlich vollständig erhalten geblieben[93]. Es stehen also in ausreichendem Maß Primär- und Sekundärquellen zur Verfügung, um ein aussagekräftiges, differenziertes Bild von der Rolle und der Tätigkeit der Finanzgerichte im nationalsozialistischen Deutschen Reich zeichnen zu können.

Klaus Marxen

Strafjustiz im Nationalsozialismus
Vorschläge für eine Erweiterung der historischen Perspektive

Einführung

Das Thema löst Erwartungen aus, die ich vorab prüfen möchte. Vergeblich wäre es, in eine Konkurrenz einzutreten mit den vielen Formen der dokumentarischen, halbdokumentarischen und paradokumentarischen Wiederaufbereitung des Dritten Reichs. An gefühlsmäßiger Eindringlichkeit ist das Wort dem Bild hoffnungslos unterlegen. Was bleibt, ist eine Chance zu ergreifen, die Worte ohne Bilder bieten: sich auf Wesentliches zu konzentrieren. Das kann zu allgemeinen, angesichts des Themas möglicherweise allzu distanziert klingenden Aussagen führen.

Nicht erfüllen will ich die Erwartung, es werde unmittelbar und ausführlich von dem die Rede sein, was Strafrichter im Nationalsozialismus taten. Vielmehr möchte ich zeigen, wie das Thema außerdem verstanden werden könnte. Ich werde Vorschläge für ein erweitertes Verständnis des Begriffs »Strafjustiz« unterbreiten, soweit die Zeit des Nationalsozialismus betroffen ist. Ich werde vorschlagen, 1. den Begriff »Strafjustiz« auf Tätigkeiten verschiedener nichtrichterlicher Instanzen auszudehnen und 2. weniger auf die Strafjustiz selbst als auf deren Erscheinungsbild in der Gesellschaft zu achten. Diese Vorschläge zur Handhabung des Begriffs der Strafjustiz zielen auf mehr als auf eine andere Beschriftung von Karteikästen. Es geht um Bewertungsprobleme.

Um das zeigen zu können, benötige ich als Hintergrund das Ergebnis solcher Untersuchungen, die sich den Gegenstand – Strafjustiz im Nationalsozialismus – unmittelbar vornehmen. Es lautet, zusammengefaßt, so[1]:

Die Entwicklung der Strafjustiz im Nationalsozialismus ist gekennzeichnet durch wachsende Politisierung. In der Anfangszeit kann die Strafjustiz noch eine gewisse Eigenständigkeit behaupten. Später wird sie aufgrund verschiedener justitieller und außerjustizieller Lenkungsmaßnahmen fast vollständig zum Terrorinstrument der politischen Machthaber.

Das ist die große Linie. Im einzelnen sind Differenzierungen nötig, etwa nach Gerichtsarten, nach Instanzen, nach abzuurteilenden Tatbeständen, auch nach geographischen Bereichen. Erste Detailuntersuchungen dieser Art liegen vor.[2] Weitere sind zu erwarten. Die rechtshistorische Forschung hat diese Spur aufgenommen.

Ich werde ihr aber, wie angekündigt, nicht folgen. Damit ist auch schon angedeutet, daß ich zu einem anderen Ergebnis gelangen werde. Die These der allmählichen Politisierung wird sich nicht bestätigen an den Perspektiven, die ich anbieten möchte.

Strafjustiz im weiteren Sinne

Ich komme zu meinem ersten Vorschlag: Bei der Handhabung des Begriffs der Strafjustiz sollten auch andere als richterliche Aktivitäten berücksichtigt werden. Der Vorschlag soll nicht nur auf die Bedeutung sonstiger Strafverfolgungsorgane aufmerksam machen. Er geht weiter. Wie und warum – das möchte ich an Beispielen entwickeln.

Die Justifizierung politischer Aktionen

Ende Juni, Anfang Juli 1934: Hitler läßt morden. Er läßt die Führung der SA umbringen. Und er läßt zahlreiche konservative Politiker, sonstige Personen des öffentlichen Lebens und jüdische Bürger liquidieren.[3] Die Aktion war genau geplant. Sie diente der Machterweiterung. Bloßer Vorwand war die Behauptung, ein Putsch der SA habe bevorgestanden. Aber der Vorwand avancierte zum Gesetz. Reichsgesetzblatt 1934, Teil I, Seite 529: »Die zur Niederschlagung hoch- und landesverräterischer Angriffe am 30. Juni, 1. und 2. Juli 1934 vollzogenen Maßnahmen sind als Staatsnotwehr rechtens.«

Dazu erklärte Hitler im Reichstag: »In dieser Stunde war ich verantwortlich für das Schicksal der deutschen Nation und damit des deutschen Volkes oberster Gerichtsherr.«[4] Das juristische Echo: Um »echte Gerichtsbarkeit« habe es sich gehandelt. So Carl Schmitt in der »Deutschen Juristen-Zeitung« 1934.[5] Weiter: »Sie untersteht nicht der Justiz, sondern war selbst höchste Justiz.« – Gehört sie nicht auch zur Strafgerichtsbarkeit im Nationalsozialismus, diese Justizanmaßung der politischen Machthaber?

Mehr noch: Gehört es nicht gerade zu den Kennzeichen dieser Strafgerichtsbarkeit, daß die politische Aktion als Justiz ausgegeben und die eigentliche Justiz einfach übergangen werden kann?

Diese *Justifizierung politischer Aktionen* fand noch in anderen Formen

statt. Beispiel: der Reichstagsbrand am 27. 2. 1933. Die politische Führung wünschte die Hinrichtung des angeblichen Brandstifters Marinus
van der Lubbe. Die Hinrichtung ließ sich herbeiführen durch ein Straf-
gesetz, das die Todesstrafe rückwirkend auf Fälle der sogenannten auf-
rührerischen Brandstiftung anwendbar machte.[6]
Allgemein gesprochen: Rückwirkende Strafgesetze sind ein Mittel des
Gesetzgebers, mit dem er in der Strafjustiz für bestimmte Fälle bestimmte Ergebnisse erzielen, also mittelbar selbst Justiz üben kann. Dieses Mittel wurde im Dritten Reich häufig eingesetzt.[7] Genauso häufig
kam es zur Ersetzung der strafrichterlichen Entscheidung durch gesetz-
geberische Straflosigkeitserklärung im Wege der Amnestie.[8] Wichtigster
Amnestiezweck in den ersten Jahren des Dritten Reichs war es, Gesinnungsgenossen vor Strafe zu bewahren.[9]

Polizeiliche Strafaktionen und Lynchjustiz

Ich habe bisher die Justizokkupation auf höchster Machtebene skizziert.
Ähnliches fand auf unterer und unterster Ebene statt. Auch dafür zunächst ein Beispiel: In einem amtlichen Bericht der schleswig-holsteini-
schen Regierung vom 1. 4. 1933 ist zu lesen[10]: »Der jüdische Rechtsanwalt und Notar Schumm schoß heute vormittag gegen 11.30 Uhr in Kiel
einen SS-Mann namens Wilhelm Asthalter in der Kehdenstraße durch
Bauchschuß nieder, und zwar nach den bisherigen Meldungen ohne
einen triftigen Grund. Eine erregte Menschenmenge versammelte sich
vor dem Polizeigefängnis, bevor der von dem Oberpräsidenten angeord-
nete Abtransport des Rechtsanwaltes Schumm ermöglicht werden
konnte. Die erregte Volksmenge drang in das Polizeigefängnis ein, wo
Schumm durch Revolverschüsse getötet wurde. Das Ganze entwickelte
sich so schnell, daß polizeilich der Vorgang nicht verhindert werden
konnte. Die Menge drang auch noch in das Geschäft des Vaters des
Rechtsanwaltes Schumm ein und zerstörte das Inventar.« Die Presse berichtet darüber hinaus, daß der Schuß auf den SS-Mann bei einem
Handgemenge zwischen SS-Leuten und dem Rechtsanwalt Schumm so-
wie seinem Vater vor dessen Möbelgeschäft losgegangen war.[11] Vom
Anlaß der Auseinandersetzung wird nichts berichtet. Doch kann man
ihn sich ohne weiteres vorstellen.
Ein Fall von Lynchjustiz. Vermutlich sogar ein Fall von kontrollierter
Lynchjustiz. Man darf annehmen, daß ausreichende polizeiliche
Schutzmaßnahmen nicht versehentlich unterblieben sind. Oft tat die
Polizei mehr. Sie führte Strafaktionen dieser Art selbst durch. Für poli-
zeiliche Hinrichtungen wurde die Formel »auf der Flucht erschossen«

benutzt. Weitere Sanktionsformen waren z. B. die Schutzhaft und die Vermögensbeschlagnahme.[12]

Mögliche Einwände

Das alles ist ein anderes Kapitel, so könnte man einwenden; das hat mit Strafjustiz nichts zu tun. – Mit Strafjustiz hat es zunächst einmal deshalb zu tun, weil in diesen Fällen in aller Regel die gebotene Strafverfolgung unterblieb. Der Mordbefehle ausgebende oberste Gerichtsherr, der lynchende Mob, die liquidierende Polizei, sie bewegten sich in einem strafverfolgungsfreien Raum. Teils fehlte der Strafjustiz die Durchsetzungskraft, teils auch schon der Wille, um diese Aktionen zu ahnden. Und auch das kennzeichnet eine Strafjustiz. Die unterlassene Strafjustiz ist Teil der Strafjustiz.

Doch ist diese Betrachtung möglicherweise noch zu abstrakt, zu wenig historisch. Sie hat zum Hintergrund ein bestimmtes Denkmodell, mit dessen Hilfe festgelegt werden kann, was Strafjustiz ist oder doch sein sollte: das Denkmodell der Gewaltenteilung. Aber genau dieses Denkmodell wurde vom Rechtsdenken jener Zeit entschieden abgelehnt als liberalistisch, als zersetzend. Ihm wurde entgegengesetzt das Prinzip der Einheit der Staatsgewalt im totalen Staat.[13]

Im totalen Staat bildet die Justiz keine selbständige Gewalt. Sie ist lediglich ein »Glied der einheitlichen, geschlossenen und gleichgerichteten Gesamtgewalt des völkischen Staates«, wie die damals herrschende Staatsrechtslehre formulierte.[14] Die staatliche Führung »durchdringt« die Gewalten, die zu bloßen Funktionen und Kompetenzen werden.[15] Damit werden Zuordnungen disponibel, Bezeichnungen verfügbar. Gerichtsbarkeit kann auch die politische Aktion genannt werden; Strafkompetenzen kann sich auch die Polizei, auch das gesamte Volk anmaßen. Politischer Mord, geduldete Lynchjustiz, Schutzhaft, erzwungener Freitod – das alles und mehr gehörte zu den Erscheinungsformen der Nebenjustiz.

Wer bis hier folgt, könnte jetzt verlangen, zu trennen zwischen der eigentlichen richterlichen Strafjustiz und einer Strafjustiz im weiteren Sinne, der faktisch ausgeübten Strafmacht anderer Stellen und Instanzen. Ich halte eine solche Trennung jedoch kaum für durchführbar, wird doch auch die engere richterliche Strafgerichtsbarkeit zum Teil als Ausübung bloß faktischer Strafmacht eingestuft – erinnert sei an die Entschließung des Bundestages zum Volksgerichtshof[16] – und haben die genannten Akteure der Strafgerichtsbarkeit im weiteren Sinne zum Teil doch auch einen angestammten Platz *innerhalb* der Strafjustiz, so die Polizei, so die politischen Instanzen, die seit jeher über Weisungen[17] die Tätigkeit der Staatsanwaltschaft lenken können. Die Strafjustiz hat schon vor der Zeit des Nationalsozialismus nicht als reine, selbständige Gewalt bestanden. Sie war schon vorher ein Gewaltengemisch. Die Hauptprobleme habe ich angedeutet: die Beteiligung einer zugleich mit Präventivaufgaben betrauten Polizei und die Einwirkungsmöglichkeiten politischer Instanzen auf den Verfolgungsapparat.

Ein Zwischenergebnis

Bei der Handhabung des Begriffs »Strafjustiz« sollten neben der strafrichterlichen Tätigkeit auch sonstige Formen der Ausübung staatlicher Strafgewalt berücksichtigt werden. Tut man das, dann zeigt sich: Mit »allmählicher Politisierung« ist die Entwicklung der Strafgerichtsbarkeit im Nationalsozialismus ungenau gekennzeichnet. Die so verstandene Justiz war von vornherein, vom ersten Tag an, hochpolitisch. Vom Tage der Machtübernahme an wurde politische Strafgewalt ausgeübt – auf oberster Machtebene sowieso. Aber auch auf unterer Machtebene: Die Lynchbereitschaft des »gesunden Volkes« war geschürt, und die politische Ausrichtung der Polizei wurde in kürzester Zeit bewerkstelligt. Bezeichnend ist die zeitliche Reihenfolge: Überall sorgten die nationalsozialistischen Machthaber sofort für den Austausch polizeilicher Führungskräfte[18]; erst später kümmerten sie sich um den Personalbestand der Justiz.[19]

Strafjustiz als Gegenstand der Propaganda

Der zweite Vorschlag für den Umgang mit dem Begriff »Strafjustiz« lautet: Stärker als die Strafjustiz selbst sollte deren Erscheinungsbild in der Gesellschaft beachtet werden.

Presseanweisungen

Mit einer Presseanweisung aus der Reichspressekonferenz vom 24. 2. 1934[20] wurde verlautbart: »Bei schweren politischen Verbrechen soll das Gerichtsurteil nicht in der Form wiedergegeben werden: Der Arbeiter X oder der Dreher Y ist zum Tode verurteilt worden, sondern es soll immer der strafbare Tatbestand genannt werden: Der Mörder X oder der Brandstifter Y wurde verurteilt.«
Dieser Text ist ausgewählt aus einer großen Menge derartiger Presseanweisungen, die täglich über die Reichspressekonferenz an die gesamte

deutsche Presse hinausgingen.[21] Sie enthielten zweierlei: Veröffent-
lichungsanordnungen und Veröffentlichungsverbote. Mit ihnen wurden
die einzelnen Schritte der Presse gelenkt, die ohnehin in einer Zwangs-
jacke steckte: nämlich eingezwängt in das Kontrollsystem, das mit dem
sogenannten Schriftleitergesetz[22] errichtet worden war, und wirtschaftlich geknebelt durch einen Pressetrust, der unter der Aufsicht der
NSDAP stand.[23]

Das Lenkungssystem[24] war in seiner Wirkung perfekt; auf Zensur konnte
weitgehend verzichtet werden. Auch in seiner Reichweite war es perfekt:
Es umfaßte sämtliche Informationsträger, die das Volk mit Nachrichten
versorgten, und es erstreckte sich auf Nachrichten aller Art aus allen Lebensbereichen. Die nationalsozialistischen Machthaber hatten die politische Chance, die in der informationellen Abhängigkeit moderner Gesell-
schaften liegt, erkannt und genutzt. Die Gleichschaltung der Presse war
deshalb eine ihrer ersten Maßnahmen.[25]

Kriminalität und Strafjustiz kommen in den Presseanweisungen verhältnismäßig häufig vor.[26] Doch ist das nicht der einzige Grund, weswegen
dieses und damit zusammenhängendes Material Aufmerksamkeit verdient. Ein Strafrecht, das allein auf gesellschaftliche Wirkung bedacht ist
– und das nationalsozialistische Strafrecht war allein auf gesellschaftliche
Wirkung bedacht –, ein solches Strafrecht findet seine adäquate Äuße-
rungsform nicht in der unmittelbaren Behandlung des einzelnen Falles,
sondern in den Informationen, die die Gesellschaft über das Strafrecht
und seine praktische Umsetzung erhält. *Die Strafrechtsnachricht ist in
einem effizienzorientierten Strafrechtssystem wichtiger als die konkrete
juristische Einzelmaßnahme.* Wie strafrechtliche Wirkungsabsichten ge-
sellschaftlich umgesetzt werden können, zeigt gerade der oben zitierte
Text der Presseanweisung. Die Presse wird angehalten, den Übergang
zum Täterstrafrecht publik zu machen und dadurch einer strafrechtlichen
Theorie[27] zur praktischen Durchsetzung in der Gesellschaft zu verhelfen.
Den Bürgern soll demonstriert werden, daß Strafe nicht in erster Linie
auf Taten reagiert, sondern minderwertige kriminelle Personen, Mörder,
Brandstifter usw., aussondert.

Die Presseberichterstattung

Im folgenden möchte ich näher auf das Erscheinungsbild der Strafjustiz
im Nationalsozialismus eingehen. Dabei werde ich Eindrücke verwerten,
die ich bei der Durchsicht der Presse in einem regionalen Bereich, in Bremen nämlich, gewonnen habe.[28] Damals wie heute war die Presse, insbesondere die lokale Presse, der hauptsächliche Vermittler strafrechtlicher

Nachrichten. In ihr findet sich das Erscheinungsbild der Strafjustiz im Alltag der nationalsozialistischen Gesellschaft.[29]

Die Presse präsentiert dem Volksgenossen die Strafjustiz im wesentlichen in zwei Berichtsformen, im Standardbericht und in der Kampagne. Mit Standardberichten sind Artikel gemeint, die vorwiegend im lokalen Teil zu finden sind, oft unter einer ständigen Rubrik: »Aus dem Gerichtssaal« oder »Vor den Schranken des Gerichts«; Artikel, die Fälle zumeist unterer oder mittlerer Kriminalität aufgreifen, weil sie durch Besonderheiten im Tatablauf oder im persönlichen Bereich aus dem Rahmen fallen. Ich brauche diese Berichte nicht näher zu schildern. Man findet sie genauso heute in jeder Tageszeitung. In der Presse der NS-Zeit wird diese Berichterstattung mit erstaunlicher Gleichförmigkeit bis in die Kriegszeit hinein durchgehalten. Die mitgeteilten Strafen sind bisweilen hart, aber nicht unmäßig. So vermittelt die Standardberichterstattung beruhigende Gewißheit vom Gleichlauf der Justiz. Es ist alles in Ordnung, so lautet die Botschaft. Der freche Dieb, der trunksüchtige Schläger, der betrügerische Viehhändler, der raffinierte Heiratsschwindler – sie alle erhalten ihre wohlverdiente, gerechte Strafe.

Ganz anders ist das Bild, das die Kampagnen[30] von der Strafjustiz vermitteln. Ich beginne auch hier mit einem Beispiel, der Korruptionskampagne. Sie hat Vorläufer in der nationalsozialistischen Parteipresse vor der Machtübernahme. Danach wird sie auf andere Presseorgane ausgedehnt und entschieden ausgebaut. Zu einem Höhepunkt kommt es im April 1933. Zur Jahresmitte klingt die Kampagne aus.

Die Korruptionskampagne richtet sich gegen Angehörige der Parteien der Linken und der Mitte, gegen Gewerkschaftsfunktionäre, gegen leitende Personen im Genossenschaftswesen und gegen jüdische Unternehmer. Sie bewirkt oder legitimiert umfangreiche personelle Revisionen in politisch und wirtschaftlich bedeutsamen Institutionen. Gestaltungsmittel ist der tägliche, groß aufgemachte Bericht: »Der Skandal des Tages«. Häufig faßt eine Hauptüberschrift eine Vielzahl von Fällen zusammen. Beispiel: »Vom Schlachtfeld der Korruption«.

Um welche Verfahrenssituationen geht es? Manchmal sind Verfolgungsmaßnahmen noch gar nicht eingeleitet. Die Berichterstattung – insbesondere in der Parteipresse – beruht auf Behauptungen, deren Ziel es ist, Strafverfolgungsmaßnahmen erst herbeizuführen. Soweit über bereits eingeleitete Verfahren berichtet wird, befinden sich diese fast immer erst im Stadium des Ermittlungsverfahrens. Gelegentlich wird nur mitgeteilt, daß Untersuchungen durchgeführt würden. Häufiger wird von Festnahmen berichtet. Sie finden in unterschiedlicher Rechtsform statt, deren

Wahl im Belieben der Verfolgungsorgane zu stehen scheint: vorläufige Festnahme, Haftbefehl, Schutzhaft. Auch Durchsuchung und Beschlagnahme sind häufig anzutreffende Verfolgungsmaßnahmen. Die berichteten Verfolgungsmaßnahmen werden zumeist von der Polizei durchgeführt. Zu einer Anklage oder gar zu einem Urteil kommt es innerhalb der zeitlichen Grenzen der Kampagne nur selten. Sie scheinen für das Kampagneziel weniger wichtig zu sein. Ein präziser strafrechtlicher Vorwurf wird oft gar nicht genannt. Man begnügt sich mit dem Pauschalvorwurf der Korruption, der nichts Genaues besagt, aber Schlimmes ahnen läßt. Werden einmal präzisere Angaben gemacht, so betreffen sie zur Hauptsache die folgenden Delikte: Betrug, Unterschlagung, Untreue, Bestechungsdelikte, Devisenvergehen, Konkursvergehen, Bilanzdelikte.[31]

Der strafrechtliche Vorwurf wird häufig erweitert durch eine Kennzeichnung der betroffenen Personen als charakterlich minderwertig. Ihnen wird Verschwendungssucht und Parasitentum nachgesagt. Gefühle des Neides, der Empörung und der Rachsucht werden geschürt. Daneben wird ein Bild der nationalsozialistischen Bewegung gesetzt, das diese als reinigende Kraft erscheinen läßt.

In der Mitte der dreißiger Jahre findet eine groß angelegte Kampagne gegen die katholische Kirche[32] statt. Der Zusammenhang mit den politischen Spannungen zwischen dem nationalsozialistischen Regime und der katholischen Kirche liegt auf der Hand.[33] Ab Mai 1935 erscheinen in großer Zahl umfangreiche Berichte über Prozesse gegen Ordensangehörige wegen Devisenvergehen. Dieser Schlag gegen die Orden war für die politischen Machthaber leicht zu führen. Da die Orden international organisiert sind, geraten sie fast zwangsläufig in Konflikt mit den verschärften Devisenbestimmungen des Dritten Reichs. Koordinierte Beschlagnahmeaktionen der Polizei erbringen das gesuchte Beweismaterial. Und noch mehr: Der Polizei fällt umfangreiches Aktenmaterial gegen Ordensmitglieder in die Hände. Dieses wird für eine Erweiterung der Kampagne benutzt. Die dort dokumentierten Sittlichkeitsvergehen werden zur Anklage gebracht. Die Hauptverhandlungen werden publizitätswirksam arrangiert. So wird in Koblenz ein Verfahren gegen über 200 Angehörige des Franziskanerordens geführt. Seit Ende Mai 1936 sind die Zeitungen angefüllt mit groß aufgemachten Prozeßberichten. Zur Zeit der Olympischen Spiele wird die Kampagne angehalten, danach aber verstärkt fortgesetzt. Die katholische Kirche gerät unter so starken Druck, daß sie den Angeklagten keinen wirksamen Beistand leisten kann, sich sogar von ihnen distanzieren muß. Es kommt zu überaus harten Urteilen. Langjährige Zuchthausstrafen sind die Regel. Das Ende der Kampagne führt Hitler selbst herbei. Im Juli 1937 weist er Reichsjustizminister Gürtner an, die Prozesse abzubrechen. Wahrscheinlich hängt die Entscheidung mit der Schwerpunktverlagerung von der Innenpolitik zur Außenpolitik zusammen.[34]

Eine andere Kampagne dient der Rechtfertigung des Angriffskrieges: Publizistisch aufbereitet werden Verfahren gegen angebliche polnische Aggressoren.[35] Als Kampagne läuft auch die Berichterstattung über die Verfahren im Zusammenhang mit dem 20. Juli 1944 ab.[36]

Die Beispiele könnten ausreichen für einige Verallgemeinerungen. Die Kampagnen wurden maßgeblich geformt durch die Presse. Den Prozeßberichten lagen Aktionen verschiedener Handlungsträger zugrunde: der Polizei, der Strafjustiz, der Gesetzgebung und sonstigen Rechtssetzung, auch der Partei. Die Presse faßte diese Aktionen zusammen und verschaffte ihnen gesamtgesellschaftliche Außenwirkung. Die Presse gestaltete die Kampagnen. Das geschah durch Auswahl und besondere Aufmachung des Materials.

Weitergehend kann man sogar sagen, daß die Presse teilweise die Kampagnen überhaupt erst produzierte. So vermittelte die Presse in der Korruptionskampagne den Eindruck, daß Strafverfahren dieser Art besonders häufig auftraten. Tatsächlich haben diese Verfahren im Übergang von 1932 zu 1933 abgenommen.[37] Ungenau ist daher in diesem Zusammenhang der Begriff Presse*berichterstattung*. Die Presse war *gestaltend* tätig. Sie führte die Kampagnen an.

Die Gestaltungsmittel der Presse bestanden darin, daß in einem begrenzten Zeitraum häufig, zeitweise täglich, in großer Aufmachung Fälle aus dem jeweiligen Komplex wiedergegeben wurden. Die Sprache war aggressiv. Deutlich trat das Ziel zutage, die Personen zu diffamieren, gegen die die Kampagnen gerichtet waren. Diesem Ziel diente auch die Veröffentlichung von Bildmaterial, das die Kampagneopfer ungünstig darstellte, sowie der Abdruck von Karikaturen. Bestimmte, die Sache oder die Personen kennzeichnende Begriffe wurden ständig wiederholt.

Der Beitrag der Strafjustiz kommt nur dann vollständig in den Blick, wenn mehr als nur die strafrichterliche Urteilstätigkeit erfaßt wird. Wichtig sind auch Aktionen der Strafverfolgungsorgane. Dabei ist in erster Linie die Polizei zu nennen, die sich an den Kampagnen sowohl durch repressive als auch durch präventive Aktionen beteiligte. Die Polizei nutzte ihre Spielräume nach eigenem Gutdünken. Leitgesichtspunkt war allein derjenige der Effizienz im Hinblick auf das Kampagneziel.

Die Strafgerichte waren erst an späteren Kampagnen unmittelbar beteiligt. Sie förderten sie insbesondere durch die Verhängung hoher Strafen. Zur Kampagne gehörten weitere juristische Maßnahmen. Personalpolitische und organisatorische Maßnahmen unterstützten die Kampagnen. So wurden bei Polizei und Staatsanwaltschaft spezielle Korruptionsdezernate eingerichtet.[38]

Wichtige Beiträge zu den Kampagnen leistete auch die Gesetzgebung. Im Bereich der Strafgesetzgebung wurden beide Mittel eingesetzt: Ausweitung und Rücknahme staatlicher Strafe. Neue Strafvorschriften leiteten die Kampagnen ein oder unterstützten sie[39]; gelegentlich wurden Kampagnen durch eine Amnestie beendet.[40]

Nochmals: Entscheidende Daseinsbedingung der Kampagne war die Pressepublizität. Der Beitrag der Strafjustiz wurde durch die Presse vermittelt und erlangte erst hier seine kampagnebezogene Wirksamkeit. In der Kampagne trat die Strafjustiz daher nicht unbedingt so hervor, wie sie wirklich war. Die Presse zeichnete das für die Kampagne verwendbare Bild der Strafjustiz.[41]

Die Herstellung dieses Bildes ermöglichte die Strafjustiz allerdings dadurch, daß auch sie sich dem Kampagneziel unterordnete. Im übrigen beteiligte sie sich auch an der publizistischen Gestaltung der Kampagne durch eigene vorpublizistische Tätigkeiten der seinerzeit stark ausgebauten Justizpressestellen.[42]

Die Kriminalisierungskampagnen dienten politischen Zielen. Es ging um die Ausschaltung politischer Gegner oder um die Rechtfertigung politischer Aktionen. Daher lag die Initiative letzlich bei den politischen Instanzen. Im einzelnen sind die Abläufe jedoch schwer nachzuzeichnen.[43] Hitlers Einfluß war sicherlich bedeutsam. Doch dürften die unmittelbaren Entscheidungen eher von der Ebene darunter ausgegangen sein. Die Federführung lag wohl oft bei Goebbels, der im Bereich der Presse allerdings nicht die Alleinherrschaft innehatte.

Fazit

Die Strafjustiz hat sich im Dritten Reich als politisch verfügbar erwiesen. Das ist bekannt und läßt sich an vielen Entscheidungen belegen, was ich hier nicht getan habe. Mir kam es darauf an zu zeigen, daß ein noch viel größeres Maß an politischer Verfügbarkeit sichtbar wird, wenn man darüber hinaus die publizistische Verwertung der Strafjustiz in den Blick nimmt. Auf dieser Ebene aber mußte die Politisierung der Strafjustiz nicht erst durchgesetzt werden. Die Strafjustiz der Presse war von vornherein eine durch und durch politische Strafjustiz.

Schlußbemerkung

Nicht zur Sprache gekommen ist die Strafjustiz als schicksalsbestimmende Gewalt. Unerwähnt geblieben ist der einzelne Fall, in dem das strafrichterliche Urteil in menschliches Leben hart eingreift, bis zur Vernichtung eingreift. Fehlt damit nicht das Wichtigste? Das ist – im Rahmen eines historisch orientierten Textes kann man diese Formulierung vielleicht wagen – eine Sache des Standpunktes. Der Standpunkt der nationalsozialistischen Machthaber war es jedenfalls nicht. Einzelschicksale interessierten nicht. Es interessierte allein, was Strafe und Strafjustiz für die Ausübung politischer Macht taugten. Es interessierte allein deren gesamtgesellschaftliches Wirkungspotential. So betrachtet war die richterliche Tätigkeit im einzelnen Fall aber von untergeordneter Bedeutung. Zumal dieser engere Bereich strafjustitieller Tätigkeit stark traditionsverhaftet, schwer beweglich war und daher erst politisiert werden mußte. Es gibt geeignetere Ansatzpunkte für einen effizienzorientierten Einsatz der Strafjustiz zum Zweck der Unterstützung politischer Machtausübung. Es gibt die Möglichkeit, Organe, die an den Rändern der Strafjustiz etabliert sind, zu mobilisieren. Es gibt ferner die Möglichkeit, in einer nachrichtenabhängigen Gesellschaft über Informationssteuerung die Strafjustiz für politische Zwecke einzusetzen. Das vorzuführen, war die Aufgabe meiner Darlegungen.

Wolfgang Benz
Die Entnazifizierung der Richter

I

Im November 1946 fand in Freiburg ein Terroristenprozeß statt. Die Tat – ein Mord und ein Mordversuch – lag zwar 25 Jahre zurück, war aber wegen verschiedener Unterbrechungshandlungen nicht verjährt. Der Angeklagte Heinrich Tillessen war voll geständig und schilderte die Tat wahrheitsgetreu und detailreich. Er verweigerte zunächst lediglich die Auskunft über seine Hintermänner. Mit einem Kameraden zusammen, der ebenso wie der Angeklagte Marineoffizier gewesen war, dem Freikorps des Korvettenkapitäns und Kapp-Putschisten Ehrhardt angehörte, hatte er am 26. 8. 1921 in der Nähe von Offenburg im Schwarzwald einen der prominentesten Politiker der jungen Weimarer Republik aus dem Hinterhalt erschossen und dessen Begleiter, einen Reichstagsabgeordneten, schwer verletzt.

Das Opfer war Matthias Erzberger, 45 Jahre alt, prominent als Unterzeichner des Waffenstillstands vom November 1918 und als Minister der Republik. Er war in nationalen Kreisen einer der meistgehaßten Politiker des neuen Systems. Politisch befand er sich nach einem halb verlorenen Beleidigungsprozeß gegen einen Exponenten des alten Regimes und der darauf folgenden Demission als Reichsfinanzminister auf dem Tiefpunkt der Karriere. Aber er galt den Fanatikern noch als gefährlich genug. Der Mord gehörte nicht nur vom Motiv, sondern auch von den Auftraggebern her zu einer Serie von Attentaten, denen Demokraten und Republikaner unterschiedlicher parteipolitischer Couleur zum Opfer fielen. Kurt Eisner und Karl Gareis, beide USPD, Erzberger vom katholischen Zentrum, Walter Rathenau von der rechtsliberal-großbürgerlichen Deutschen Volkspartei oder der Sozialdemokrat Philipp Scheidemann, der mit dem Leben davonkam. Das Motiv war die rechtsextremistische Spielart von Vaterlandsliebe, die Drahtzieher waren militärisch organisierte Geheimbünde, die dem Nationalsozialismus den Weg bereiten halfen.

Der Erzberger-Mörder Tillessen war 1945 routinemäßig verhaftet worden, weil er den Rang eines SA-Sturmbannführers ehrenhalber bekleidete. Nach dem Erzberger-Mord war er ins Ausland geflohen. Nach der nationalsozialistischen Machtübernahme zurückgekehrt, hatte er sich politisch nicht mehr exponiert, vielmehr geläutert. Im November 1946 stand er also endlich vor Gericht. Der Staatsanwalt forderte die Todesstrafe wegen des Mordes an Erzberger, vier Jahre Zuchthaus wegen des Mordversuchs am Reichstagsabgeordneten Diez sowie den Verlust der bürgerlichen Ehrenrechte. Zur Begründung führte die Anklagevertretung an, erstens sei die Tat nicht verjährt, zweitens sei die Amnestie des Reichspräsidenten vom 21. 3. 1933 staatsrechtlich ungültig und drittens überdies nach dem Kontrollratsgesetz Nr. 1 vom 20. 9. 1945 wegen Rechtsungleichheit auf den Angeklagten nicht anwendbar. Viertens schließlich bedeute die Tat Tillessens nach der Terminologie des Internationalen Militärgerichtshofs von Nürnberg ein »Verbrechen gegen die Menschlichkeit«. Die Verteidigung plädierte auf Einstellung des Verfahrens, weil die Tat des Angeklagten kein gemeiner Mord, sondern eine politische Überzeugungstat gewesen sei und damit mildere Beurteilung verdiene. Die Amnestieverordnung Hindenburgs vom März 1933 sei gültig, das Kontrollratsgesetz treffe auf den Angeklagten nicht zu, weil weder er noch die Tat in Beziehung zur NSDAP gestanden habe.

Der Spruch des Gerichts lautete: Einstellung des Verfahrens auf Grund der Amnestie des Reichspräsidenten von 1933 und Übernahme der Kosten durch die Staatskasse. Der entscheidende Satz der Begründung lautet, für die Strafkammer sei es erwiesen, »daß der Täter seine Tat aus übersteigerter Vaterlandsliebe begangen hat, um Deutschland einer besseren Zukunft entgegenzuführen«.[1]

Die Entrüstung über das Freiburger Urteil war allgemein und äußerst heftig. Die Urteilsbegründung könne »nur als willentliche Verhöhnung aller Bemühungen um ein anderes Deutschland« aufgefaßt werden, schrieb Walter G. Becker, Inhaber des Mainzer Lehrstuhls für Bürgerliches Recht, im »Berliner Tagesspiegel«.[2] Wenn derartige Urteile hingenommen würden, so war im Ostberliner »Vorwärts« unter der Überschrift »Die Mörder sind unter uns« zu lesen, würde es für die junge Demokratie den Anfang vom Ende bedeuten; der rechtspolitische Ausschuß der Berliner SPD erklärte, es handele sich um einen völligen Fehlspruch, »der jedes Gefühl für die elementaren Grundsätze des Rechts vermissen läßt und eine offensichtliche Mißachtung des politischen Erneuerungswillens des deutschen Volkes ist«.[3] Die öffentliche Meinung stand in diesem Falle in Übereinstimmung mit der französischen Militärregierung, die nicht nur das Freiburger Urteil kassierte, sondern auch den Vorsitzenden Richter seines Amtes enthob. Die Militärregierung gab bekannt, sie sei der Ansicht,»daß es unverantwortlich ist, kaum zwei Jahre nach der Niederwerfung des Nationalsozialismus die elementarsten Begriffe von Gerechtigkeit und Demokratie zu verhöhnen. Deshalb wird Tillessen vor ein wahrhaft demokratisches Gericht gestellt werden, wie es von der demokratischen öffentlichen Meinung des deutschen Volkes auch einstimmig gefordert wird.«[4]

Nur der Vollständigkeit halber sei noch erwähnt, daß das französische Tribunal Géneral in Rastatt Anfang Januar 1947 das Freiburger Urteil formell aufhob und den Fall an das Landgericht Konstanz überwies, wo Tillessen Ende Februar zu einer Gesamtstrafe von 15 Jahren Zuchthaus verurteilt wurde. Staatsanwalt und Verteidiger waren dieselben wie im Freiburger Prozeß gewesen.[5]

Ungewöhnlich an dem Fall war auch, daß prominente Juristen in großer Zahl öffentlich das Wort ergriffen, um die Freiburger Richter zu schelten und sie, wie der Tübinger Jurist Emil Niethammer, der Unfähigkeit zu zeihen:»Der Freiburger Strafkammer oblag die Mitwirkung an der Säuberungsarbeit im Rahmen der Aufgaben, mit denen sie sich in der Strafsache gegen Tillessen zu befassen hatte. Sie hat versagt, da sie den Anforderungen an ein gesetzgeberisches Gestalten nicht gewachsen war.«[6]

Anfang Dezember 1946 hielten in Wiesbaden die Chefs der Justizverwaltungen der Länder zusammen mit prominenten Vertretern der Rechtswissenschaft ihre zweite interzonale Konferenz. Vertreter aus allen vier Besatzungszonen waren anwesend, und das Freiburger Urteil wurde außerhalb der Tagesordnung eingehend debattiert. Einmütigkeit herrschte, daß die Hindenburg-Amnestie von 1933 verfassungswidrig war, und protokolliert wurde auch der»einstimmige brennende Wunsch..., daß künftig in Deutschland die Gerechtigkeit wieder eine Stätte finden und keine formale Erwägung hindern dürfe, Unrecht zu sühnen«.[7]

Professor Kohlrausch von der Ostberliner Humboldt-Universität, der Nestor des deutschen Strafrechts, charakterisierte das Freiburger Urteil »als schwere Schädigung des deutschen Richterstandes«, außerdem werde das Rechtsgefühl der meisten Deutschen aufs tiefste verletzt. Zur Absetzung des Freiburger Richters Göring mochte sich die Versammlung aber nicht äußern, weil es sich dabei um eine Maßnahme der Militärregierung handelte. Aber ein für unsere Fragestellung bedeutsamer Satz findet sich im Protokoll der Konferenz. Er lautet:»Nach Mitteilung von unterrichteter Seite handelt es sich bei den Richtern um Persönlichkeiten, die an sich durch eine Beteiligung am Nationalsozialismus nicht belastet erscheinen.«[8]

Die Freiburger Richter hatten also bei der Entnazifizierung keine Probleme gehabt. Daraus läßt sich verschiedenes folgern. Entweder war der politische Säuberungsvorgang, der mit dem Begriff Entnazifizierung umschrieben wird, zu oberflächlich oder er ging in die falsche Richtung oder er war eineinhalb Jahre nach dem Zusammenbruch des NS-Staats noch gar nicht recht in Gang gekommen. Möglicherweise war das Sieb, mit dem Demokraten und Nazis voneinander geschieden wurden, zu weitmaschig. Vielleicht war im Vierzonen-Deutschland die Diskriminierung der ehemaligen Nazis auch gar nicht oder nicht überall beabsichtigt? Oder verfehlten die Intentionen derer, die das Purgatorium betrieben – die Deutschen, die Anstrengungen zur Selbstreinigung unternahmen, ebenso wie die Besatzungsoffiziere der Alliierten, die Demokratie anordneten und durchzusetzen versuchten –, einfach die Realität und erwiesen sich die politischen, menschlichen, fachlichen Unzulänglichkeiten vieler Beteiligter – der Richter – als stärker denn die Demokratisierungsbemühungen?[9]

Ehe Antworten auf diese Fragen gesucht werden, muß man den Entnazifizierungsprozeß in den vier Besatzungszonen – als Mechanismus und die damit jeweils verfolgte Perspektive – in den Blick nehmen. Der empirische Befund, biographische Fallstudien anhand der Entnazifizierungsakten der Landgerichtsdirektoren zweier Gerichtssprengel, soll anschließend helfen, die Frage nach dem Sinn und Erfolg der Entnazifizierung vielleicht nicht zu lösen, jedenfalls aber sinnvoll zu stellen.

II

Die Entnazifizierung war als politischer Reinigungsprozeß konzipiert, der als Bestandteil der Demokratisierung Vorbedingung der Rehabilitierung Deutschlands sein sollte. In Potsdam hatten die Regierungschefs der drei Großmächte im Sommer 1945 den personellen Rahmen des Entnazifizierungsprozesses abgesteckt und dekretiert: »Alle Mitglieder der nazistischen Partei, welche mehr als nominell an ihrer Tätigkeit teilgenommen haben, ... sind aus den öffentlichen oder halböffentlichen Ämtern und von den verantwortlichen Posten in wichtigen Privatunternehmungen zu entfernen. Diese Personen müssen durch Personen ersetzt werden, welche nach ihren politischen und moralischen Eigenschaften fähig erscheinen, an der Entwicklung wahrhaft demokratischer Einrichtungen in Deutschland mitzuwirken.«[10]

Das war eine Präzisierung der alliierten Absichten zur Beseitigung des Nationalsozialismus und der Bestrafung der Exponenten des NS-Regimes, wie sie auch schon in den Kriegskonferenzen der Alliierten propagiert waren. Mit unterschiedlichem Eifer und Erfolg wurde gleich nach der Kapitulation in allen vier Besatzungszonen mit der Entnazifizierung begonnen. Örtliche antifaschistische Komitees, in denen sich in ganz Deutschland vor allem Männer aus der Arbeiterbewegung zusammenfanden mit dem doppelten Ziel kollektiver Selbsthilfe und politischer Säuberung, waren auf deutscher Seite die Vorreiter. Die Antifa-Leute hinderten die führenden Nazis in ihrer Umgebung am Untertauchen und gelegentlich auch die Bevölkerung an spontaner Lynchjustiz gegenüber Ortsgruppenleitern oder anderen lokalen Bonzen.

In Frankfurt existierten Anfang April 1945 einem amerikanischen Bericht zufolge acht Antifa-Gruppen. Über die Antifa-Organisation in Riederwald, die als »eigenständige und neuartige Antwort auf das Nazi-Regime« spontan unter den Arbeitern des Orts entstanden sei, berichtete der amerikanische Beobachter für den Geheimdienst OSS: »Ganz offensichtlich waren sie nicht nur äußerst entschlossen, überall den Einfluß der Nazis auszuschalten, sie waren auch die Gruppe, die am besten darüber informiert war, wo die Nazis in dieser Gegend noch Einfluß hatten und wie man ihrer habhaft werden konnte. Ohne die Hilfe solcher Leute wird es praktisch unmöglich sein, die gefährlichen Elemente aufzuspüren und zu identifizieren. Die Antifaschistische Organisation entsprach einer allgemeinen Tendenz in Frankfurt, wo nach meinen Beobachtungen selbst die Sozialisten und die liberalen Intellektuellen aktiver, mit mehr Nachdruck und radikaler in der Entnazifizierungsfrage auftraten als anderswo.«[11]

An solcher deutschen Mithilfe waren die Militärregierungen aber nicht interessiert. Die Antifa-Bewegung wurde, in der sowjetischen Zone genauso wie in der amerikanischen, schon im Frühsommer 1945 verboten. Die Entnazifizierung gehörte in die Zuständigkeit des Alliierten Kontrollrats, der sich um eine einheitliche, für alle Besatzungszonen verbindliche Regelung bemühte und am 25.12.1945 eine Direktive erließ, die Anfang Januar 1946 publiziert wurde. Darin war zum praktischen Gebrauch der Militärregierungen definiert und kategorisiert, welche Personen aus welchen Ämtern und Stellungen entfernt werden sollten.[12]

Eine weitere Verordnung des Kontrollrats lieferte im Oktober 1946 gemeinsame Richtlinien für ganz Deutschland zur Bestrafung von Kriegsverbrechern, Nationalsozialisten, Militaristen und Industriellen, die das NS-Regime gefördert und gestützt hatten. Zur Durchführung der Potsdamer Grundsätze wurden nach dieser Direktive zwecks »gerechter Beurteilung der Verantwortlichkeit« und zur »Heranziehung zu Sühnemaßnahmen« fünf Gruppen gebildet:

»1. Hauptschuldige,

2. Belastete (Aktivisten, Militaristen und Nutznießer),
3. Minderbelastete (Bewährungsgruppe),
4. Mitläufer,
5. Entlastete (Personen der vorstehenden Gruppen, welche vor einer Spruchkammer nachweisen können, daß sie nicht schuldig sind).«[13]

Die Entnazifizierungsprozedur, die der Kontrollrat in gleichförmige Bahnen lenken wollte, war aber längst im Gang, und zwar in den einzelnen Besatzungszonen auf höchst unterschiedliche Weise. Durch ihren bürokratischen Rigorismus taten sich die Amerikaner hervor, in der britischen Zone wurde die Säuberung besonders lax gehandhabt, in der französischen Zone gab es regionale Unterschiede und diverse Kurswechsel der Besatzungsmacht.

In der französischen wie in der britischen Zone wurde der Säuberungsprozeß als pragmatische Angelegenheit betrachtet, bei der das Schwergewicht darauf lag, die Eliten auszuwechseln, also die personellen Spitzen des NS-Systems zu treffen, wobei aber ganze Berufsgruppen von der Entnazifizierung ausgenommen wurden, weil sie für die Aufrechterhaltung der Lebensmittelversorgung, zur Sicherstellung des Energiebedarfs oder für bestimmte andere Funktionen als unentbehrlich galten. In der britischen und der französischen Zone neigte man bei der anzuwendenden Methode mehr bürokratischen als justizförmigen Prozeduren zu, paßte sich aber ab Mitte beziehungsweise Ende 1946 mehr den amerikanischen Vorstellungen an, die auch in der Kontrollratsdirektive Nr. 38 vom Oktober 1946 dominierten.[14]

In der sowjetischen Besatzungszone wurde die Säuberung am konsequentesten durchgeführt und am schnellsten abgeschlossen. Die Entnazifizierung erfolgte hier im Zusammenhang der »antifaschistisch-demokratischen Umwälzung« aus einer etwas anderen Perspektive. Die Entfernung der ehemaligen NSDAP-Mitglieder aus allen wichtigen Stellungen war Bestandteil der politischen und sozialen Neustrukturierung, der »Auseinandersetzung zwischen der Arbeiterklasse und der Monopolbourgeoisie, da sie den überwiegenden Teil der leitenden Angestellten und Beamten aus ihren Positionen entfernte und damit wesentliche Stützen für eine Restaurierung der imperialistischen Verhältnisse ausschaltete«.[15]

Bis zum Dezember 1946 wurde die Entnazifizierung in der Sowjetzone nach unterschiedlichen Gesetzen und Richtlinien betrieben. In der Provinz Brandenburg und im Land Mecklenburg galten alle ehemaligen Nationalsozialisten generell als entlassen. In Sachsen wurde bei der angestrebten Entlassung aller belasteten Funktionsträger der Dienstrang als Kriterium benutzt, in Sachsen-Anhalt wurde über jeden Fall einzeln ent-

schieden. Die Säuberung oblag – unter Kontrolle der Sowjetischen Militäradministration – zunächst den Personalabteilungen der Landes- und Provinzialverwaltungen. Sie bestand hauptsächlich in der Entlassung ehemaliger Parteigenossen aus dem öffentlichen Dienst. Ende Oktober 1946 standen dann auch »Richtlinien für die Bestrafung der Naziverbrecher und die Sühnemaßnahmen gegen die aktivistischen Nazis« zur Verfügung. Sie waren von einem gemeinsamen Ausschuß der Blockparteien verfaßt worden. Der Katalog der Sühnemaßnahmen sah vor:
»1. Entlassung aus öffentlichen Verwaltungsämtern und Ausschluß von Tätigkeiten, die öffentliches Vertrauen erfordern; 2. zusätzliche Arbeits-, Sach- und Geldleistungen; 3. Kürzung der Versorgungsbezüge und Einschränkung bei der allgemeinen Versorgung, solange Mangel besteht; 4. Nichtgewährung der politischen Rechte einschließlich des Rechts auf Mitgliedschaft in Gewerkschafts- oder anderen Berufsvertretungen und in den antifaschistisch-demokratischen Parteien.«[16]
Die nur nominellen Mitglieder der NSDAP sollten von Bestrafung und Sühneleistung ausgenommen sein, »in der Erwartung, daß sie mit ihrer politischen Vergangenheit vollkommen brechen und sich mit ganzer Kraft am Wiederaufbau unseres Landes beteiligen. Sie dürfen jedoch in der öffentlichen Verwaltung und in öffentlichen Betrieben nur dann beschäftigt werden, wenn andere Bewerber gleicher Eignung nicht vorhanden sind.«[17]
In dieser Konzeption hatte sowohl das Element der Diskriminierung als auch das der Rehabilitierung Platz, und bei der gesellschaftlichen Strukturänderung ließ sie sich auch zur Durchsetzung der Hegemonie der Arbeiterklasse einsetzen. Aber wie in den Westzonen wurde auch in der Ostzone bei der Säuberung Rücksicht genommen auf unentbehrliche Fachleute. Die sowjetische Militärregierung hatte schon im Herbst 1945 die bei vielen Behörden anzutreffende Praxis gerügt, ehemalige NSDAP-Mitglieder weiterzubeschäftigen, und ihre Entlassung bis 15. 11. 1945 gefordert. Das war aber einfach unmöglich, weil die Leute nicht ersetzbar waren. Trotzdem konnte sich die Bilanz etwa im Lande Sachsen ein Jahr später, Ende 1946, sehen lassen: Unter den 58336 Angestellten des öffentlichen Dienstes befanden sich nur noch 3415 (5,9 %) ehemalige Nazis. Im Apparat der sächsischen Landesregierung selbst gab es noch 34 Amtsinhaber, die ein NSDAP-Parteibuch besessen hatten unter 2520 Beschäftigten insgesamt (1,3 %). Unter den 2280 Landräten, Oberbürgermeistern und Ratsmitgliedern waren nur noch zehn ehemalige Nazis im Amt.
Ende 1946 waren in der sowjetischen Besatzungszone insgesamt 390478 ehemalige NSDAP-Mitglieder entlassen bzw. nicht wieder eingestellt

worden. Zu diesem Zeitpunkt wurde das Säuberungsverfahren neu organisiert. Entnazifizierungskommissionen wurden gebildet, und zwar auf
der Ebene der Landes- beziehungsweise Provinzialregierung als oberster
Instanz mit Kontroll- und Revisionsfunktion. Vertreter der Parteien, Gewerkschaften, der Vereinigung der Verfolgten des NS-Regimes, der
Frauen- und Jugendausschüsse sowie der Industrie- und Handelskam-
mern usw. gehörten den Entnazifizierungskommissionen an. Die Arbeit
vor Ort wurde von Kreiskommissionen unter dem Vorsitz der Oberbür-
germeister beziehungsweise Landräte getan. Die Kommissionen entschieden nur über Entlassung oder Weiterbeschäftigung, sie arbeiteten
sich von oben nach unten durch die Behörden und mußten unter ziemli-
chem Zeitdruck auch die von den früheren Instanzen erlaubten Fälle von
Weiterbeschäftigung wieder aufrollen. Schwierigkeiten bereiteten immer
noch die Fachleute, wie aus einer Beschwörung von höherer Stelle her-
vorgeht: es sei »heilige Pflicht, alle faschistischen Personen durch antifaschistische Kräfte zu ersetzen und keinerlei Rücksicht auf jene Elemente
zu nehmen, die glauben, als unersetzbare ›Fachkraft‹ im Trüben fischen
zu können«.[18]
Allmählich wurde der Gedanke der Rehabilitierung stärker propagiert.
Wilhelm Pieck mahnte im Februar 1947 in einem Artikel über den Sinn
der Entnazifizierung zur deutlichen Unterscheidung von Aktivisten und
nur nominellen NSDAP-Mitgliedern. Diese seien zwar nicht frei von jeg-
licher Schuld zu sprechen, aber es müsse alles getan werden, »ihnen verständlich zu machen, daß ein neuer Weg gegangen werden muß, um
Deutschland aus dem Unglück herauszuführen und seinen Wiederauf-
stieg zu ermöglichen. Es würde aber diese Aufgabe sehr erschweren,
wenn gegen sie auch jetzt noch mit Strafmaßnahmen, Entlassung aus der
Arbeit, Beschlagnahme ihres Eigentums oder Verächtlichmachung vor-
gegangen wird. Es sind vorwiegend werktätige Massen, die wir nicht von
uns stoßen, sondern die wir auf das engste an uns heranziehen und an der
Aufbauarbeit beteiligen müssen.«[19]
Die letzte Phase der Entnazifizierung wurde im August 1947 durch den
Befehl Nr. 201 der Sowjetischen Militäradministration eingeleitet. Er
stellte endgültig die Weichen zur Rehabilitierung aller nominellen
NSDAP-Mitglieder. Das Ziel war die baldige Beendigung des Säuberungsprozesses. Dieser Befehl gab den Mitläufern das Wahlrecht ganz
und die übrigen bürgerlichen Rechte weitgehend zurück. Den deutschen
Gerichten wurde gleichzeitig mit der Auflösung der meisten Entnazifizierungskommissionen die Aburteilung der Nazi- und Kriegsverbrecher
übertragen. Die Justiz sollte sich aber ausschließlich mit den Vergehen
aktiver ehemaliger Nationalsozialisten befassen. Bis zum März 1948 wa-

ren seit Beginn der Entnazifizierung insgesamt 520 734 Personen aus ihren Ämtern und Funktionen entlassen bzw. nicht wieder eingestellt worden. Das war die rechnerische Schlußbilanz der politischen Säuberung in der sowjetischen Besatzungszone, als sie durch Befehl der Militärregierung im Frühjahr 1948 abgeschlossen wurde.

Wie sich bei der Betrachtung der Entnazifizierungspraxis in der amerikanischen Zone zeigen wird, gab es eine ganze Menge von gemeinsamen Intentionen bei der Säuberungs- bzw. Rehabilitierungsprozedur. Es gab aber auch einen ganz erheblichen Qualitätsunterschied. In der Ostzone lag nicht nur das Schwergewicht auf der Räumung von Positionen im öffentlichen Dienst (und selbstverständlich bei Schlüsselpositionen in Industrie und Wirtschaft), die Entlassungen in zwei Bereichen waren auch definitiv und irreversibel, nämlich in der inneren Verwaltung und in der Justiz.

Die Sowjetische Militäradministration hatte schon im September 1945 den Aufbau einer neuen demokratischen Justiz befohlen. Aus dem Justizapparat mußten sämtliche NSDAP-Mitglieder entfernt werden. Im Gerichtswesen spielte die Frage aktiver oder nur nomineller Mitgliedschaft keine Rolle. Da etwa 90 % des Justizpersonals in der Partei gewesen waren, hatte der Befehl der Sowjetischen Militäradministration revolutionären Charakter. Von den 16 300 Bediensteten der Justiz auf dem Gebiet der ganzen Zone waren am Stichtag 8. 5. 1945 13 800 Beamte und Angestellte sowie 2467 Richter und Staatsanwälte in der NSDAP und ihren Gliederungen organisiert gewesen. In Sachsen wurden von 1000 Richtern und Staatsanwälten 800 entlassen. Um das entstandene Vakuum wieder zu füllen, wurden ab Anfang 1946 in jedem der fünf Länder der sowjetischen Besatzungszone eine Volksrichterschule errichtet. In sechs- bis neunmonatigen Lehrgängen genossen jeweils 30 bis 40 Personen, die von den politischen Parteien und Organisationen vorgeschlagen waren, eine Ausbildung zu Volksrichtern. Die Erfolgsquote war zunächst recht gering, da fast die Hälfte der Kandidaten ungeeignet war und die Abschlußprüfung nicht bestand. Im Oktober 1946 nahmen die ersten Volksrichter die Arbeit auf. Im August 1947 wurde durch erneuten Befehl der Sowjetischen Militäradministration die Quote der Auszubildenden auf 350 pro Land erhöht und die Ausbildung selbst um ein Jahr verlängert.[20]

III

Mancherlei Argumente sind gegen diese Form der Säuberung der Justiz in der sowjetisch besetzten Zone vorgebracht worden, etwa die sozialen Härten gegenüber den Entlassenen oder die bedenkliche Fachqualifikation der neuen Richter; der Vorwurf mangelnder Konsequenz ging allerdings ins Leere.

Lauheit bei der Beseitigung des Nationalsozialismus glaubte aber der maßgebende Mann der amerikanischen Zone, Militärgouverneur Clay, sich auch nicht nachsagen lassen zu müssen – im Gegenteil. Rückblickend konstatierte er: »Zweifellos wurden in keiner anderen Zone die wirklichen Nazis so systematisch ausgesiebt; auch verhängte man nirgends Strafen, die mit denen bei uns vergleichbar gewesen wären. Meiner Ansicht nach hat unser Programm die irgendwie bedeutenderen Naziführer davon abgehalten, die Öffentlichkeit während der Zeit, da die Länderregierungen entstanden, zu beeinflussen. Es hat bewirkt, daß führende Nationalsozialisten unbedingt von maßgeblichen Stellungen im deutschen Leben ausgeschlossen wurden.«[21]

Angepackt hatten die Amerikaner das Problem in ihrer Zone mit denkbar größtem Elan, um alle ehemaligen Nazis aus dem öffentlichen Leben und der Wirtschaft zu entfernen. Zur Ermittlung dieses Personenkreises wurde der viel beschworene *Fragebogen* eingeführt, dem jeder Inhaber einer höheren Position so ziemlich alle Details seines Lebenslaufs anvertrauen mußte, das Körpergewicht ebenso wie religiöse Bindungen, Vorstrafen, die Einkommensentwicklung für jedes Jahr ab 1931, die Vermögensverhältnisse, berufliche Karriere, Militärdienst, Auslandsreisen usw. Auf 131 Fragen war wahrheitsgetreu Antwort verlangt, Auslassung und Unvollständigkeit war als Delikt gegen die Militärregierung mit Strafe bedroht. Das Kernstück des sechsseitigen Fragebogens bildeten die Positionen 41 bis 95, unter denen detaillierte Auskunft über die Mitgliedschaft in nationalsozialistischen Organisationen, von der NSDAP angefangen bis zum »Werberat der Deutschen Wirtschaft«, gefordert war.

Richter, Staatsanwälte, Notare und Rechtsanwälte mußten einen Ergänzungs-Fragebogen ausfüllen, dessen erste Frage auf die Mitgliedschaft im Volksgerichtshof zielte, in dem nach beruflichen und privaten Verbindungen zu Gestapo-Beamten, nach der Art und Zahl der geführten Prozesse gefragt wurde. Ziemlich hilflos fielen die Antworten auf die Frage Nummer neun aus, die lautete: »Wie können Sie die Tatsache erklären, daß ehrbare Menschen wie Richter und Juristen jeder Art, die geschworen hatten, das Recht und die Gesetze zu verteidigen, das deutsche Volk vor Unrecht und Willkür zu schützen, ohne Protest zu Hitlers und Himmlers ›Gestapo-Justiz‹ übergingen?«

Dazu schrieb ein Landgerichtsdirektor, der als Entlasteter eingestuft wurde: »Die Richter, die ›zur Gestapo-Justiz übergingen‹, sind m. E. nicht besonders ›ehrbar‹, oder sie fürchteten für ihre und ihrer Familie Existenz.«[22]

Dieses Argument war naturgemäß das häufigste. Ein anderer Respondent, ebenfalls Landgerichtsdirektor und Parteigenosse seit 1933, Mitglied im NS-Rechtswahrerbund ohne besonderen Aktivismus, ein Mitläufer also, erteilte statt der Antwort auf die Gewissensfrage eine Rechtsbelehrung folgenden Wortlauts: »Polizei ist ›Verwaltung‹ und hat mit ›Justiz‹ so wenig zu tun wie Entscheidung ›aus Erwägungen der ›Zweckmäßigkeit‹ oder aus Gründen des ›Rechts‹«.

Es gab aber auch einen Amtsgerichtsrat, der als Motiv für die Anpassung der Juristen an den Nationalsozialismus in den Fragebogen geschrieben hatte, sie sei erklärbar aus moralischem Zwang, nämlich der Angst vor dem Verlust des täglichen Brotes, »daneben aus Strebertum und falschem Ehrgeiz«. Dieser Satz wurde vom öffentlichen Kläger einer bayerischen Kreisstadt quasi als Merksatz kolportiert. Wehrten sich die meisten gegen den Sinn der Frage – oder verstanden sie sie einfach nicht? –, so taten sie sich mit der nächsten eher noch schwerer. Sie lautete: »Haben Sie persönlich irgendwelchen Protestversuch gemacht, Ihr Amt niedergelegt, Ihre Praxis eingestellt?« Und »genaue Ausführungen« waren ausdrücklich erbeten. Da schrieb der eben Zitierte in die Antwortspalte, er habe Protest eingelegt gegen das Verbot, die Bibel zu zitieren. Andere führten zu diesem Punkt an, sie hätten die richterliche Unabhängigkeit z. B. bei den Strafmaßen gewahrt oder den Vorsitz bei Sondergerichten abgelehnt.

Anfang Dezember 1945 waren bei den Dienststellen der amerikanischen Militärregierung ungefähr 900 000 Fragebogen eingegangen. Mehr als zwei Drittel waren schon geprüft worden mit dem Ergebnis, daß über 140 000 Personen sofort aus ihren Positionen entlassen wurden. Fast ebensoviele wurden als minder gefährliche Nazi-Sympathisanten eingestuft, und rund 4000 aktive Nazi-Gegner waren auch entdeckt worden.

Die Durchführung der Entnazifizierung lag in der US-Zone bis zum Frühjahr 1946 ausschließlich in der Zuständigkeit der Militärregierung. Zunächst beschränkte sich die Säuberung freilich darauf, die Fragebogen zu überprüfen, das heißt die Spreu vom Weizen zu scheiden. Bleibt man im Bild und nimmt die gegen den Nationalsozialismus immun Gebliebenen (genauer gesagt diejenigen, die formal nichts mit ihm zu tun gehabt hatten) als den Weizen, so war die Spreu nach verschiedenen Kriterien in Kategorien unterteilt. Die ärgsten Nazis fielen in die Kategorie »automatischer Arrest«, dann kamen die NS-Aktivisten, die aus ihren Stellungen entlassen werden mußten, nach ihnen die harmloseren Fälle, deren »Entlassung empfohlen« wurde, und schließlich die Mitläufer, die ihre Stellungen behalten durften. Beim Weizen gab es die beiden Einstufungen »kein Beweis für nationalsozialistische Aktivität« und das de luxe-Etikett: »Antinationalsozialistische Aktivität bewiesen«.

Die ständige Erweiterung des Säuberungsprogramms über die eigentlichen Führungspositionen hinaus schuf beträchtliche Probleme, einerseits Personalmangel in der Verwaltung wegen der zahlreichen Entlassungen – im Frühjahr 1946 waren es 300000 –, auf der anderen Seite bedeutete die Existenz der Internierungslager, in denen rund 120000 Personen der Kategorie »automatischer Arrest« inhaftiert waren, eine lastende Hypothek für den Demokratisierungsanspruch der amerikanischen Besatzungsmacht. Die in den elf Lagern der US-Zone auf ihre Entnazifizierung Wartenden sahen kaum den Zweck ihrer Festsetzung ein, und die ebenso schleppende wie unsystematische Prozedur ihrer Überprüfung ließ für die Betroffenen auch keinen rechten Sinn erkennen. Denn nach der Aussonderung der »Goldfasane«, der Inhaber hoher Ränge in der NS-Hierarchie, und der mutmaßlichen Straftäter blieben die mittleren Ränge der SS und der SA, die mittleren Funktionäre der NSDAP, die Apparatschiks vom Ortsgruppenamtsleiter bis zum Gauamtsleiter übrig, und die brauchten sich kaum schuldiger zu fühlen als die meisten anderen, denen bis zu drei Jahre Internierungslager erspart blieben.

Sicherlich, die Haftbedingungen waren im elendsten der Internierungslager noch tausendmal besser, als sie es in den nationalsozialistischen Zwangsarbeitslagern, vom KZ ganz zu schweigen, gewesen waren, aber das Gefühl, ungerecht behandelt zu werden, fördert die Läuterung allemal kaum. Eugen Kogon besuchte im März 1947 drei Tage lang das Internierungslager in Darmstadt, das mit etwa 11000 Mann belegt und besonders verrufen war. Kogon, als ehemaliger Buchenwald-Häftling gewiß ein unverdächtiger Zeuge, schrieb danach in den »Frankfurter Heften«: »Die Stimmung der Darmstädter Internierten kann nur als miserabel bezeichnet werden. Sie schreien, soweit sie nicht völlig apathisch oder zynisch geworden sind, nach Gerechtigkeit und Gleichberechtigung. Ein Schuldbewußtsein haben die wenigsten: Sie haben nichts verbrochen, nichts gewußt, aus Idealismus gehandelt, sie waren Kameraden, – und die anderen sind auch schlecht! Wenig wird seit Jahr und Tag für ihre Aufklärung getan, vom wenigen das meiste einseitig, undifferenziert, unpsychologisch... Kaum ein Nationalsozialist wird in einem Internierungslager zum Demokraten. Die Haft wird meist als Rache und Vernichtungswille empfunden.«[23]

Ab Frühjahr 1946 bezogen die Amerikaner deutsche Stellen in die Entnazifizierungsprozedur ein. In den Ländern der US-Zone wurde gleich-
lautend ein »Gesetz zur Befreiung von Nationalsozialismus und Militaris-
mus« verabschiedet, das fortan die Rechtsgrundlage der Säuberung
bilden sollte. Das Befreiungsgesetz war formal in den Rahmen der Kon-
trollratsdirektiven eingepaßt und suchte den Kompromiß zwischen dem
Diskriminierungs- und Strafgedanken und der als notwendig empfundenen Rehabilitierung. Wie in den anderen Zonen setzte sich das Rehabili-
tierungsstreben nachhaltiger durch. Infolge des größeren Rigorismus, mit
dem in der US-Zone das Problem in Angriff genommen war, erschien die
zunehmend betriebene Umwidmung von Schuldigen in Unschuldige dort
aber als besonders eklatanter Fehlschlag des ganzen Unternehmens oder
als in politischer Absicht programmiert. Daß die Spruchkammern in der
US-Zone zu Mitläuferfabriken denaturierten, hatte jedoch dieselbe Ur-
sache wie in der sowjetisch besetzten Zone: Wiederaufbau war ohne
Rehabilitierung des zum Wiederaufbau benötigten Personals nicht
möglich.[24]

Die Diskrepanz zwischen Anspruch und Wirklichkeit, die sich in der amerikanischen Zone im Laufe der Entnazifizierung ergab, war allerdings
gewaltig. Dreizehn Millionen Menschen vom vollendeten 18. Lebensjahr
an hatten ihre Fragebogen ausgefüllt, knapp ein Drittel der Bevölkerung
erwies sich daraufhin als vom Befreiungsgesetz betroffen. Etwa zehn Pro-
zent wurden dann von einer Spruchkammer tatsächlich verurteilt. Und
tatsächliche Strafen oder Nachteile von Dauer erlitt weniger als ein Pro-
zent der zu Entnazifizierenden. Die justizförmige Prozedur der Entnazifizierung in der amerikanischen Zone, die mit einer gewissen Zeitverzöge-
rung auch in den beiden anderen Westzonen angewendet wurde, erfolgte
vor Spruchkammern. Die Spruchkammern, deren es insgesamt über 545
in der US-Zone gab, waren Laiengerichte mit öffentlichen Klägern.
Oberste deutsche Instanz waren die Befreiungsministerien der Länder
Bayern, Württemberg-Baden, Hessen und Bremen, beaufsichtigt wurde
die Prozedur von der amerikanischen Militärregierung. Jeder Fall war
individuell zu würdigen. Ein bißchen Entlastung brachte die Jugendam-
nestie vom August 1946, die ab Jahrgang 1919 galt, und die Weihnachtsamnestie von 1946, die Kriegsbeschädigte und sozial Schwache begünstigte. Für die Spruchkammern blieben 930 000 Einzelfälle übrig.

Einwände gegen das Spruchkammersystem gab es zuhauf. Beklagenswert
war der schleppende Gang der Verhandlungen, der die Aktivisten und
tatsächlichen Nazis begünstigte, weil deren Fälle zuletzt behandelt wurden. Als streng gerichtet wurde, waren die harmloseren an der Reihe,
weil man sich die schlimmen Nazis aufsparen wollte. Das wäre an sich

logisch gewesen, aber der Elan war spätestens ab Frühjahr 1948 dahin, die Besatzungsmacht lockerte die Kontrollen. Um die Sache abzuschließen, wurden sogar Schnellverfahren eingerichtet, und im Zeichen des Kalten Krieges hatte sich der Straf- und Diskriminierungsgedanke verflüchtigt. Ein anderer Vorwurf war quasi systemimmanent, er richtete sich gegen das grassierende Denunziantentum und gegen Korruption, Scheinheiligkeit und »Persilschein«-Hamsterei. Schließlich war die Spruchkammer als Instanz zur Gesinnungsprüfung vom rechtsstaatlichen Standpunkt aus gesehen ein zweifelhaftes Instrument.

Diskreditiert war die Entnazifizierung, als sie ab 1948 hastig zu Ende gebracht wurde, auf jeden Fall.[25] Ob sie wirkungslos war, ist eine andere Frage. General Clay, der einer der Protagonisten des Säuberungsgedankens gewesen war, führte im Rückblick ein Argument an, das vor allem als Entschuldigung für die bescheidene Bilanz dienen sollte: »Hätten die nominellen Parteimitglieder nicht ihre vollen bürgerlichen Rechte und die Möglichkeit zurückerhalten, wieder ein normales Leben zu führen, dann hätte sich bestimmt früher oder später ein ernsthafter politischer Unruheherd entwickelt.«

Das war sicherlich richtig, wenn auch für überzeugte Antifaschisten und engagierte Reformer nicht befriedigend. Immerhin, meinte Clay, hätten die deutschen Spruchkammern zwar das eigene Haus vielleicht noch nicht gründlich gesäubert, aber den groben Schmutz wenigstens ausgekehrt.[26]

IV

Intention und Wirkung der Entnazifizierungspolitik bilden, soweit sie sich anhand der Zahl der Fälle, der auferlegten Sühneleistungen usw. bilanzieren lassen, die abstrakte Seite des Säuberungsprozesses. Konkrete Einsicht erlaubt aber nur der jeweils individuelle Entnazifizierungsfall. Abschließend sollen daher drei typische Beispiele zur Anschauung gebracht werden. Aufschlußreicher noch als die Entnazifizierung aus der Betroffenenperspektive wäre freilich die Antwort auf die hypothetische Frage, wie die nachfolgend vorgestellten Landgerichtsdirektoren im eingangs geschilderten Tillessen-Prozeß Recht gesprochen hätten. Denn die demokratische und rechtsstaatliche Gesinnung war mit dem positivistischen Instrumentarium der Entnazifizierungsprozedur weder festzustellen noch gar zu erzwingen. Immerhin ergeben sich Hinweise auf das demokratische Potential bzw. den formalen Charakter vieler NSDAP-Zugehörigkeiten. Daß die folgenden Fälle einigermaßen typisch sind, wird mit aller Vorsicht behauptet. Es handelt sich um Direktoren bei den Landgerichtsbezirken München I und München II, also um die Gerichtsbezirke Stadt und Landkreis München sowie 16 Amtsgerichte in Oberbayern. Von 31 Landgerichtsdirektoren, die 1942 in diesem Sprengel tätig waren, durchliefen 17 die Entnazifizierungsprozedur, bzw. deren ausführliche Spruchkammerakten konnten aufgefunden und ausgewertet werden.[27]

Landgerichtsrat Dr. A. war 1935 der NSDAP beigetreten, im gleichen Jahr wurde er Stellvertretender Landgerichtsdirektor, zwei Jahre später Landgerichtsdirektor. Der Parteibeitritt erfolgte im Zuge der »Schemm-Aktion«, als nach dem Tod des Gauleiters von Niederbayern-Oberpfalz wegen der zerrütteten Finanzen des NSDAP-Gaues besonderer Druck zur Mitgliederwerbung (unter vorübergehender Lockerung der Aufnahmesperre) ausgeübt wurde. Im Spruchkammerverfahren brachte Dr. A. Beweise, daß er nationalsozialistische Gewaltmaßnahmen wie Euthanasie, Sondergerichte, den Kampf gegen die Bekenntniskirche scharf kritisiert hatte. Gegen den Novemberpogrom 1938 hatte er so heftig protestiert, daß er, folgenden Tags als Judenknecht gebrandmarkt, von SA und SS durch den Ort getrieben wurde. Außerdem wurde er in einem Artikel der Lokalpresse angegriffen. Dr. A. wurde aus der NSDAP ausgeschlossen, betrieb jedoch seine Rehabilitierung beim Obersten Parteigericht der NSDAP, das den Ausschluß wieder aufhob. Es sei ihm dabei nur um die Wiederherstellung seiner richterlichen Ehre gegangen, erklärte er im Frühjahr 1947 vor der Spruchkammer, die zu dem Schluß kam, die Rehabilitierung als Pg. hebe die Wirkung des geleisteten Widerstands auf, und ihn als Mitläufer einstufte sowie 1000,– RM Sühneleistung gebot.

Im Mai 1948 beantragte Dr. A. die Wiederaufnahme des Spruchkammerverfahrens. Er sei seinerzeit über den Spruch, der ihn unter die Mitläufer einreihte, zutiefst empört gewesen, habe aber keine Berufung eingelegt, da bis zur rechtskräftigen Erledigung des Verfahrens sein Gehalt – und zwar ab 1. 5. 1945 – gesperrt war. Im Wiederaufnahmeverfahren wurden Dr. A. die erlittenen Gesundheitsschäden und finanziellen Verluste angerechnet, die er nach seinem Protest gegen die Ereignisse der »Reichskristallnacht 1938« – öffentliche Schmähung, Flucht aus der Stadt, Nervenzusammenbruch – erlitten hatte. Die Spruchkammer entsprach im Juli 1948 Dr. A.s Antrag und stufte ihn als entlastet ein. Die Kosten wurden ihm zurückerstattet, und zwar im Verhältnis 1 : 10, da inzwischen die Währungsreform stattgefunden hatte.

Im Juristenfragebogen hatte Dr. A., der immerhin auf persönlichen Protest gegen nationalsozialistische Willkür verweisen konnte, auf die Gewissensfrage geantwortet: »Nach der Machtübernahme wurden die Richter auf Hitler vereidigt und mußten die von ihm erlassenen Gesetze, die nun für sie bindend waren, anwenden. Es blieb nur die einzige Möglichkeit für einen verantwortungsbewußten Richter, die nun einmal bestehenden Gesetze möglichst milde und großzügig anzuwenden.«

Abgesehen von den Kränkungen, die ihm durch die Nazis im November 1938 öffentlich, und zwar in einer ziemlich großen Stadt, zugefügt worden waren, verkörperte Dr. A. den normalen Typus des Juristen im Justizdienst, der aufgrund religiöser Bindung und konservativer Gesinnung den meisten Erscheinungsformen des Nationalsozialismus skeptisch gegenüberstand, aus Opportunität und Karrierestreben, auch auf gelinden Druck hin, aber die Parteimitgliedschaft erwarb und dem Verdruß darüber im Bekanntenkreis schimpfend Luft machte. Karrierenachteile wollten diese Juristen aber ebensowenig hinnehmen wie andere Staatsdiener oder Inhaber sonstiger Stellen. Die oppositionelle Einstellung gegen das Regime wurde ihnen allen nachträglich von Kollegen und lokalen Honoratioren attestiert. Die Manifestationen ihrer Opposition waren in der Regel im privaten Bereich das Nichtabonnieren des Völkischen Beobachters, die Verweigerung des Hitlergrußes, regelmäßiger Besuch der Gottesdienste, und im dienstlichen die Ablehnung, an Sondergerichten mitzuwirken, und das Bestreben, sich nicht zu exponieren, die Karriere »normal« und unauffällig fortzusetzen.

Nicht ungewöhnlich war auch der Fall Dr. B., der 1923 dem »Bund Oberland« angehört (aber nicht am Hitler-Putsch teilgenommen) hatte, 1934/1935 bei der SA war, wo es ihm nicht gefiel, und der 1937 in die NSDAP aufgenommen wurde. Dr. B. hatte viele »Persilscheine«, die bestätigten, daß er die NS-Ideologie verabscheute. Außerdem hatte sich ein SS-Obergruppenführer bei Himmler über ihn beschwert, weil er sich während eines Kriegseinsatzes in Ungarn geweigert habe, der Gestapo Devisen aus einer Wehrmachtskasse auszuzahlen. Er gab auch an, 40 ungarische Juden vor dem Konzentrationslager bewahrt zu haben, und er sei seit 1940 in engen Beziehungen zu Graf Stauffenberg gestanden und habe nach dem 20. Juli 1944 ernstlich mit Verhaftung rechnen müssen. Gegen Dr. B., der nach dem Zusammenbruch des NS-Regimes zwei Wochen Gefängnishaft und fast sieben Monate Internierungslager aufgrund automatischen Arrests und zwei Jahre Einkommensverlust erlitten hatte, wurde im September 1947 Klage erhoben. Er sollte als »minderbelastet« (Gruppe 3) eingestuft werden. Vor allem die Mitgliedschaft im »Bund Oberland« galt aber als bedenklich, weil die Organisation zu den nationalistischen Freikorps gerechnet wurde, die auch die Erzberger-Mörder und andere militante Gegner der Weimarer Republik hervorgebracht hatten. Ein moralischer Zusammenhang bestand zumindest, auch wenn speziell Dr. B.s Mitgliedschaft harmlos gewesen sein mag.

Im Oktober 1947 wurde das Verfahren gegen Dr. B. nach gründlicher Erwägung eingestellt. Er fiel als Kriegsversehrter nämlich unter die Weihnachtsamnestie von 1946.

Landgerichtsdirektor Dr. C. war im Frühjahr 1933 der NSDAP beigetreten, und zwar, wie er in einer den Fragebogen ergänzenden Verteidigungsschrift im Januar 1947 schrieb, aufgrund der traurigen Zustände der Jahre 1930/32. »Man sah Unordnung und Auflösung im Staat . . . 1933 hat sich dann das Volk mit überwältigender Mehrheit für Hitler entschieden. Als Diener dieses Volkes wollte ich mich diesem ›Gottesurteil‹ nicht entziehen, dies umso weniger, als schon bekannt war, daß auf die Zugehörigkeit der Beamten zur Partei künftig großes Gewicht gelegt würde. Ich hielt es daher für gut u. richtig, der Partei beizutreten. Es geht meines Erachtens nicht an, mir heute daraus einen Vorwurf zu machen. In jenem Zeitpunkt konnten die wahren Ziele Hitlers und seiner Partei noch gar nicht erkannt werden. Sie haben sich wohl auch erst in der Folgezeit zwangsläufig entwickelt. Wären sie zu erkennen gewesen, dann hätte auch das Ausland ganz anders auf Hitlers Machtergreifung reagiert.«

Spätestens Ende 1937 oder Anfang 1938 habe er sich von der Partei abgewendet und diese in der Folgezeit mit geistigen Waffen bekämpft. Dr. C. stufte sich daher selbst als »entlastet« ein, räumte aber am Ende des umfangreichen Schriftsatzes ein, er sei als Richter objektiv genug, zuzugestehen, daß die Kammer ihn unter die Mitläufer einreihen könnte, da er nun einmal formell der Partei angehört habe und nicht ausgetreten sei. Vorsorglich kündigte er seine Reaktion auf den Spruch an: »Während ich gegen eine eventuelle Einstufung in die Bewährungsgruppe, weil gänzlich unzutreffend, jedes Rechtsmittel ergreifen würde, bin ich eventuell bereit, eine Charakterisierung als Mitläufer anzunehmen, vorausgesetzt, daß billige Sühnemaßnahmen ausgesprochen würden.«

Oder ob ihn die Spruchkammer nach über 40jähriger tadelfreier Tätigkeit völlig ruinieren wolle und, »wenn ja, weshalb eigentlich? Wo bliebe da die Gerechtigkeit?«

Es war nicht der erste Schriftsatz, den Dr. C. zum Zwecke seiner Entnazifizierung vorlegte. Im Juli 1946 hatte er dem ersten Fragebogen der Militärregierung eine vierzehnseitige Beilage angefügt, in der er zum Beweis seiner Renitenz gegen den Nationalsozialismus unter anderem ein Gedicht mit vielen Strophen anführte. Er hatte es Weihnachten 1942 im Bekanntenkreis vorgetragen, die gewagteste Strophe lautete: »Und während die tapfere Heldenschar / kämpft ruhmbekränzt aller Orten, / Da fragt voll Wehmut der Humanist: / »Was ist aus Deutschland geworden???« Woran der Verfasser die Frage knüpfte: »Welcher wirkliche Nazi hätte ein solches Gedicht verfaßt und es noch dazu in einem größeren Kreise vorgetragen, ja es – wenn auch gemildert – schriftlich aus der Hand gegeben?«

Er würde sich mit weiteren Einzelheiten nur noch befassen, wenn dies unumgänglich sei, kündigte er abschließend an, »denn einmal muß mit diesem Dreck Schluß sein«.

Eine erste große Verteidigungsschrift hatte Dr. C. bereits im Oktober 1945 an den Präsidenten des Landgerichts gesandt, mit der Bitte, für seine Rehabilitierung einzutreten. Wenn die Gefahr der Nichtwiederverwendung als Richter abgewendet sei, wolle er sein Pensionsgesuch einreichen, hatte der damals im 63. Lebensjahr Stehende geschrieben.

Der öffentliche Kläger beantragte in der Klageschrift vom Januar 1947 die Einstufung des Dr. C. als Hauptschuldigen, weil er als Gau-Pressereferent des NS-Rechtswahrerbundes und als Vorsitzender des Gau-Ehrengerichts gewirkt hatte. Verhängnisvoll war auch ein Schreiben des Bundes Nationalsozialistischer Deutscher Juristen, in dem Dr. C. im Juli 1935 zur Beförderung vorgeschlagen wurde, nicht zuletzt weil er »in der Bewegung sich in jeder Weise verdient gemacht hat«.

Mit dreizehn »Persilscheinen« untermauerte Dr. C. jedoch seine Version. Auf seine Bitte hatten unter anderem zur Feder gegriffen: ein Funktionär der Landesbezirksleitung der KPD Bayerns, der Präsident des Oberlandesgerichts, ein Religionsphilosoph, ein Geistlicher Rat, ein Bildhauer, der ihm bescheinigte, er sei in gutem Glauben und wegen seines beruflichen Fortkommens als Staatsbeamter der NSDAP beigetreten. Der prominenteste Entlastungszeuge war der bayerische Ministerpräsident Ehard, ein ehemaliger Studien- und Dienstkollege. Ehard schrieb, ihre Einstellung zum Nationalsozialismus sei etwa 1933 grundsätzlich auseinandergegangen: »Herr C. erhoffte sich von der heranstürmenden neuen Bewegung einen nationalen, wirtschaftlichen und kulturellen Aufstieg. In Übereinstimmung mit weiten Kreisen des In- und Auslandes vertrat auch er die Auffassung, man müsse sich unbedingt zu einer positiven Mitarbeit bereit finden, um die guten Kräfte des Nationalsozialismus zu stärken und so zugleich die Gefahr einer recht unerwünschten politischen Entwicklung nach innen und außen zu bannen. Ich persönlich dagegen hatte eine gerade gegenteilige Meinung vom Nationalsozialismus und glaubte, man müsse dem Nationalsozialismus stärkstens entgegenwirken und geistige und kulturelle Kräfte gegen ihn mobil machen. Herr C. sah sich in seinen Erwartungen schon bald schwer enttäuscht. Er hat mir gegenüber in der

Folgezeit, noch lange vor dem Krieg, öfters ganz offen ausgesprochen, daß er von der nationalsozialistischen Bewegung schwer enttäuscht sei, daß er die weitere Entwicklung mit größter Besorgnis betrachte und daß es ihm bei seiner ein Leben lang festgehaltenen Einstellung zu Recht und Moral unmöglich sei, ein solches Tun auch nur durch eine äußere Mitwirkung weiterhin zu unterstützen.«
Die Spruchkammer reihte Dr. C. unter die Mitläufer ein. Mehr war er auch tatsächlich nie gewesen.

Wie die Mehrzahl seiner Kollegen hatte sich auch dieser Richter in seinem Verhältnis zum Nationalsozialismus lediglich als Vollstreckungsbeamter des Staates, nicht als Angehöriger eines politisch autonomen Standes empfunden.[28]
Anpassungsfähigkeit und Opportunismus waren die Charakteristika des Verhaltens der meisten Richter im Dritten Reich gewesen – darin unterschieden sie sich nicht vom übrigen öffentlichen Dienst. Sie konnten sich bei ihrer Entnazifizierung daher wohl auch nicht anders verhalten. Sie begriffen die Säuberung ganz positivistisch als Prozedur zur Rettung der Karriere.[29]
Eugen Schiffer, der liberale Justizminister von 1919, konstatierte wegen dieses Verhaltens eine Vertrauenskrise der deutschen Justiz in der Nachkriegszeit – die dritte nach Weimar und dem Nationalsozialismus. Die Justiz sei nach ihrer Eigenart über die objektive Rechtsausübung hinaus auf das Vertrauen des Volkes angewiesen, schrieb Schiffer im Jahre 1949. Dieses Vertrauen des Volkes hätten aber alle verscherzt, die durch ihre Zugehörigkeit zur Partei oder durch ihre Beteiligung an nazistischer Rechtsbrechung das Kainszeichen auf die Richterrobe geheftet hätten. Nicht »um Nazis schärfer zu strafen und zu treffen, sondern um der Justiz willen muß die Säuberung in den Reihen der Justiz eine tiefergreifendere sein als sonst irgendwo«, lautete Schiffers bereits anachronistische Forderung. Sie führe zweifellos zu Härten, aber sie müßten in Kauf genommen werden, »zumal diejenigen, die von ihnen betroffen werden, ganz schuldlos nicht sind. Sie haben, mochten sie auch innerlich dem Nationalsozialismus durchaus feindlich gegenüberstehen und sich ihm nur aus zwingenden äußeren Gründen angepaßt haben, doch dazu beigetragen, daß er seine Herrschaft in so ungeheurem Umfange aufrichten konnte. Sie sind insofern mitschuldig geworden und müssen es büßen. Sonst werden wir des Mißtrauens gegen die Justiz niemals ganz Herr werden.«[30]

Bernhard Diestelkamp

Die Justiz nach 1945 und ihr Umgang mit der eigenen Vergangenheit*

Die einzelnen Untersuchungen dieses Sammelbandes haben die Probleme der verschiedenen Sparten der Gerichtsbarkeit im Dritten Reich offengelegt. Auch ohne die Militärgerichtsbarkeit oder die SS- und Polizeigerichte in den Blick einzubeziehen, was zum vollständigen Bild gehören würde, weil auch in diesen Institutionen Juristen als Richter fungierten, ist bis hierhin deutlich geworden, wie die Dritte Gewalt und ihre Diener immer stärker von Staat und Partei für ihre unrechtmäßigen Zwecke in Dienst genommen wurden und sich umgekehrt in Dienst nehmen ließen. Am Schluß gilt es nun zu überprüfen, wie sich die Justiz der Nachkriegszeit zu dieser ihrer eigenen Vergangenheit gestellt hat. Dies soll in vier Schritten geschehen: Zunächst sollen noch einmal, kurz bilanzierend und ergänzend, einige Thesen zur Rolle der Richter und Gerichte im Dritten Reich formuliert werden; sodann gilt es, den äußeren Verlauf der strafrechtlichen Behandlung richterlichen Unrechts in der Nachkriegszeit zu skizzieren; in einem dritten Schritt sollen die dabei angestellten rechtlichen Erwägungen diskutiert werden; dies ermöglicht es, das gewonnene Bild abschließend zu interpretieren.

Die Justiz im Nationalsozialismus

Selbst auf die Gefahr von Mißverständnissen hin setze ich an den Anfang meines Überblickes über die Justiz im Nationalsozialismus die These, daß auch im Dritten Reich die Tätigkeit von Richtern und Staatsanwälten zu einem hohen Anteil solchen Fällen gewidmet war, wie sie heute bei uns anfallen, und die auch damals ordnungsgemäß erledigt wurden. Wie groß dieser Anteil im Verhältnis zu denjenigen war, die nach Gegenstand, Verfahrensweise und Ergebnis von der Ideologie des Nationalsozialismus

---

* Zuerst veröffentlicht in Rechtshistorisches Journal, Bd. 5/1986, S. 153–174

und seinem in Gesetzestexte gegossenen Unrecht beeinflußt waren, wird allerdings niemals mit hinreichender Sicherheit bestimmt werden können. Doch läßt sich mit absoluter Gewißheit sagen, daß die als »nicht normal« in diesem Sinne einzustufenden Prozesse und Urteile nicht bloße Ausnahmen waren, wie sie in jedem Justizsystem mit Notwendigkeit auftreten. Vielmehr sind für alle Gerichtssparten und in allen Instanzen unerträglich viele solcher Fälle zu verzeichnen. Für das zu behandelnde Thema heißt dies, daß es kaum einem Richter erspart geblieben sein dürfte, auch mit dem von mir als »nicht normal« bezeichneten Sektor justitieller Tätigkeit in Berührung zu kommen. Unterschiede bestehen nur darin, wie intensiv dieser Kontakt war und wie dienstfertig und verführbar der einzelne in solchen Fällen reagierte.[1]

Die These, daß alle Gerichtszweige von justitiellem Unrecht durchsetzt waren, wird nicht dadurch abgeschwächt, daß man die dunkelsten Schatten auf dem Bild der Justiz im Nationalsozialismus dem Wirken der Strafgerichtsbarkeit zuweist. Über 17 000 Menschen wurden mit Sicherheit vom Volksgerichtshof und den anderen Strafgerichten des Reiches zum Tode verurteilt.[2] Mindestens 10 000 Männer und Frauen erlitten dieses Schicksal vor den Schranken der Militärgerichtsbarkeit im Zweiten Weltkrieg – nicht mitgerechnet sind die Opfer der Standgerichte.[3] 90 bis 95 % dieser Urteile wurden in den letzten drei Kriegsjahren gefällt, von 1941 bis 1944. In dieser kurzen Phase wurden also in einem wahren Blutrausch ca. 8350 Menschen im Jahr, also Woche für Woche mehr als 160 Menschen durch Richterspruch dem Henker überantwortet. Ohne daß dies anhand von Vergleichszahlen im einzelnen nachgewiesen werden muß, bleibt festzuhalten, daß dies unter jedem Gesichtspunkt alle Maßstäbe sprengt, die man selbst einer drakonischen Justiz in Kriegszeiten zuzubilligen bereit sein mag. Die Zahlen sprechen für sich.

Diese knappe Bilanz des Wirkens der Justiz im Nationalsozialismus wäre unvollständig ohne einen ergänzenden Hinweis auf die verhängnisvolle Rolle des Reichsjustizministeriums und der Spitzen der Justizverwaltung. Von dort kamen immer wieder die normativen Legitimationen für justitielles und administratives Unrecht – vom Entwurf für die scheinlegale Rechtfertigung der Morde im Zusammenhang mit dem sogenannten Röhm-Putsch bis hin zu dem berüchtigten »Nacht- und Nebel-Erlaß« vom 7. 2. 1942, der zur Grundlage für die rechtswidrige Verschleppung von Menschen aus den besetzten Gebieten in das Reich und ihre Überantwortung an eine Geheimjustiz wurde.[4] Ebenso hat das Reichsjustizministerium im Zusammenwirken mit den Chefpräsidenten und Generalstaatsanwälten z. B. verhindert, daß ahnungslose Staatsanwälte und Richter vielleicht die Justiz wegen der Ermordung Geisteskranker hätten in Bewegung setzen können.[5] Wie tief sich der Justizapparat auf Unrecht und Verbrechen eingelassen hatte, läßt sich in knappen Worten nicht besser demonstrieren als durch das tragische Schicksal des Juden Markus Luftgas.[6] Dieser war im Jahre 1941 durch ein Gericht zu zweieinhalb Jahren Gefängnis wegen Verstoßes gegen die Kriegswirtschaftsbestimmungen verurteilt worden, weil er einige Eier »gehamstert« hatte. Hitler war über dieses ihm zu milde erscheinende Urteil aufgebracht, was dem Staatssekretär Schlegelberger im Reichsjustizministerium offiziell mitgeteilt wurde mit der Bitte um weitere Veranlassung. Schlegelberger antwortete darauf der Reichskanzlei: »Ich habe den Juden Markus Luftgas der Geheimen Staatspolizei zur Exekution überstellt.« Das heißt nichts anderes, als daß der oberste Beamte der deutschen Justiz – auch nach dem Krieg häufig »der letzte deutsche Jurist« genannt – das Urteil eines deutschen Gerichts vom Tisch wischte und an seine Stelle eine administrative Anordnung zur Exekution setzte. Das war Mord, begangen vom obersten Justizfunktionär des Reiches in Ausübung seines Amtes.

Ich breche an dieser Stelle ab. Die Bilanz zeigt deutlich: Das deutsche Justizsystem war auf allen Stufen und in allen Formen auf das schwerste mit Verbrechen in justizförmigem Gewande belastet. Nicht etwa nur einige Richter hatten in einer sonst intakten Gerichtsbarkeit Unrechtsurteile gesprochen, sondern die Justiz als solche war Teil des staatlichen Unrechtssystems geworden. Daraus ergibt sich mit Notwendigkeit die Frage, wieviele derjenigen, die an diesen Verbrechen beteiligt waren, nach dem Ende des Dritten Reiches dafür zur Rechenschaft gezogen wurden. Kam es zu Anklagen und Verurteilungen von Richtern wegen Rechtsbeugung und Mord und Totschlag? Wie stark setzte sich die Richterschaft des neuen, demokratischen Rechtsstaates von den Verbrechern im Talar des Richters ab?[7]

Für Kenner verrate ich kein Geheimnis, so daß ich das Ergebnis vorwegnehmen kann: Kein einziger Richter des Volksgerichtshofes oder eines Sondergerichtes ist in der Nachkriegszeit von der deutschen Justiz der Westzonen oder der Bundesrepublik Deutschland wegen seiner Mitwirkung an justitiellen Verbrechen rechtskräftig verurteilt worden. Selbst die widerwärtigsten Militär- und Standgerichtsfälle aus der Zeit kurz vor Kriegsende oder gar nach der Kapitulation mit eilfertig angeordneter und durchgeführter Vollstreckung fanden verständnisvolle Richter und blieben ungesühnt, wobei ich nicht nur die Freisprüche, sondern auch bei den wenigen – nicht rechtskräftig gewordenen – Verurteilungen die überaus milden Strafen als Ausbleiben einer angemessenen Sühne ansehe. Dies ist das Thema der folgenden Überlegungen.

Die strafrechtliche Ahndung justitiellen Unrechts begann mit dem *Nürnberger Juristenprozeß*.[8] Vor einem Amerikanischen Militärgerichtshof in Nürnberg, besetzt mit hohen amerikanischen Richtern, wurden am 17. 2. 1947 insgesamt sechzehn deutsche Juristen wegen Kriegsverbrechen, Verbrechen gegen die Menschlichkeit und einige auch wegen Organisationsverbrechen nach Kontrollratsgesetz Nr. 10 angeklagt.[9] Die Anklagebehörde hatte bewußt besonders stark belastete Repräsentanten aller besonders intensiv involviert gewesenen Zweige der Justiz für dieses Verfahren ausgewählt, soweit man ihrer hatte habhaft werden können und hinreichendes Beweismaterial herbeischaffen konnte. So standen in Nürnberg vor Gericht:

- Für das *Reichsjustizministerium* die Staatssekretäre Schlegelberger, Rothenberger und Klemm, Mininisterialdirektor Altstötter, Ministerialdirigent Mettgenberg, Generalstaatsanwalt Joel und Ministerialrat von Ammon. Die zunächst auch angeklagten Ministerialbeamten Westphal und Engert schieden durch Selbstmord bzw. Haftunfähigkeit vorzeitig aus dem Verfahren aus.
- Für den Bereich der *Staatsanwaltschaft* Oberreichsanwalt beim Volksgerichtshof Lautz und Reichsanwalt beim Volksgerichtshof Barnikkel.
- Für den *Volksgerichtshof* der Präsident des 4. Senats, Nebelung, und der Laienrichter Petersen.
- Für die *Sondergerichte* die Vorsitzenden Cuhorst (Stuttgart), Rothaug (Nürnberg) und dessen Nachfolger Oeschey (Nürnberg).

Den Amerikanern ging es in diesem Prozeß nicht darum, den Angeklagten nur Einzeltaten nachzuweisen, obwohl auch dies indirekt vielfältig geschah. Vielmehr wollten sie die Justiz des Dritten Reiches als Teil eines verbrecherischen Staatssystems entlarven und die Angeklagten der maßgeblichen Mitwirkung in diesem Unrechtssystem überführen. Dies geschah nach monatelanger Beweisführung mit bewundernswerter Akribie in dem am 3. und 4. 12. 1947 verkündeten Urteil. Wo das Gericht Zweifel an der Schuld hatte (anhand der damals gegebenen Beweislage, nicht aber wegen erwiesener Unschuld), sprach es frei: die Angeklagten Barnickel, Cuhorst, Nebelung und Petersen. Schlegelberger und drei weitere Angeklagte – Klemm, Oeschey und Rothaug – wurden zu lebenslänglicher Haft verurteilt. Die anderen Angeklagten erhielten Freiheitsstrafen zwischen fünf und zehn Jahren.

Leider erzielte dieses wahrlich milde Urteil nicht die von den Amerikanern beabsichtigte Wirkung, nämlich als Beispiel für eine weitere Ahndung justitiellen Unrechts durch die deutsche Justiz zu wirken. Daran waren sie selbst nicht ganz unschuldig, weil sie im Zuge der Eingliederung der Bundesrepublik in das westliche Bündnis in den Jahren 1950/51 fast alle Verurteilten amnestierten und vorzeitig entließen.[10] Das geschah genau in derselben Zeit, in der die Auseinandersetzung der deutschen Justiz mit ihrer eigenen Vergangenheit einem ersten Höhepunkt zustrebte. Zudem führte die sowohl historisch wie auch rechtspolitisch an sich richtige Absicht des Nürnberger Juristenprozesses, das gesamte Justizsystem des Dritten Reiches zu brandmarken, zu einer fatalen Solidarisierung der Richterschaft mit den Kollegen, denen Unrechtsurteile vorgeworfen wurden. Im Juristenurteil war in der für anglo-amerikanische Urteile symptomatischen Deutlichkeit und sprachlichen Anschaulichkeit gesagt worden:

»Die Preisgabe des Rechtssystems eines Staates zur Erreichung verbrecherischer Ziele untergräbt dieses mehr als ausgesprochene Greueltaten, welche den Talar des Richters nicht besudeln.«[11]

Unter den deutschen Juristen formte sich demgegenüber sehr bald nach Kriegsende das Rechtfertigungspathos der bloßen Pflichterfüllung. Dieses speiste sich jedoch aus anderen Quellen, ist also den fairen Richtern von Nürnberg nicht als Folge ihres Urteils anzulasten.

Das erweist sich vor allem daran, daß auch die im Februar 1948 einsetzende Behandlung von Einzelfällen vor deutschen Gerichten kein anderes oder gar besseres Ergebnis zeitigte.[12] Insgesamt kam es bis zum Jahre 1968 nur zu 15 Strafverfahren wegen unrechtmäßiger Todesurteile. In sieben Fällen rangen sich die Schwurgerichte zu einer Verurteilung durch, während sie in acht Verfahren zu Freisprüchen gelangten.[13] Nur bei zwei besonders skandalösen Freisprüchen konnte die Staatsanwaltschaft nach mehrfachen Gängen durch die Instanzen wenigstens eine Minimalstrafe erwirken.[14] Dagegen lohnte es sich für die Angeklagten mehr, ihre Verurteilungen immer wieder mit Rechtsmitteln anzugreifen. Aus drei ursprünglichen Verurteilungen wurden bei solchem jahrelangen Ringen schließlich doch noch Freisprüche.[15]

Das Ergebnis der sowieso nur kläglichen Ansätze zu einer strafrechtlichen Ahndung richterlicher Verbrechen steht also in grobem Mißverhältnis zum Tatkomplex. Die Schlußfolgerung, daß die Justiz der Nachkriegszeit diesen brennenden Problemen ausgewichen ist und sich ihnen nicht gestellt hat, wird noch verstärkt durch die Feststellung, daß nur in vier dieser fünfzehn Strafverfahren überhaupt Angehörige der ordentlichen Gerichtsbarkeit angeklagt waren. Alle anderen Angeklagten waren Offiziere oder Richter der Militärgerichtsbarkeit, denen die Beteiligung an kriegs- und standgerichtlichen Terrorurteilen vorgeworfen wurde. Obwohl gerade in diesen Prozessen weitgehend die rechtlichen Grundsätze entwickelt wurden, die die Richter der ordentlichen Gerichtsbarkeit des Dritten Reiches schließlich vor strafrechtlicher Verfolgung in der Nachkriegszeit schützten, muß ich mich hier darauf beschränken, ganz knapp diese vier Verfahren gegen Angehörige des Justizsystems vorzuführen.

Der erste dieser vier Fälle betraf den ehemaligen Landgerichtspräsidenten von Köln – einen mäßig qualifizierten Juristen, der seine Position allein der NSDAP und seiner strammen Haltung zu verdanken gehabt hatte.[16] Am 4. 11. 1948 wurde er beim Schwurgericht Bonn wegen Verbrechens gegen die Menschlichkeit nach Kontrollratsgesetz Nr. 10 und Verleitung zur Rechtsbeugung nach § 357 StGB angeklagt. Ihm wurde vorgeworfen, einige Richter am Sondergericht Köln massiv beeinflußt zu haben, die Todesstrafe selbst für geringfügige Delikte zu verhängen. »Die Rübe muß runter – der Gauleiter will es«, war eine solcher Äußerungen des Angeklagten gegenüber diesen Richtern gewesen.
Das Schwurgericht lehnte zum einen die Anwendung des Kontrollratsgesetzes Nr. 10 ab und kam zum anderen auch bezüglich der Verleitung zur Rechtsbeugung zum Freispruch, weil nicht nachgewiesen sei, daß der Angeklagte die Richter überhaupt gegen deren Überzeugung habe gefügig machen wollen, weil diese auch ohne seinen Zuspruch zu den erwarteten harten Urteilen bereit gewesen seien. Der Oberste Gerichtshof für die Britische Zone verwarf dieses Urteil am 10. 5. 1949 in beiden Teilen. Trotz überaus deutlicher Hinweise in seinem Revisionsurteil kam das gegen den Antrag des Generalstaatsanwaltes erneut mit der Verhandlung betraute Schwurgericht Bonn am 14. 3. 1950 lediglich zu einer Verurteilung zu einem Jahr Zuchthaus wegen Verleitung zur Rechtsbeugung in einem einzigen Fall. Mit der wiederum eingelegten Revision mußte sich nunmehr der Bundesgerichtshof befassen, der in seinem Urteil deutlich von der Rechtsprechung des Obersten Gerichtshofes abrückte. Er bestätigte den freisprechenden Teil und hob den Schuldspruch auf. Daraufhin konnte das Schwurgericht Bonn am 17. 6. 1953 den Angeklagten mangels Beweises freisprechen – ein Urteil, das nunmehr rechtskräftig wurde. Diesen Mangel an Beweisen hatte das Gericht allerdings selbst produziert, indem es den einzigen Zeugen für die massive Beeinflussung durch den vorhin zitierten Ausspruch für letztlich doch nicht glaubwürdig erklärte, obwohl es ihm im Urteil attestierte, er habe mit großem Ernst und ohne Voreingenommenheit ausgesagt.

Der nächste Versuch, einen Richter wegen eines Unrechtsurteils zur Verantwortung zu ziehen, wurde in Kassel gemacht.[17] Dort urteilte am 28. 6. 1950 ein Schwurgericht über den ehemaligen Vorsitzenden des Kasseler Sondergerichts und einen seiner Beisitzer wegen Rechtsbeugung in Tateinheit mit Totschlag. Sie hatten am 28. 4. 1943 einen 28-jährigen ungarischen Staatsangehörigen, der in Deutschland aufgewachsen war und hier gearbeitet hatte, zum Tode verurteilt, weil er als Jude wegen Rassenschande in vier Fällen ein gefährlicher Gewohnheitsverbrecher sei, dessen Taten nur mit dem Tode eine gerechte Sühne finden könnten. Für dieses Todesurteil gaben selbst die Normen des Dritten Reiches unmittelbar keine Legitimation her. Das Ergebnis war vielmehr nur durch eine einmalige Verknüpfung verschiedener Tatbestände erreicht worden. Obwohl das Schwurgericht aus diesen Gründen das Todesurteil für ein Fehlurteil erklärte, sprach es doch beide Angeklagten frei, weil ihnen der Tatbestand der Rechtsbeugung nicht nachzuweisen sei. Das Oberlandesgericht Frankfurt hob dieses Urteil in vollem Umfange auf. Doch auch nach der erneuten Verhandlung in Kassel blieb es beim Freispruch. Das Schwurgericht glaubte nicht, von der Unmenschlichkeit der Todesstrafe und der juristisch absolut unhaltbaren Begründung zuverlässig auf einen Rechtsbeugungsvorsatz schließen zu dürfen. Bei diesem Freispruch blieb es.

Wenn nicht einmal dieser Fall die Überzeugung erwirken konnte, daß die Richter das Recht mit ihrem Urteil gebeugt hatten, kann es kaum verwundern, daß man zunächst ganz darauf verzichtete, Richter für ihre Urteile strafrechtlich zur Rechenschaft zu ziehen. Als Anfang 1960 auf Grund umfangreichen Aktenmaterials aus der Deutschen Demokratischen Republik Anzeigen gegen einen Senatspräsidenten, einen Oberlandesgerichtsrat und einen Amtsgerichtsrat erstattet wurden, die an verschiedenen Gerichten der Bundesrepublik Deutschland und Westberlins amtierten, endeten die Ermittlungen jeweils mit Einstellungsverfügungen der zuständigen Staatsanwaltschaften.[18] Diese Einstellungsverfügungen hatten alle denselben Tenor, in dem sich der bis dahin verfestigte Stand der rechtlichen Behandlung richterlichen Unrechts korrekt widerspiegelt: Die Richter hätten damals nur geltendes Recht angewandt. Dies sei ihnen trotz der unmenschlichen Strafen, die sie nachweislich ausgesprochen hätten, nicht anzulasten, da diese der herrschenden Strafpraxis entsprochen hätten. Eine Auflösung des Tatkomplexes in Einzelfälle führte also dazu, daß das systematische Unrecht den einzelnen für seinen Tatbeitrag rechtfertigte. Im übrigen wurde bei den Einzelfällen festgestellt, daß den Betroffenen eine Rechtsbeugung nicht nachzuweisen sei, da sie die Verhängung der Strafen auf dieser Rechtsgrundlage für richtig gehalten hätten.

Einen neuen Anstoß schien die Entwicklung zu erhalten durch die Entdeckung eines Stahlschrankes Ende 1960 bei Entrümpelungsarbeiten auf dem Gelände des ehemaligen Volksgerichtshofes in Berlin.[19] Er enthielt umfangreiches Beweismaterial in Gestalt von 500 Urteilen dieses Gerichtes aus dem Jahre 1944. Daraufhin kam es zu neuen Versuchen, anhand dieser klaren Unterlagen Verfahren in Gang zu setzen. Doch diese Versuche scheiterten schon im Ansatz. Exemplarisch dafür ist der Fall des nur durch ein glückliches Geschick der Vollstreckung seines Todesurteils entgangenen Pater Heyder. Als ihm aus dem Fund der Text seines Urteils zu Gesicht kam, erstattete er Anzeige gegen dessen Verfasser, den ehemaligen Kammergerichtsrat Rehse, Beisitzer im Freisler-Senat des Volksgerichtshofes. Doch selbst im Anklageerzwingungsverfahren vor dem Oberlandesgericht München drang er mit seinem Begehren nicht durch.

Im Jahre 1967 glaubte die Berliner Staatsanwaltschaft, nachdem sie das in dem Stahlschrank gefundene Material systematisch ausgewertet hatte, gegen Rehse in neun besonders eindeutigen Fällen – darunter auch das Todesurteil gegen den katholischen Priester Dr. Metzger – Anklage wegen Mordes erheben zu können.[20] In dem Berliner Schwurgerichtsverfahren berief der Angeklagte sich darauf, daß in seinem Senat allein Freisler die Urteilsfindung bestimmt habe. Dem folgte das Urteil, indem es ihn am 3.7.1967 wegen Beihilfe zu Freislers Morden zu fünf Jahren Zuchthaus verurteilte und damit den Strafrahmen gerade zu einem Drittel ausfüllte. Angeklagter und Staatsanwaltschaft bekämpften mit ihrer Revision gleichermaßen die Qualifikation als Beihilfe. Die Anklagebehörde wollte die volle Verurteilung wegen Mordes erreichen, während der Angeklagte einen Freispruch mangels Beweises erstrebte, weil er meinte, daß ihm selbst – im Gegensatz zu Freisler – niedrige Beweggründe nicht nachweisbar seien. Der Bundesgerichtshof gab in seinem Urteil vom 30.4.1968 beiden Revisionsanträgen statt. Die Karlsruher Richter sagten somit, daß der Angeklagte sich in einer neuen Verhandlung wegen Mordes verantworten müsse. Doch könne er nur dann verurteilt werden, wenn ihm sowohl niedrige Beweggründe bei der Abstimmung über die Todesstrafe als auch im Zusammenhang damit noch direkt vorsätzliche Rechtsbeugung nachgewiesen werden könnten. Wie der 5. Strafsenat darüber dachte, beweist der Hinweis, daß die vom Schwurgericht angenommene Rechtsblindheit des Angeklagten mit einer Rechtsbeugung unvereinbar sei. Wie anders klang dies als eine frühere Äußerung im Urteil des 3. Strafsenats vom 28.6.1956 zum Todesurteil gegen Dr. Metzger, als dessen Denunziantin angeklagt gewesen war. Damals scheuten die Bundesrichter deutliche Worte über diese Art der Rechtsprechung nicht:

»Dies ist nicht die Denkweise und auch nicht die Sprache von Richtern, die sich um Recht und Gerechtigkeit bemühen, sondern der eifernde Ausdruck politischer Fanatiker, die keine Meinung außer der eigenen kennen und den Gegner zu vernichten trachten. Irgendwelche rechtlichen Erwägungen weist das Todesurteil nicht auf.«[21]
Im Urteil gegen den Verfasser dieses Todesurteils ist allerdings davon keine Rede mehr. In der erneuten Verhandlung entsprach das Schwurgericht Berlin den gegebenen Auflagen. Es kam zum Freispruch mangels Beweises, weil es meinte, in beiden Punkten dem Angeklagten seine Einlassungen glauben zu müssen. Schlaglichtartig läßt sich diese Überzeugungsbildung des Schwurgerichtes dadurch beleuchten, daß es zum Problem, ob das Todesurteil gegen Dr. Metzger angemessen gewesen sei, einen sachverständigen Zeugen vernahm, anstatt sich am Urteil des 3. Strafsenats zu orientieren und ein eigenes Urteil zu bilden. Der eigentliche Skandal liegt aber in der Wahl dieses Zeugen, der nämlich wegen seines Sachverstandes im Nürnberger Juristenprozeß zu zehn Jahren Zuchthaus verurteilt worden war, seit dem 31.1.1951 allerdings wieder auf freiem Fuß lebte. Es war der ehemalige Oberreichsanwalt Lautz, der – kaum überraschend – erklärte, daß das Todesurteil in der Sache berechtigt gewesen sei. Lediglich die Form der Urteilsbegründung sei zu beanstanden. Wieder funktionierte die Rechtfertigung des einzelnen mit dem Hinweis auf das Ganze, wobei die Unrechtsqualität des Ganzen außer Betracht blieb. Dem Bundesgerichtshof blieb es erspart, sich mit diesem Ergebnis seines Urteils vom 30.4.1968 auseinandersetzen zu müssen, weil der Angeklagte am 15.9.1969 starb.
Wie gering die Chancen zur Verurteilung selbst in klaren Fällen mittlerweile geworden waren, beweist schließlich auch der letzte Prozeß gegen Richter des Dritten Reiches, der sich von 1968 bis 1976 durch die Instanzen zog und mit der Einstellung endete.[22] Es ging um die beiden Beisitzer des Nürnberger Sondergerichts, dessen Vorsitzender Rothaug im Nürnberger Juristenurteil als besonders verachtenswert gebrandmarkt und zu lebenslänglicher Haft verurteilt worden war. Grundlage der damaligen Verurteilung war vor allem der widerwärtige Schauprozeß gegen den Juden Katzenberger wegen sogenannter Rassenschande. Das damalige Todesurteil war selbst mit nationalsozialistischen Normen nicht zu rechtfertigen gewesen, sondern nur durch eine juristisch unhaltbare Konstruktion mit einer Scheinbegründung versehen worden. Die beiden Beisitzer Rothaugs waren in Nürnberg nicht mit angeklagt worden, weil sie sich der Anklage als Zeugen zur Verfügung gestellt hatten. Mit ihren Aussagen belasteten sie ihren ehemaligen Vorsitzenden, indem sie sich selbst entlasteten. Sie sagten vor dem Amerikanischen Militärgerichtshof nämlich

aus, daß sie selbst damals das Todesurteil nicht für richtig gehalten hätten. Vielmehr hätten sie sich lediglich dem Druck und den Drohungen des Fanatikers Rothaug gebeugt. Was 1947 und in der Entnazifizierung entlastend wirkte, erwies sich nun Ende der sechziger Jahre angesichts der Rechtsprechung zur Rechtsbeugung als verhängnisvoll. Es bedeutete nämlich, daß die beiden Richter nach eigenem Geständnis nicht nach ihrer eigenen Überzeugung geurteilt, sondern wider besseres Wissen ein rechtswidriges Urteil gefällt, also das Recht gebeugt hatten. Folgerichtig bekannten sich die Angeklagten nunmehr freimütig zu ihrer Untat, indem sie erklärten, sie hätten das Unrechtsurteil gegen Katzenberger selbstverständlich für richtig gehalten. Ihre Aussagen im Juristenprozeß und den eigenen Entnazifizierungsverfahren hätten sie aus Angst gemacht. Das nahm ihnen das Schwurgericht allerdings so nicht ab. Doch meinten die Richter des Jahres 1968, ihnen keine niedrigen Beweggründe nachweisen zu können, so daß nur eine Verurteilung wegen Totschlags möglich sei. Der Bundesgerichtshof hob dieses Urteil am 21.7.1970 auf und verwies zur erneuten Verhandlung an das Schwurgericht zurück. Doch gelangte man dort nicht mehr bis zur Urteilsreife, weil die Angeklagten angeblich verhandlungsunfähig wurden, auch wenn der eine der beiden sich weiterhin seiner Anwaltstätigkeit widmen zu können glaubte. Das Verfahren wurde 1976 eingestellt, so daß die Mittäter Oswald Rothaugs unbestraft blieben.

Die rechtlichen Legitimationen dieses Ergebnisses

Für dieses Ergebnis, daß schließlich keiner der Mörder im Talar des Richters vor einem deutschen Gericht strafrechtlich zur Rechenschaft gezogen wurde, wird im allgemeinen die dogmatische Verformung des Tatbestandes der Rechtsbeugung zum sogenannten ›Richterprivileg‹ verantwortlich gemacht.[23] Worum geht es dabei? Der Wortlaut des § 336 StGB lautet: »Ein Beamter oder Schiedsrichter, welcher sich bei der Leitung oder Entscheidung einer Rechtssache vorsätzlich zugunsten oder zum Nachteil einer Partei einer Beugung des Rechtes schuldig macht, wird mit Zuchthaus bis zu fünf Jahren bestraft.«
Fragt man einen juristischen Laien, worin er den Sinn dieser Strafandrohung sehe, so wird er sicherlich antworten, daß damit für die Parteien sichergestellt werden solle, daß sie wirklich nur nach Recht und Gesetz be- oder verurteilt werden. Ein Mensch mit historisch-politischer Bildung wird vielleicht hinzusetzen, daß die Bindung des Richters an das Gesetz die Voraussetzung für die Gewährung der richterlichen Unabhängigkeit gewe-

sen sei, so daß die Strafandrohung gegen Richter, die vorsätzlich das Recht beugen, den Staat und die Gesellschaft vor einem Mißbrauch dieser richterlichen Unabhängigkeit schützen solle. Beide Aspekte sind allerdings durchaus nicht laienhaft. Sie haben die Diskussion in der älteren Lehre und den wenigen älteren Urteilen zu diesem Straftatbestand geprägt. Wie aber konnte es dann dazu kommen, daß nach 1945 nicht etwa Richter wegen Rechtsbeugung bei ihrer Tätigkeit im Dritten Reich zum Nachteil von Juden und politisch Mißliebigen angeklagt wurden, sondern sich der § 336 StGB zum Schutzmantel des ›Richterprivilegs‹ wandelte? Am Anfang dieser Entwicklung steht Gustav Radbruch, der dieses Ergebnis allerdings nicht im Auge gehabt hat. Radbruch sagte im Jahre 1946 in seinem grundlegenden und für viele Probleme wegweisenden Aufsatz »Gesetzliches Unrecht und übergesetzliches Recht« unter anderem folgendes:

»Die Strafbarkeit der Richter wegen Tötung setzt die gleichzeitige Feststellung einer von ihnen begangenen Rechtsbeugung (§§ 336, 344 StGB) voraus. Denn das Urteil des unabhängigen Richters darf Gegenstand einer Bestrafung nur dann sein, wenn er gerade den Grundsatz, dem jede Unabhängigkeit zu dienen bestimmt ist, die Unterworfenheit unter das Gesetz, d. h. unter das Recht, verletzt hätte.«[24]

In der Tat können Richter nur dann unabhängig urteilen, wenn sie dies frei von Furcht vor Bestrafung für irgendein Fehlurteil tun können. Solange sich Richter in ihrer rechtsprechenden Tätigkeit an Recht und Gesetz halten, darf ihnen also kein strafrechtlicher Vorwurf gemacht werden, auch wenn sie dabei fehlgehen. Es muß hier unerörtert bleiben, daß dieser in einem Rechtsstaat unverzichtbare Grundsatz bei der strafrechtlichen Ahndung richterlichen Unrechts aus der Zeit des Nationalsozialismus in die Irre führen mußte. Wichtig ist nur, daß Radbruch mit dieser Ansicht die Diskussion um zwei zentrale Fragen eröffnete:

- Wenn die Richter im Dritten Reich unabhängig waren – durften sie auch nach dem Kriege wegen ihrer Urteile nur dann verurteilt werden, wenn sie dabei vorsätzlich Recht gebeugt hatten?
- Wenn ihre damaligen Urteile nur auf der Anwendung damals geltender gesetzlicher Normen basierten – durfte ihnen trotzdem nach 1945 der Vorwurf gemacht werden, sie hätten das Recht gebeugt?

Ich habe das als Frage formuliert, was nach Rechtsprechung und Lehre als gesichert gilt. Doch interessant ist bei der historischen Fragestellung nicht die dogmatisch verfestigte Position, sondern das Problem, ob es mit Notwendigkeit zu dieser Verfestigung kommen mußte. Dieser Problematik kann man sich nur dann angemessen nähern, wenn man nachzuweisen vermag, ob es im Entscheidungszeitpunkt diskutable alternative juristische Lösungen gab. Nur dann gelangt man nämlich zu der letztlich interessierenden Frage, weshalb man damals zu dieser und nicht zu der anderen Problemlösung kam. Dies ist im übrigen besonders wichtig für ein drittes Moment, das in Radbruchs Position noch keineswegs angelegt war, sondern von der Rechtsprechung aufgestellt wurde, und die Entwicklung nachhaltiger beeinflußt hat als die beiden ersten Punkte:

● Ist nämlich für die Rechtsbeugung direkter oder bestimmter Vorsatz zu fordern oder reicht – wie normalerweise auch – bedingter Vorsatz aus?

Eine kurze Betrachtung wird zeigen, daß in allen drei Punkten keinerlei zwingende Notwendigkeit bestand, sie so heranzuziehen, wie es die Nachkriegsrechtsprechung tat. Die erste Frage lautet: Ergibt sich aus der von den Nachkriegsgerichten in der Regel angenommenen Unabhängigkeit der Richter des Dritten Reiches zwingend, daß diesen deshalb § 336 StGB als »Richterprivileg« zugutekommen mußte? Dieter Simon, der überzeugend nachgewiesen hat, daß auch die im Dritten Reich amtierenden Richter unabhängig im Sinne von § 1 des Gerichtsverfassungsgesetzes waren, hat ebenso überzeugend bestritten, daß man diese Folgerung ziehen müsse.[25] Sie beruht nämlich – und das macht die Feststellung im ersten Teil ja erst anstößig – auf der verfehlten Gleichsetzung der Unabhängigkeit der Richter des Dritten Reiches mit derjenigen in einem Rechtsstaat. Gerade wenn man – wie Simon – richtig sagt, daß der Ausdruck »Unabhängigkeit« in verschiedenen historischen Konstellationen unterschiedliche Inhalte meint, besteht absolut keine Notwendigkeit, die damalige Unabhängigkeit in demselben Umfang zu schützen wie die der rechtsstaatlichen Justiz. Ich nenne nur die aus Urteilen der Nachkriegszeit herausgegriffenen Stichworte »Scheinverfahren« und »Terrorurteile«. Für die Nachkriegsrechtsprechung wäre es keineswegs notwendig gewesen, Richtern ihre Unabhängigkeit zugutekommen zu lassen, die ihre damalige Unabhängigkeit benutzt hatten, Willkür und Terror auszuüben – und nur um diese geht es.

Auf dieselbe Problematik stößt man bei der Prüfung, ob die Richter des Dritten Reiches immer schon dann vollständig gerechtfertigt sind, wenn sie nur das damalige Recht anwandten. Der ehemalige Ministerpräsident von Baden-Württemberg, Filbinger, hat dies, als er wegen seiner Tätigkeit als Marinekriegsrichter angegriffen wurde, auf die schlanke Formulierung gebracht: »Was damals Recht war, kann heute doch nicht Unrecht sein.« Mich erschreckt, wie bereitwillig dies in weiten Kreisen akzeptiert wurde. Muß dem nicht wenigstens für die Extremfälle entgegengehalten werden: »Was damals schon Unrecht war, kann heute nicht als formale Rechtfertigung vor Strafe schützen.«?

Nichts zwingt nämlich dazu, aus der richtigen Feststellung, daß bestimmte Normen während der zwölf Jahre des Dritten Reiches galten, zu folgern, deren Anwendung müsse auch heute noch in jedem Fall für richtig erklärt werden. Damit wird durchaus nicht behauptet, daß jeder Richter, der in dieser Zeit amtierte, sich strafbar gemacht hätte, weil er Normen anwandte, die unter heutigen Gesichtspunkten nicht akzeptabel erscheinen. Ebenso liegt es mir fern, der damals lebenden Juristen-Generation den Vorwurf zu machen, daß sie nicht den Weg der absoluten Verweigerung gegangen ist, obwohl dadurch die Nationalsozialisten gewiß die Dinge nicht so hätten handhaben können, wie sie es schließlich taten. Doch hindert mich dies nicht daran, festzustellen, daß es auch in der Zeit des Dritten Reiches unterschiedliche Möglichkeiten der Anwendung des damals geltenden Rechtes gab.

Es gibt hinreichende Beispiele dafür, daß dabei dem Gesetz Genüge getan wurde, ohne es voll auszuschöpfen. Wer aber seine Entscheidungsfreiheit in richterlicher Unabhängigkeit dazu nutzte, um mit Terrorurteilen Angst und Schrecken zu verbreiten, verdient es doch wohl kaum, nur deswegen straflos zu bleiben, weil dies nach dem damaligen Recht möglich und vielleicht sogar weithin üblich war – ganz zu schweigen von den bezeugten Fällen, bei denen nur absolut willkürliche Zusammenfügungen disparater Normkomplexe das schreckliche Ergebnis juristisch scheinbar legitimierten. Solche Richter haben mit Hilfe dieser Normen Verbrechen begangen, für die sie nach dem Ende des Dritten Reiches genauso hätten bestraft werden müssen wie andere auch, die im System staatlichen Unrechts Verbrechen begingen. Doch die Richter der Nachkriegszeit sahen dies anders. Selbst in der ersten Phase, als sie nach Kontrollratsgesetz Nr. 10 eigentlich daran gehindert waren, für Richter den Rechtbeugungsparagraphen privilegierend heranzuziehen, woran sie im übrigen der Oberste Gerichtshof für die Britische Zone auch mehrfach erinnert hat, setzten sie sich über dieses geltende Recht hinweg. Man wollte es so, ohne daß eine rechtlich zwingende Notwendigkeit dazu bestanden hätte. Im Jahre 1960 schien sich allerdings eine Wende anzubahnen.[26] Mit klaren Worten bekannte sich der Bundesgerichtshof dazu, daß die Berufung auf geltendes Recht allein nicht ausreiche. In diesem Urteil setzte er sich mit der Einlassung eines angeklagten Richters auseinander, er habe die von ihm ausgesprochenen Strafen, die nach den anzuwendenden Gesetzen durchaus möglich waren, für angemessen gehalten, was sie nach den üblichen Maßstäben auch gewesen seien. Dazu bemerkte der Bundesgerichtshof:

»Der Angeklagte ist Volljurist, von dem erwartet werden kann, daß er ein Gefühl dafür hat, ob eine Strafe in unerträglichem Mißverhältnis zur Schwere der Tat und zur Schuld des Täters steht.«

Dies beschrieb präzise die Problematik der Terrorurteile der NS-Justiz, in denen von Fanatikern für Nichtigkeiten Todesstrafen verhängt wurden, womit sich allein der Wille zur Vernichtung Andersdenkender betätigte, wie der Bundesgerichtshof in dem einen Denunziantenurteil auch deutlich gesagt hatte.[27] Sie standen also in einem unerträglichen Mißverhältnis zur Schwere der Tat und der Schuld der Täter, was die damaligen Richter auch hätten erkennen müssen, weil sie ja Volljuristen waren. Doch leider galt das richtige Urteil nicht einem Richter am Volksgerichtshof, sondern einem in die Bundesrepublik geflüchteten Volksrichter aus Magdeburg. Den NS-Richtern wurde weiter zugutegehalten, daß sie lediglich das damals geltende Recht angewandt hätten und deshalb für ihre Urteile nicht zur Rechenschaft gezogen werden könnten.

Volle Wirksamkeit erlangte diese Verteidigungsstrategie allerdings erst durch den letzten Punkt, nämlich die von der Rechtsprechung der Nachkriegszeit erhobene Forderung, daß der Tatbestand der Rechtsbeugung nur direkt vorsätzlich verwirklicht werden könne. Was heißt das in der Praxis? Mit der gebotenen Vereinfachung kann man sagen, daß nach der damals gültigen Lehre direkt vorsätzlich derjenige handelt, der eine Straftat begehen will, obwohl er genau weiß, daß er damit eine Strafnorm verletzt. Bedingt vorsätzlich handelt dagegen, wer zwar nicht genau weiß, daß er mit seinem Handeln gegen eine Strafnorm verstößt, es aber trotz gewisser Vermutungen tut, dem dies also gleichgültig ist. Er nimmt es, wie eine knappe Formulierung lautet, billigend in Kauf. Die Unterschiede beider Vorsatzvarianten sind in ihrer praktischen Auswirkung enorm. Gesteht ein Angeklagter nicht ein, daß er wußte, gegen das Strafrecht zu verstoßen, als er seine Taten beging, so ist es häufig schwierig, ihm dieses positive Wissen nachzuweisen. Dagegen ist es – zumal bei juristisch ausgebildeten Angeklagten – leichter, aus Indizien darauf zu schließen, daß der Täter den Verstoß gegen eine Strafnorm billigend in Kauf genommen habe.

Für den Tatkomplex richterlicher Verbrechen ergab sich daraus folgende Konstellation: Für Mord und Totschlag reicht der bedingte Vorsatz aus. So finden wir in einschlägigen Urteilen nicht selten Wendungen wie die, daß der Angeklagte die Rechtswidrigkeit des Todesurteils billigend in Kauf genommen habe, so daß er bei Vorliegen niedriger Beweggründe wegen Mordes hätte verurteilt werden müssen, andernfalls zumindest wegen Totschlags. Doch dann schloß sich die weitere Feststellung an, daß die Gerichte den Angeklagten den direkten Vorsatz der Rechtsbeugung nicht glaubten nachweisen zu können. Um solche Zweifel zu wecken, reichte es, wenn der Angeklagte versicherte, er habe das Verfahren wie das Strafmaß für rechtens gehalten. Dies war ihm um so weniger zu widerlegen, wenn solche drakonischen Strafen sich weithin durchgesetzt hatten. So war mit der Forderung, daß beim Rechtsbeugungstatbestand der bestimmte, direkte Vorsatz nachgewiesen werden müsse, der Angelpunkt gefunden, um den die Todesurteile der NS-Justiz so lange zu drehen waren, bis ein Freispruch der erkennenden Richter fast unumgänglich war.

Merkwürdig ist nur, daß weder die Rechtsprechung noch die Literatur vor 1945 die Forderung erhoben hatten, daß für § 336 StGB direkter Vorsatz erforderlich sei.

Das Argument, daß andernfalls die Unabhängigkeit der Justiz nicht wirkungsvoll vor ungerechtfertigten Angriffen zu schützen sei, verliert vollends seine Überzeugungskraft durch den Hinweis auf die Strafrechtsreform von 1974, bei der gerade auf Grund der unerträglichen Ergebnisse der Nachkriegsrechtsprechung ausdrücklich gesagt wurde, daß auch beim Rechtsbeugungstatbestand der bedingte Vorsatz ausreiche.[28] Will man nicht unterstellen, daß vor 1933 und nach 1974 die richterliche Unabhängigkeit stärker gefährdet gewesen sei als in den drei Jahrzehnten der Nachkriegszeit, so wird man konstatieren müssen, daß es keine zwingende rechtliche Notwendigkeit gab, für den Tatbestand der Rechtsbeugung den direkten Vorsatz zu fordern. Man mußte es für notwendig halten wollen.

Interpretation des Befundes

Ich fasse zusammen: Kein Richter der ordentlichen Gerichtsbarkeit wurde nach dem Kriegsende von einem deutschen Gericht der drei Westzonen und später der Bundesrepublik Deutschland wegen justitiellen Unrechts während der NS-Zeit rechtskräftig verurteilt. Das rechtliche Instrumentarium, dessen sich die Gerichte der Nachkriegszeit zur Bewältigung dieser Fälle bediente, war die vor allem durch die Einführung des bestimmten, direkten Vorsatzes ermöglichte Umfunktionierung der Rechtsbeugung zum »Richterprivileg«. Für die Deutung dieses Befundes bieten sich zwei Erklärungsmuster an, die sich überschneiden, ohne deckungsgleich zu sein:

● Nazirichter konnten und wollten Nazirichter nicht bestrafen, oder.
● »Eine Krähe hackt der anderen kein Auge aus«.

Beide basieren auf der richtigen Beobachtung, daß im Justizdienst der Westzonen schon 1947/48 zu 90 % wieder Richter und Staatsanwälte Dienst taten, die auch schon vor 1945 amtiert hatten.[29] Gleichwohl können die beiden so überzeugend klingenden Formulierungen bestenfalls beim ersten Augenschein eine Erklärung bieten. Bei näherer Betrachtung erweisen sich beide als zu grobschlächtig und deshalb als untauglich für eine Erklärung, die mehr sein will als bloße Diffamierung, sondern Einsichten wecken möchte in Enstehungsbedingungen und Zusammenhänge solcher Entwicklungen.

Beginnen wir mit dem Stichwort von den Nazirichtern. Leider ist nicht zu bestreiten, daß sich unter den wieder in den Dienst der Justiz Übernommenen auch eine erhebliche Zahl von Richtern und Staatsanwälten befand, die wegen ihrer Belastung nicht auf die Richter-, sondern auf die Anklagebank gehört hätten. Sie als Nazirichter zu bezeichnen, ist nicht falsch. Doch gibt es keinerlei Hinweis darauf, daß gerade sie in Verfahren gegen angeklagte NS-Richter amtiert und damit das vorgetragene Ergebnis herbeigeführt hätten. Die Meinung, daß es Nazirichter waren, die die Verurteilung angeklagter Richter verhindert hätten, wäre also nur dann aufrechtzuerhalten, wenn man jeden Richter als Nazirichter bezeichnete, der überhaupt während der Zeit des Dritten Reiches amtiert hat. Es liegt auf der Hand, daß damit das Wort jegliche Erklärungsschärfe verliert und das erste Deutungsmuster sich dem zweiten angleicht. Hinzu kommt, daß in zunehmendem Umfange Menschen in den Justizdienst eintraten, die erst nach dem Kriege ihr Studium begonnen oder ihre Ausbildung vollendet hatten, die also noch nicht vor 1945 Richter gewesen waren. Im Jahre 1959 soll es schon die Hälfte der Richterschaft gewesen sein, die zu dieser Kategorie gehört. Der Schwurgerichtsvorsitzende im Verfahren gegen Rehse war z. B. ein solcher junger Jurist der Nachkriegsgeneration. Diese jüngeren Richter trifft der Ausdruck »Nazirichter« auf keinen Fall, auch wenn sie die vor ihnen begonnene Rechtsprechung fortsetzten und unkritisch den geglätteten und rechtlich zur scheinbar unanfechtbaren Gewißheit gewordenen Weg weitergingen. Der Spruch von den Nazirichtern verstellt also eher den Blick auf die wirklichen Erscheinungen als daß er sie erklärt.

Diese Realität zeigt vielmehr lediglich eine durch Solidarisierung geprägte Gruppenmentalität in der Richterschaft, die sich auch anderswo immer dann ausbildet, wenn sich eine Gruppe als solche angegriffen fühlt. In solchen Situationen werden dann Stellungnahmen produziert wie die des Vorstandes des Deutschen Richterbundes aus dem Jahre 1958, daß die Staatsführung die nötigen Schritte tun müsse, um das öffentliche Vertrauen in die Justiz zu erhalten.[30] Bedroht sah die Standesorganisation der Richterschaft das Vertrauen allerdings nicht dadurch, daß sich schwer belastete Richter wieder im Justizdienst befanden, sondern allein durch das Publizieren der Vorwürfe gegen diese. Solche Reaktionen wurden sicherlich provoziert durch die Undifferenziertheit der Angriffe und begünstigt durch das allgemeine Meinungsklima. Doch bei der Abwehr ging den Vertretern der Justizjuristen selbst jegliches Differenzierungsvermögen verloren. Im Jahre 1959 verwahrte sich das Präsidium des Richterbundes erneut mit scharfen Worten gegen die kollektive Diffamierung der Ehre von Richtern und Staatsanwälten.[31] Demgegenüber fiel die Distanzierung von den Belasteten in den eigenen Reihen bemerkenswert distanziert aus. Da heißt es nur: Man habe sich niemals schützend vor einzelne stellen wollen, die wirklich Unrecht begangen haben sollten. Ein im Juristenurteil 1947 noch richtig als umfassend charakterisiertes Problem war somit bis zum Jahre 1959 reduziert worden auf eine offenbar nur sehr entfernte Möglichkeit der Belastung einiger weniger. Das war die Grundlage, auf der sich das Ausbleiben strafrechtlicher Sühne richterlicher Verbrechen vollzog.

Daß dies in keiner Weise hinreichend mit dem Stichwort von der »Nazijustiz« der Bundesrepublik erklärbar ist, mag ein Blick über die Grenzen lehren.[32] Auch in Dänemark hatte man versucht, die Probleme der Kollaboration von Amtsträgern mit den Deutschen rechtsstaatlich justitiell zu erledigen. Wie die gründliche Untersuchung des Kopenhagener Rechtshistorikers Ditlef Tamm offenbart, entwickelten sich dabei ganz ähnliche Symptome wie bei uns. Mit Nazirichtern und Nazijustiz hat dies offenkundig nichts zu tun. Es bleibt nur der Schluß, daß die Richterschaft wohl objektiv überfordert war, als ihr die strafrechtliche Ahndung von Verbrechen in den Reihen der eigenen Profession übertragen wurde, und zwar weil diese nicht lediglich Taten einiger weniger waren, sondern nur im Extrem das Verhalten der ganzen Gruppe spiegelte. So mancher weniger belastete Richter des Dritten Reiches mochte sich im stillen Kämmerlein zugestehen, daß nur ein gütiges Geschick ihn davor bewahrt hatte, so stark in das Unrecht verwickelt zu werden wie die angegriffenen Kollegen. Ich meine daher, daß der objektive Befund des Versagens der Justiz der Nachkriegszeit gegenüber dieser Aufgabe zwar konstatiert werden muß, aber nicht als Vorwurf gegenüber den Handelnden fomuliert werden sollte.

Damit scheint also alles auf das zweite Deutungsmuster hinzuweisen, das ich durch das Sprichwort charakterisiert habe: »Eine Krähe hackt der anderen kein Auge aus.« Doch trifft bei näherem Zusehen auch diese Interpretation den Sachverhalt nur unvollständig. Starrt man einmal nicht nur auf die Bundesgerichtshofurteile, sondern bezieht auch die Urteile der Ersten Instanzen mit in die Analyse ein, so verändert sich das Bild in sehr bezeichnender Weise. Dort wurde in der Regel vor Schwurgerichten verhandelt, die mit drei Berufsrichtern und sechs Laienbeisitzern besetzt waren. Niemand sollte glauben, daß Juristen Geschworene oder Schöffen beliebig manipulieren können. Auch wenn in der Regel der Sachverstand der Berufsrichter bei den Beratungen ein besonderes Gewicht hat, sind Laien durchaus in der Lage, sich ein eigenes Urteil zu bilden, insbesondere – wenn es um Tatsachenfeststellungen geht. Hätten die Geschworenen in den Beratungen das Verhalten der Berufsrichter als unzulässige Kumpanei mit den Angeklagten empfunden, so hätten sie durchaus die Möglichkeit gehabt, ein solches Ergebnis zu verhindern. Doch griffen sie selbst dann nicht in Richtung auf Bestrafung oder auch nur härtere Strafen ein, wenn ihnen in Revisionsurteilen für die erneute Verhandlung handfeste Hinweise in dieser Richtung gegeben wurden.

In der Regel schoben die Schwurgerichte bei der erneuten Verhandlung solche Hinweise souverän beiseite und wandten auch die vom Bundesgerichtshof entwickelten Rechtsgrundsätze in einer Weise an, die durch die höchstrichterlichen Urteile selbst keineswegs angezeigt gewesen wäre. Sehr anschaulich spricht Jörg Friedrich von einem zweieinhalbjährigen Ringen des Obersten Gerichtshofes der Britischen Zone mit meuternden Landgerichten.[33] Auch dem Bundesgerichtshof tut man Unrecht, wenn man seine rechtliche Ausformung des Rechtsbeugungstatbestandes allein für das Ausbleiben der Sühne für richterliche Verbrechen verantwortlich macht. Nicht nur einmal, sondern mehrfach wiesen die zuständigen Strafsenate die Schwurgerichte für die erneute Verhandlung nachdrücklich auf Tatsachen hin, die die Annahme eines direktes Vorsatzes der Rechtsbeugung nahelegte.[34] Doch wurden diese Brücken dann einfach nicht betreten. Bei der Lektüre solcher Schwurgerichtsurteile glaubt man, fast körperlich den unwiderstehlichen Willen zum Freispruch zu spüren. Revisionssicher wurden diese Urteile der Tatsacheninstanz dann durch Formulierungen gemacht wie die, daß dem Angeklagten seine Einlassung, er habe an die Rechtmäßigkeit seines Handelns geglaubt, nicht habe widerlegt werden können. Wer sich nicht überzeugen lassen will, dem ist eine solche Überzeugung auch nicht aufzuzwingen. Nachprüfbar durch das Revisionsgericht war solche Überzeugungsbildung in der Regel nicht mehr. Dieses Ergebnis haben aber die in der Rechtsprechung mitwirkenden Laien zumindest mitgetragen, wenn nicht sogar maßgeblich verursacht. Das kann auch kaum verwundern, begann doch sehr bald nach 1945 der Unwille unter den Deutschen zu wachsen, wenn sie immer wieder mit den Untaten des Dritten Reiches konfrontiert wurden.

Das Ausbleiben der strafrechtlichen Sühne für richterliche Verbrechen war somit nur Teil dieses gesamtgesellschaftlichen Verdrängungsvorganges. Deshalb halte ich den Slogan von den Krähen, die den anderen kein Auge aushacken wollen, für nicht ganz ungefährlich. Der scheinbar so überzeugende Hinweis auf die Krähen in den schwarzen Talaren, die nicht genug gehackt haben, entlastet nämlich offenkundig von der Prüfung, welche Versäumnisse einer Gesellschaft insgesamt anzulasten sind, die dies ohne nennenswerten Protest hingenommen und offenbar weithin für richtig gehalten hat.

Die Zeit für den Einsatz des Strafrechts zur Sühne der Justizverbrechen im Dritten Reich ist nutzlos verstrichen. Die Schuldigen sind tot oder stehen am Rande des Grabes. Die letzten Überlebenden als Greise vor Gericht zu stellen, könnte das Versagen der Nachkriegszeit nicht mehr ausgleichen. Solche Prozesse könnten jedoch sehr leicht Alibifunktion gewinnen. Und doch ist damit das Thema der ungesühnten Justizverbrechen nicht erledigt. Jetzt geht es nicht mehr darum, die Schuldigen der irdischen Gerechtigkeit zu überantworten, sondern es geht um uns und unser eigenes Verhältnis zu dieser Vergangenheit.

Am 4. 2. 1986 wurde Dietrich Bonhoeffers gedacht, der an diesem Tage 80 Jahre alt geworden wäre, wenn er nicht kurz vor Kriegsende wegen seines Widerstandes gegen die Machthaber des Dritten Reiches nach einem sogenannten Standgerichtsverfahren im Konzentrationslager Flossenbürg zusammen mit Admiral Canaris, Oberst Oster und einigen anderen ermordet worden wäre. Wenn wir diese Märtyrer für ein besseres Deutschland für uns und unsere Geschichte in Anspruch nehmen, dann dürfen wir auch nicht verschweigen, daß die beiden Mörder von Flossenbürg von Gerichten der Bundesrepublik unter Berufung auf das Richterprivileg freigesprochen wurden.[35]

Unsere Ehrlichkeit im Umgang mit unserer eigenen Geschichte steht auf dem Prüfstand. Deshalb muß weiter über die ungesühnten Verbrechen der Justiz im Dritten Reich gesprochen werden, müssen die Hintergründe für das Fehlschlagen der strafrechtlichen Ahndung nach dem Kriege analysiert und aufgedeckt werden.

Anmerkungen

Vorwort der Herausgeber

1 Ingo Müller, Furchtbare Juristen. Die unbewältigte Vergangenheit unserer Justiz, München 1987.
2 Michael Stolleis/Dieter Simon, Vorurteile und Werturteile der rechtshistorischen Forschung zum Nationalsozialismus, in: NS-Recht in historischer Perspektive, München 1981.

Dieter Simon
Waren die NS-Richter »unabhängige Richter«?

1 Ewald Löwe/Leo Rosenberg, Die Strafprozeßordnung und das Gerichtsverfassungsgesetz, Berlin/New York [23] 1978, Anm. 3 zu § 1 GVG.
2 Ebda., Vorbemerkung 2 vor § 1 GVG.
3 Heinrich Henkel, Die Unabhängigkeit des Richters in ihrem neuen Sinngehalt, Hamburg 1934, S. 16.
4 Hans Tigges, Die Stellung des Richters im modernen Staat, Berlin 1935, S. 173.
5 Ebda., S. 180.
6 Ebda., S. 8.
7 Tigges, a. a. O. (Anm. 4), S. 180–181.
8 Henkel, a. a. O. (Anm. 3), S. 29.
9 Tigges, a. a. O. (Anm. 4), S. 176.
10 Ebda., S. 21.
11 Ebda., S. 178.
12 Vgl. die Entschließung des Bundestages vom 25. 1. 1985.
13 Henkel, a. a. O. (Anm. 3), S. 21.
14 Ebda., S. 21.
15 Ebda., S. 7.

Michael Stolleis
Die Verwaltungsgerichtsbarkeit im Nationalsozialismus

1 Bahmann, Das Verhältnis des Verwaltungsstreitverfahrens zu den tragenden Gedanken des neuen Staates, in: DV 1934, S. 51–54; Reinhard Höhn, Das subjektive öffentliche Recht und der neue Staat, in: DRW 1 (1936) S. 39; Wal-

ter Sommer, Die Verwaltungsgerichtsbarkeit, in: DVBl. 1937, S. 425–430; Josef Kölble, Behördenfeindliche Verwaltungsjustiz, Berlin 1937.

2 Rudolf Knauth, Die Verwaltungsgerichtsbarkeit im neuen Reich, in: RVerwBl. 1933, S. 885; Schneider, Verwaltungsgerichtsbarkeit im neuen Reich, in: DR 1935, S. 458–461.

3 Hans Frank, Recht und Verwaltung, München 1939.

4 Herbert Schelcher, Um die Verwaltungsrechtspflege des Dritten Reiches, in: RVerwBl. 1937, S. 569–581.

5 Sommer, a. a. O. (Anm. 1), S. 427.

6 Georg Schmidt, »Rechtswahrung in der Verwaltung« anstelle von »Verwaltungsgerichtsbarkeit«, in: DV 1938, S. 229 (230).

7 Jakob Bach, Die Rechtsprechung des Preußischen Oberverwaltungsgerichts im Lichte der nationalsozialistischen Weltanschauung und Rechtsauffassung, in: DV 1938, S. 199–205.

8 Felix Genzmer, Die Verwaltungsgerichtsbarkeit, in: Gerhard Anschütz/ Richard Thoma (Hrsg.), Handbuch des Deutschen Staatsrechts, Bd. II, Tübingen 1932, § 97.

9 Erlaß des Führers und Reichskanzlers über die Vereinfachung der Verwaltung vom 28. August 1939, RGBl. I, S. 1535.

10 PrOVGE 94 (1935), S. 140.

11 PrOVGE 97 (1936), S. 103.

12 BadVGH v. 11.1.1938, in: BadVerwZ 1938, S. 96–100. Hierzu Ernst Fraenkel, Der Doppelstaat, Frankfurt 1984, S. 58 ff.

13 Carl Schmitt, Was bedeutet der Streit um den »Rechtsstaat?«, in: Zeitschrift für die gesamten Staatswissenschaften 95 (1935), S. 189–201.

14 Nachweise zur Rechtsprechung im einzelnen in: Michael Stolleis, Die Verwaltungsgerichtsbarkeit im Nationalsozialismus, in: System des verwaltungsgerichtlichen Rechtsschutzes. Festschrift für Christian Friedrich Menger, Köln 1985, S. 57–80 (71 ff.).

15 PrOVGE 97 (1936), S. 117.

16 Christian Kirchberg, Der Badische Verwaltungsgerichtshof im Dritten Reich, Berlin 1982.

17 BayVGHE 57, S. 208.

18 Martin Baring, Dem Sächsischen Oberverwaltungsgericht zum Gedächtnis! in: DVBl 1951, S. 649; ders. Die Verwaltungsrechtspflege in Sachsen, Ereignisse und Gestalten, in: ders. Aus 100 Jahren Verwaltungsgerichtsbarkeit, Köln [2]1964, S. 65–93.

19 Franz Hueber, Justiz im Führerstaat, in: DJ 1942, S. 5 (9). Dr. Franz Hueber (1894–1979) war österreichischer Justizminister (11.3.–24.5.1938), Unterstaatssekretär im Reichsjustizministerium und ab Herbst 1942 auf Betreiben seines Schwagers Hermann Göring Präsident des Reichsverwaltungsgerichts.

Rainer Schröder
Der zivilrechtliche Alltag des Volksgenossen

1 Dietrich Güstrow, Tödlicher Alltag. Strafverteidiger im Dritten Reich, München 1984, S. 9 ff.

2 Hans Segelken, Amor fati. Aufzeichnungen aus einer gescheiterten Juristengeneration, Hamburg 1970, S. 182.

3 Als eine der ersten derartigen Dokumentationen erregte Aufsehen das Buch von Ilse Staff (Hrsg.), Justiz im Dritten Reich. Eine Dokumentation, Frankfurt ²1978, z. B. S. 178 ff.

4 Bernd Rüthers, Die unbegrenzte Auslegung. Zum Wandel der Privatrechtsordnung im Nationalsozialismus, Frankfurt 1973 (Tübingen ¹1968); Michael Stolleis, Gemeinwohlformeln im nationalsozialistischen Recht, Berlin 1974.

5 Grundlegend Diemut Majer, »Fremdvölkische« im Dritten Reich. Ein Beitrag zur nationalsozialistischen Rechtssetzung und Rechtspraxis in Verwaltung und Justiz unter besonderer Berücksichtigung der eingegliederten Ostgebiete und des Generalgouvernements, Boppard 1981.

6 So etwa lautete die übereinstimmende Beschreibung vieler Richter, die im Dritten Reich tätig waren.

7 Die Zitate aus den Urteilen und Akten entstammen, soweit nicht anders vermerkt, aus der Urteilssammlung des OLG Celle, die mit Ausnahme der kassierten Entscheidungen des 6. Zivilsenats vollständig im Niedersächsischen Hauptstaatsarchiv vorhanden ist. Dort finden sich gleichfalls die Generalakten des Landgerichts Göttingen. Für die Untersuchung in Buchform wurden zusätzlich Urteile weiterer Gerichte aus dem OLG Bezirk herangezogen: Generalakten des OLG sowie weitere Akten des Niedersächsischen Staatsarchivs sowie des Stadtarchivs Hannover. Die zusätzlichen Akten ergeben viel Neues. Dennoch ließ bereits das ursprünglich durchgearbeitete Material einige Schlußfolgerungen zu, so daß die separate Veröffentlichung gerechtfertigt erscheint.

8 Hann. 173 Acc. 96/83, Nr. 324: 4 U 25/42.

9 Ebda., Nr. 326: 4 U 110/38.

10 Ebda., Nr. 330: 4 U 83/36.

11 Ebda., Nr. 266: 3 U 289/35. Revisionsentscheidung beigebunden.

12 Ebda., Nr. 333: 4 U 49/36 sowie die Urteile in Fn. 8–11.

13 Hann. 171 Hild. Acc. 42/54, Nr. 100: 3 O 99/41. Hier ist eine Akte mit den Urteilen des LG Hildesheim, OLG Celle und des RG erhalten.

14 Hann. 173 Acc. 96/83, Nr. 334: 4 U 61/37.

15 Hann. 172 Hild. Acc. 82/78, Nr. 73–75.

16 Hann. 173 Acc. 96/83, Nr. 267: 3 U 236/38.

17 Vgl. Fn. 15: Nr. 75.

18 Vgl. Fn. 11: 3 U 75/36.

19 Ebda., 3 U 119/37.

20 Ebda., 3 U 278/36.

21 Ernst Fraenkel, Der Doppelstaat, Frankfurt 1974, S. 102 ff. über die Gerichte als Garanten des Normenstaates besonders im Bereich des Zivilrechts.

22 Hann. 173 Acc. 96/273, Nr. 271: 3 U 165/35.

23 Ebda., 3 U 241/35.
24 Ebda., Nr. 272: 3 U 4/37.
25 Ebda., 3 U 47/37.
26 Hann. 173 Acc. 96/83, Nr. 421.
27 Generalakten LG Göttingen, Hann. 171 Göttingen Acc. 16/77 IV Nr. 154, Bl. 75, 86.
28 Hann. 173 Acc. 96/83, Nr. 273: 3 U 208/38.
29 Ebda., Nr. 274: 3 U 86/40.
30 Ebda., Nr. 275: 3 U 86/42.
31 Ebda., Nr. 267: 3 U 128/37.
32 Hann. 171 Hildesheim Acc. 42/54, Nr. 98, 99: 3 O 15/40; 3 U 173/40; RG III 69/40.
33 Ulrich Hamann, Das Oberlandesgericht Celle im Dritten Reich. Justizverwaltung und Personalwesen, in: Festschrift zum 275jährigen Bestehen des Oberlandesgerichts Celle, Celle 1986, S. 143–232, hat eine Schilderung der Verhältnisse aufgrund der Generalakten, Personalakten und von Gesprächen mit Zeitzeugen gegeben. Die folgenden Bemerkungen ergänzen seine Befunde aus den Generalakten des LG Göttingen, in denen sich die Anordnungen des Justizministers, des OLG Präsidenten und des LG Präsidenten widerspiegeln.
34 Hann. 171 Göttingen Acc. 16/77 IV, Nr. 101, Bde. 1, 2; Nr. 106 I, II; I/1; Nr. 141; Nr. 151.
35 Ebda., II, Nr. 203.
36 Ebda., IV, Nr. 154, Bl. 62 ff.
37 Ebda., Bl. 86 ff.
38 Ebda., IV, Nr. 151.
39 Ebda., IV, Nr. 152.
40 Ebda., I, Nr. 165/5.
41 Ebda., Sonderheft RRef K.
42 Vgl. Hamann, a. a. O. (Anm. 33), Fn. 33, sowie Werner Johe, Die gleichgeschaltete Justiz. Organisation des Rechtswesens und Politisierung der Rechtsprechung, 1933–1945, dargestellt am Beispiel des Oberlandesgerichtsbezirks Hamburg, Frankfurt 1967, Neudruck 1983.
43 Friedrich Schenk, Die Einstellung der deutschen Beamten zur Weimarer Republik, Mannheim (Diss.) 1984, 2 Bde.; Friedrich Karl Kübler, Der deutsche Richter und das demokratische Gesetz, in: Archiv für die Civilistische Praxis, Bd. 162 (1963), S. 104–128; Theo Rasehorn, Justizkritik in der Weimarer Republik. Das Beispiel der Zeitschrift Die Justiz, Frankfurt 1985; zu den Wurzeln dieses Denkens Rainer Schröder, Die Richterschaft am Ende des Zweiten Kaiserreiches unter dem Druck polarer sozialer und politischer Anforderungen, in: Festschrift für Rudolf Gmür, Bielefeld 1974, S. 201–253.
44 Hubert Rottleuthner, Verfahrensflut und Verfahrensebbe. Ein Plädoyer für die langfristige Betrachtung gerichtlicher Gezeiten, in: Zeitschrift für Rechtspolitik 1985, S. 117–119.
45 Andreas Kranig, Lockung und Zwang. Zur Arbeitsverfassung im Dritten Reich, Stuttgart 1983, S. 200 ff.
46 Rainer Schröder, Zur Rechtsgeschäftslehre in nationalsozialistischer Zeit, in:

Peter Salje (Hrsg.), Recht und Unrecht im Nationalsozialismus, Münster 1985, S. 8–45.

Andreas Kranig
Treue gegen Fürsorge

1 Wilhelm Herschel, Der soziale Gedanke in der Rechtsprechung des RAG, in: Soziale Praxis 1938, S. 291 ff.
2 Vgl. Alfred Hueck/Hans Carl Nipperdey, Grundriß des Arbeitsrechts, Berlin u. a. ⁵1970, S. 16, und dies., Lehrbuch des Arbeitsrechts, Band 1, Berlin/Frankfurt ⁷1963, S. 20 ff.
3 Landesarbeitsgericht (LAG) Essen vom 6. 12. 1933, in: Arbeitsrechtssammlung 20/LAG, S. 81 ff.
4 LAG Essen vom 3. 1. 1934, in: ebda., S. 77.
5 LAG Frankfurt vom 17. 9. 1934, in: Arbeitsrechtssammlung 22/LAG, S. 16 ff. Alfred Hueck stimmte dem Urteil in einer Anmerkung (a. a. O.) zu.
6 LAG Gleiwitz vom 9. 1. 1936, in: Arbeitsrechtssammlung 27/LAG, S. 67 ff.
7 LAG Essen vom 8. 7. 1936, in: Arbeitsrechtssammlung 28/LAG, S. 203 ff.
8 LAG Leipzig vom 2. 6. 1942, in: Arbeitsrechtssammlung 45/LAG, S. 65 ff.
9 Reichsarbeitsgericht (RAG) vom 25. 11. 1933, in: Arbeitsrechtssammlung 19, S. 214 ff.
10 RAG vom 5. 7. 1939, in: Arbeitsrechtssammlung 36, S. 392.
11 RAG vom 13. 9. 1939, in: Arbeitsrechtssammlung 37, S. 230 ff.
12 Bernd Rüthers, Die unbegrenzte Auslegung. Zum Wandel der Privatrechtsordnung im Nationalsozialismus, Tübingen 1968, S. 396.
13 Vgl. im einzelnen Andreas Kranig, Lockung und Zwang. Zur Arbeitsverfassung im Dritten Reich, Stuttgart 1983, S. 229 ff.
14 RAG vom 24. 7. 1940, in: Arbeitsrechtssammlung 39, S. 383 ff.
15 Vgl. ausführlich Kranig, a. a. O. (Anm. 13), S. 209 ff.

Johann Heinrich Kumpf
Die Finanzgerichtsbarkeit im Dritten Reich

1 Franz Henkelmann, Die Umgestaltung der Steuerverwaltung durch den Nationalsozialismus unter besonderer Berücksichtigung der Verordnungspraxis des Reichsfinanzministers. Köln (Jur. Diss.) 1947; Gerd Uffelmann, Die Rechtsprechung des Reichsfinanzhofs unter nationalsozialistischem Einfluß in den Jahren 1933–1943. Köln (Jur. Diss.) 1948. Eine gekürzte Fassung der Arbeit von Uffelmann ist erschienen unter dem Titel: Wie weit ist die Rechtsprechung des Reichsfinanzhofs von 1933 bis 1945 noch anwendbar? Köln 1949. Sie enthält nicht die Teile der Arbeit, die sich mit der Rechtsprechung des RFH in Steuerangelegenheiten von Juden bzw. der Kirchen und Orden befassen, »weil hier ohne eingehende Begründung klar ersichtlich ist, daß alle diese Urteile heute unbrauchbar sind« (S. 35, Fn. 138).
2 Zu nennen sind Michael Stolleis, Gemeinwohlformeln im nationalsozialistischen Recht, Berlin 1974, S. 282 ff.; Klaus J. Volkmann, Die Rechtsprechung staatlicher Gerichte in Kirchensachen 1933–1945, Mainz 1978, 10.–12. Kap.

3 Z. B. Heinrich List, Vom Reichsfinanzhof zum Bundesfinanzhof, in: Der Bundesfinanzhof und seine Rechtsprechung. Grundfragen – Grundlagen. Festschrift für Hugo von Wallis zum 75. Geburtstag, Bonn 1985, S. 15–34. Die dort angekündigte, für die Schriftenreihe »Kölner Steuerthemen« vorgesehene, vollständige Fassung ist bisher noch nicht erschienen.

4 Vgl. die in verschiedenen steuerrechtlichen Fachzeitschriften erschienenen Beiträge zum 50jährigen Bestehen des Bundesfinanzhofs 1968.

5 Vgl. Heinrich Schmittmann, Der Bundesfinanzhof, DÖV 1950, S. 699 f.: »Der Reichsfinanzhof ist den Versuchen, ihn zum Gehilfen des Ministers herabzudrücken, entgegengetreten. Mag man in diesem Ringen auch von ihm vielleicht einen stärkeren Widerstand erwartet haben, so war er doch . . . immer wieder bestrebt, dem Druck und der Beeinflussung der Verwaltung auszuweichen und den Weg zur Erhaltung eines ausreichenden Rechtsschutzes weiterzugehen.«

6 Bundesminister der Finanzen Strauß in seiner Ansprache »50 Jahre oberstes deutsches Steuergericht«, in: Steuer und Wirtschaft 1969, S. 1, 3. Noch freundlicher Rudolf Weber-Fas, Die Rolle der höchstrichterlichen Rechtsprechung in der Entwicklung des Steuerrechts, in: Juristenzeitung 1969, S. 218 f.: »Während der NS-Zeit blieb die Rechtsprechung des RFH trotz politischer, positivistischer und persönlicher Pressionen im ganzen integer.«

7 Vgl. den Beitrag von Michael Stolleis in diesem Band.

8 Vgl. den Überblick von Alfons Pausch, Vom Reichskammergericht zum Bundesfinanzhof, in: 50 Jahre Deutsche Finanzgerichtsbarkeit. Festschrift des Bundesfinanzhofs. Bonn–München 1968, S. 13–26.

9 Klaus Tipke, Fünfzig Jahre Finanzhof, in: Neue Juristische Wochenschrift 1968, S. 2081–2086.

10 Zur Gründungsgeschichte List, a. a. O. (Anm. 3), S. 15 ff.

11 Tipke, a. a. O. (Anm. 9), S. 2082, Fn. 15.

12 Zur Person List, a. a. O. (Anm. 3), S. 23.

13 Zur Biographie: Biographisches Handbuch der deutschsprachigen Emigration nach 1933, Bd. 1, München usw. 1980, S. 136; Ludwig Falk, Die Bedeutung von Herbert Dorn. Dem Beamten, Wissenschaftler und Rechtsgestalter zu seinem 10. Todestag, in: Finanz-Rundschau 1967, S. 305–308; Franz Klein, Zur Erinnerung an Herbert Dorn, in: Steuer und Wirtschaft 1987, S. 97–100.

14 Vgl. hierzu Tipke, a. a. O. (Anm. 9), S. 2081.

15 Amtsblatt der Reichsfinanzverwaltung 1938, S. 1.

16 So ist z. B. die Ernennung Dorns zum Präsidenten des RFH ein Versuch, den RFH stärker an die Finanzverwaltung anzubinden. Als aufschlußreich erweist sich das Kabinettsprotokoll vom 21. 1. 1931, abgedruckt bei Tilman Koops (Bearb.), Die Kabinette Brüning I und II, Bd. 1, Boppard 1982, S. 797.

17 Vgl. hierzu Tipke, a. a. O. (Anm. 9), S. 2082 ff.

18 Zur Aufgabenverteilung zwischen Gesetzgeber und Rechtsprechung Enno Becker, Rechtsgestaltung durch Gesetz und durch Rechtsprechung bei werdendem Recht: Legung der Grundlagen durch Gesetz; Ausbau durch die Rechtsprechung, Steuer und Wirtschaft 1933, Teil I, S. 1217–1224 (1222).

19 Enno Becker in einer Rechtsprechungsübersicht, in: Steuer und Wirtschaft 1931, Teil I, S. 429, 433.

20 Zur Auseinandersetzung hierüber: Fritz Haußmann, Für und wider die »wirt-

schaftliche Betrachtungsweise« im Steuerrecht, in: Steuer und Wirtschaft 1931, Teil I, S. 737–774 (740).

21 Vgl. Gustav Jahn, Höchste Gerichtshöfe, in: Juristische Wochenschrift 1930, S. 2273 f.

22 Der Präsident des RFH Mirre suchte Anfang 1938 mehrmals um einen Termin zur Vorstellung bei Adolf Hitler nach, um dabei »gleichzeitig meinen Dank aus(zu)sprechen für die im letzten Besoldungsgesetz bestimmte Gleichstellung der Mitglieder des Reichsgerichts«. Die Reichskanzlei lehnte jeweils unter Hinweis auf »die überaus starke amtliche Inanspruchnahme« Hitlers ab. Vorgang im Bundesarchiv, Bestand R 43 II/1155, Bl. 11.

23 Tipke, a. a. O. (Anm. 9), S. 2083.

24 Becker, a. a. O. (Anm. 19), S. 685.

25 Vgl. die kritische Darstellung bei Haußmann, a. a. O. (Anm. 20).

26 Vgl. Löhlein, Reichsfinanzhof und Interessenjurisprudenz, in: Steuer und Wirtschaft 1933, Teil I, S. 1355–1376.

27 Vgl. hierzu Tipke, a. a. O. (Anm. 9), S. 2083 f.

28 Eine die Jahre 1929 bis 1937 umfassende Statistik ist veröffentlicht in: Steuer-Warte 1938, S. 662.

29 Zusammenstellung der Gesetzestexte bei Fritz Reinhardt, Die neuen Steuergesetze, Berlin 1934.

30 Vgl. Kurt Bock, Nach den Steuerschurken die Steuerparasiten! In: Steuer-Warte 1935, S. 59 f.

31 Gustav Jahn, Die Zusammensetzung der Reichssteuergerichte, in: Industrie und Steuer 1933, S. 153–156.

32 Hinweis von Staatssekretär Reinhardt in: Steuer-Warte 1934, S. 594.

33 RGBl. I, S. 1535; Runderlaß des Reichsministers der Finanzen vom 2. 9. 1939, RStBl. 1939, S. 962.

34 Henkelmann, a. a. O. (Anm. 1), S. 142.

35 Vgl. u. a. List, a. a. O. (Anm. 3), S. 20. Zur Zahl der getroffenen Entscheidungen Henkelmann, a. a. O. (Anm. 1), S. 141.

36 Zu den äußeren Umständen List, a. a. O. (Anm. 3), S. 23.

37 Quelle: Reichshaushaltspläne.

38 Vgl. außer dem in Anm. 18 zitierten Aufsatz: Die Stellung des Steuerrechts in der Rechtserneuerung, in: Zeitschrift der Akademie für Deutsches Recht 1936, S. 211–214.

39 Anton Mattes, Zeitgemäße Rechtsprechung im neuen Staate, in: Steuer-Warte 1933, S. 368–370 (369).

40 4. 4. 1933 – VI A 296/33 –, RStBl. 1933, 590.

41 10. 5. 1933 – VI A 607/33 –, in: Steuer und Wirtschaft 1933, Nr. 589.

42 Vgl. List, a. a. O. (Anm. 3), S. 22.

43 Zur Handhabung dieses Gesetzes durch den Reichsminister der Finanzen: Hans Mommsen, Beamtentum im Dritten Reich, Stuttgart 1966, S. 54.

44 Kurzbiographie von Alfons Pausch im Handwörterbuch des Steuerrechts, Bd. 1, München/Bonn ²1981, S. 694 f.

45 Mitteilung im Amtsblatt der Reichsfinanzverwaltung 1933, S. 159.

46 Entscheidung vom 20. 12. 1933 – III A 353/33 –, RStBl. 1934, S. 90.

47 Zur Person: List, a. a. O. (Anm. 3), S. 24.

48 Ebda., S. 24 f.

49 Vgl. etwa den Aufsatz des 1935 zum Richter am RFH ernannten Anton Schlecht, Grundsätzliches zu § 1 des Steueranpassungsgesetzes (StAnpG), in: Deutsche Steuer-Zeitung 1935, S. 457–460.

50 Kurzbiographie in: Robert Wistrich, Wer war wer im Dritten Reich, München 1983, S. 215. Siehe jetzt auch Alfons Pausch, Fritz Reinhardt als Mahnung, in: Der Steuerberater 1987, S. 349–360.

51 Wie alle für wichtig befundenen Reden Reinhardts im Reichssteuerblatt veröffentlicht: RStBl. 1933, S. 1025 f.

52 RStBl. 1935, S. 648.

53 Vgl. (Ottmar) Bühler, Der heutige Stand des Verordnungsrechts in Steuersachen, in: Steuer und Wirtschaft 1940, Teil I, S. 561–594; außerdem Henkelmann, a. a. O. (Anm. 1).

54 RGBl. I, S. 925.

55 Amtsblatt der Reichsfinanzverwaltung 1933, S. 95.

56 Vgl. dazu die zahlreichen im Reichssteuerblatt und in der Deutschen Steuer-Zeitung veröffentlichten Reden von Staatssekretär Fritz Reinhardt.

57 RFHE 38, S. 44.

58 Fritz Reinhardt, zit. nach Uffelmann, a. a. O. (Anm. 1), S. 20 f.; vgl. auch Fritz Reinhardt, Beurteilung von Tatbeständen nach nationalsozialistischer Weltanschauung, in: Deutsche Steuer-Zeitung 1936, S. 1251–1265.

59 Vgl. List, a. a. O. (Anm. 3), S. 22 f.

60 Ausführlich (und mit Nachweis der Fundstellen) Uffelmann, a. a. O. (Anm. 1), S. 22 ff. (Dissertation) bzw. S. 15 ff. (Druckfassung).

61 19. 1. 1939 – III 97/37 –, RStBl. 1939, S. 684.

62 Theodor Maunz, Werden und Beharren im Reichsabgabenrecht, in: Deutsche Rechtswissenschaft 1940, S. 330–350, 339.

63 RGBl. I 1931, S. 731; vgl. Arthur Seweloh, Die Reichsfluchtsteuer, in: Steuer und Wirtschaft 1934, S. 953 ff., 1133 ff.; 1329 ff., desgl. 1938, S. 813 ff.

64 20. 12. 1933 – III A 353/33 –, RStBl. 1934, S. 90.

65 27. 9. 1934 – III A 311/34 –, RStBl. 1934, S. 1225.

66 Vgl. etwa RStBl. 1934, S. 371; desgl. 1935, S. 339; RFHE 37, S. 252; Steuer und Wirtschaft 1936, Nr. 48, 104, 344, 568; RFHE 41, S. 125; Steuer und Wirtschaft 1937, Nr. 343, 393, 395–397, 578; RStBl. 1938, S. 153.

67 RFH vom 26. 5. 1937 – III A 109/37 –, Steuer und Wirtschaft 1937, Nr. 393.

68 RFH vom 20. 11. 1941 – IV 47/41 –, RStBl. 1941, S. 881.

69 14. 11. 1940 – IV 211/40 –, RStBl. 1941, S. 204.

70 16. 1. 1941 – IV 246/40 –, RStBl. 1941, S. 199.

71 11. 2. 1943 – IV 167/42 –, RStBl. 1943, S. 251.

72 Vgl. Zitzlaff, Erläuterungen zur Rechtsprechung, in: Steuer und Wirtschaft 1943, S. 291 ff., 296 f.

73 Nachweis bei Uffelmann, a. a. O. (Anm. 1), S. 59 ff. (Dissertation) bzw. S. 32 f. (Druckfassung).

74 Kurt Jakob Ball-Kaduri, Vor der Katastrophe. Juden in Deutschland 1934–1939, Tel Aviv 1967, S. 115. Kurzbiographie von Alfons Pausch im Handwörterbuch des Steuerrechts, Bd. 1, München/Bonn ²1981, S. 167.

75 26. 6. 1941 – III 158/40 –, RStBl. 1941, S. 806.

76 Vgl. hierzu die Arbeit von Volkmann, a. a. O. (Anm. 2), bes. S. 143.
77 Vgl. Stolleis, a. a. O. (Anm. 2), S. 286 ff.
78 10. 12. 1936 – III A 194/36 –, RStBl. 1937, S. 21.
79 Vgl. Volkmann, a. a. O. (Anm. 2), S. 146 ff.
80 3. 6. 1939 – VIa 7/39 –, RStBl. 1939, S. 877.
81 27. 6. 1940 – III 151/39 –, RStBl. 1940, S. 830.
82 17. 3. 1943 – VIa 4/43 –, RStBl. 1943, S. 468.
83 Errichtung mit Wirkung vom 12. 4. 1937, zunächst als Unterabteilung des vom Präsidenten Mirre geleiteten VI. Senats; vgl. Verfügung des Präsidenten des RFH Nr. 495 v. 31. 3. 1937 – Bundesarchiv Bestand R 37/179, Bl. 49. Der später verselbständigte Senat VIa wurde am 2. 5. 1944 aufgehoben; List, a. a. O. (Anm. 3), S. 21.
84 Nachrufe auf Ott in: Steuer und Wirtschaft 1939, S. 297 f. (von Heinz Meilicke), und in: Steuer-Warte 1939, S. 41. Zur Geschäftsverteilung im RFH siehe: Deutscher Beamten-Kalender (Fachschaft Reichsfinanzbeamte), Berlin (verschied. Jahrgänge).
85 4. 7. 1942 – VIa 88/41 –, RStBl. 1942, S. 746.
86 7. 8. 1937 – VIa A 6/36 –, RStBl. 1937, S. 1178.
87 Volkmann, a. a. O. (Anm. 2), S. 165.
88 Vgl. (mit w. Nachw.) Uffelmann, a. a. O. (Anm. 1), S. 85 ff. (Dissertation).
89 Volkmann, a. a. O. (Anm. 2), S. 167, 171 f.
90 23. 3. 1941 – VIa 22/41 –, RStBl. 1941, S. 371.
91 Volkmann, a. a. O. (Anm. 2), S. 168 ff.
92 Vgl. das Entscheidungsregister bei Volkmann, a. a. O. (Anm. 2), S. 233 ff.
93 Das Bundesarchiv und seine Bestände, Boppard [3]1977, S. 83 (Bestand R 37): rund 65 000 Prozeßakten sind überliefert.

Klaus Marxen
Strafjustiz im Nationalsozialismus

1 Zusammenfassend und mit weiterführenden Nachweisen: Hinrich Rüping, Grundriß der Strafrechtsgeschichte, München 1981, S. 100 ff.; ders., Strafjustiz im Führerstaat, in: Goltdammers Archiv 1984, S. 298 ff.
2 Zum Beispiel: Werner Johe, Die gleichgeschaltete Justiz. Organisation des Rechtswesens und Politisierung der Rechtsprechung 1933–1945, dargestellt am Beispiel des Oberlandesgerichtsbezirks Hamburg, Frankfurt 1967; Rolf Lengemann, Höchstrichterliche Strafgerichtsbarkeit unter der Herrschaft des Nationalsozialismus, Diss. jur. Marburg 1974; Hans Robinsohn, Justiz als politische Verfolgung. Die Rechtsprechung in »Rassenschandefällen« beim Landgericht Hamburg 1936–1943, Stuttgart 1977; Walter Wagner, Der Volksgerichtshof im nationalsozialistischen Staat, Stuttgart 1974; Friedrich K. Kaul, Geschichte des Reichsgerichts, Bd. 4: 1933–1945, Glashütten 1971; Bernd Schimmler, Recht ohne Gerechtigkeit, Berlin 1984.
3 Nähere Darstellung der Ereignisse bei Heinz Höhne, Mordsache Röhm, Reinbek 1984.
4 Reichstagsrede Hitlers vom 13. Juli 1934; auszugsweise wiedergegeben bei Ilse Staff (Hrsg.), Justiz im Dritten Reich, Frankfurt 1964, S. 60 f.

5 Spalte 947.

6 Gesetz über Verhängung und Vollzug der Todesstrafe vom 29. 3. 1933, RGBl. I, S. 151.

7 Genaue Nachweise bei Wolfgang Naucke, Die Mißachtung des strafrechtlichen Rückwirkungsverbots 1933–1945, in: Norbert Horn (Hrsg.), Festschrift für Helmut Coing, München 1982, Bd. I, S. 225 ff.

8 Vgl. Klaus Marxen, Rechtliche Grenzen der Amnestie, Heidelberg 1984, S. 4 f. (11 ff.)

9 Darstellung der Amnestien im Dritten Reich bei Karl-Heinz Höfig, Die materiellrechtliche Problematik der Reichs- und Bundesamnestien seit 1933, Diss. jur. Bonn 1963, S. 35 ff.

10 Abgedruckt u. a. in: Bremer Nationalsozialistische Zeitung vom 2. 4. 1933.

11 Ebda.

12 Zusammenfassend zur Machterweiterung der Polizei im Dritten Reich: Rüping, a. a. O. (Anm. 1), S. 101 f.; dokumentierte Beispiele: Franz J. Heyen (Hrsg.), Nationalsozialismus im Alltag, Boppard 1967, S. 87 ff.

13 Vgl. die kommentierte Dokumentation von Martin Hirsch/Diemut Majer/Jürgen Meinck, Recht, Verwaltung und Justiz im Nationalsozialismus, Köln 1984, S. 139 ff.

14 Ernst-Rudolf Huber, in: Deutsche Juristen-Zeitung 1934, Sp. 959 f.

15 Ders., ebda., Sp. 954 f.

16 Vom 25. 1. 1985; Bundestags-Drucksache 10/2368.

17 Vgl. Walter Wagner, Der objektive Staatsanwalt. Idee und Wirklichkeit, in: Juristen-Zeitung 1974, S. 216 ff.

18 Vgl. Christoph Graf, Politische Polizei zwischen Demokratie und Diktatur, Berlin 1983, S. 110 ff.; Schulz, in: Karl-Dietrich Bracher/Wolfgang Sauer/Gerhard Schulz, Die nationalsozialistische Machtergreifung, Köln, Opladen 1960, S. 435 ff.

19 Vgl. zum zeitlichen Ablauf der justizbezogenen Personalpolitik im Dritten Reich Diemut Majer, in: Deutsche Richterzeitung 1978, S. 47 ff.

20 Hans Bohrmann (Hrsg.), NS-Presseanweisungen der Vorkriegszeit, Edition und Dokumentation, Bd. 2, 1934, München u. a. 1986, S. 106; Wiederholung der Anweisung, verbunden mit der Anordnung von Sanktionen im Fall der Nichtbeachtung am 7. 5. 1934, S. 210.

21 Näher zur Reichspressekonferenz und zu den Presseanweisungen: Karl-Dietrich Abel, Presselenkung im NS-Staat, Diss. 1968, S. 37 ff., 50 ff.; Jürgen Hagemann, Presselenkung im Dritten Reich, Diss. Bonn 1970, S. 32 ff., 36 ff.; Gabriele Toepser-Ziegert, in: Bohrmann (Hrsg.), a. a. O. (Anm. 20), Bd. 1: 1933, 1985, S. 29 ff. (39 ff.).

22 Näher dazu Abel a. a. O. (Anm. 21), S. 29 ff.

23 Ebda., S. 5 ff.

24 Insgesamt dazu: Walter Hagemann, Publizistik im Dritten Reich, Hamburg 1948, S. 316 ff.; Toepser-Ziegert, a. a. O. (Anm. 21), S. 21 ff.

25 Abel, a. a. O. (Anm. 21), S. 27 ff.; Sauer, in: Bracher/Sauer/Schulz, a. a. O. (Anm. 18), S. 288 ff.

26 Vgl. die auszugsweisen Wiedergaben bei Joseph Wulf, Presse und Funk im Dritten Reich, Neudruck Berlin 1983, S. 86 ff.; Margaret Boveri, Wir lügen

alle, Olten und Freiburg i. Br. 1965, S. 571 ff. Eine Gesamtedition: Bohrmann (Hrsg.), a. a. O. (Anm. 20), befindet sich noch im Anfangsstadium.

27 Näher dazu Klaus Marxen, Zum Verhältnis von Strafrechtsdogmatik und Strafrechtspraxis im Nationalsozialismus, in: Udo Reifner/Bernd-Rüdeger Sonnen (Hrsg.), Strafjustiz und Polizei im Dritten Reich, Frankfurt 1984, S. 77 ff.

28 Für ihre Unterstützung möchte ich an dieser Stelle Frau stud. jur. Monika Steiner und Herrn stud. jur. Wolfgang Rentzel-Rothe danken.

29 Auf detaillierte Belege aus den durchgesehenen Presseorganen muß im folgenden verzichtet werden, sie wären vom Umfang her dem textlichen Rahmen nicht angemessen.

30 Zu den Ausführungen über die Kampagnen kann zum Vergleich herangezogen werden: J. Hagemann, a. a. O. (Anm. 21), S. 212 ff.

31 Die Tatbestände des Wirtschaftsstrafrechts erweisen sich in jener Zeit als außerordentlich gut verwendbar für politische Zwecke. Das läßt zweifeln, ob es richtig ist, das Wirtschaftsstrafrecht immer weiter auszudehnen, wie es gegenwärtig geschieht.

32 Vgl. W. Hagemann, a. a O. (Anm. 24), S. 340 ff.; Friedrich Zipfel, Kirchenkampf in Deutschland 1933–1945, Berlin 1965, S. 78 ff.

33 Zipfel, a. a. O. (Anm. 32), S. 54 ff.; Hans-Günter Hockerts, Die Sittlichkeitsprozesse gegen katholische Ordensangehörige und Priester 1936/37, Mainz 1971, S. 62 ff.

34 Vgl. Walter Adolph, Die katholische Kirche im Deutschland Adolf Hitlers, Berlin 1974, S. 85.

35 Entsprechende Berichte erscheinen ab Anfang 1940 in den Tageszeitungen.

36 Für sie soll auch das Medium des Films eingesetzt werden. Der Plan wird jedoch aufgegeben, weil Zweifel entstehen, ob die beabsichtigte Wirkung erreicht wird. Vgl. W. Wagner, a. a. O. (Anm. 2), S. 670 ff.; Gert Buchheit, Richter in roter Robe, München 1968, S. 270 ff.

37 Diese Annahme drängt sich auf angesichts der Verurteilten-Ziffern: Deutsche Justiz 1936, S. 618.

38 Bericht der Bremer Nationalsozialistischen Zeitung vom 5. 4. 1933.

39 Für das Beispiel der Korruptionskampagne: Gesetz gegen Verrat der Deutschen Volkswirtschaft vom 12. 6. 1933, RGBl. I, S. 360.

40 So die Korruptionskampagne durch die Amnestien für Steuerdelikte vom 1. 6. 1933, RGBl. I, S. 324; für Devisendelikte vom 15. 12. 1936, RGBl. I, S. 1015.

41 Vgl. Hockerts, a. a. O. (Anm. 33), S. 60.

42 Vgl. Klütz, Die Aufgaben der Justizpressestellen, in: Deutsche Justiz 1933, S. 405 f.; Krug/Schäfer/Stolzenberg, Strafrechtliche Verwaltungsvorschriften, S. 452 ff. (Justiz und Presse); Schulz, a. a. O. (Anm. 18), S. 562 ff.

43 Vgl. Abel, a. a. O. (Anm. 21), S. 1 ff., 68 ff.

Wolfgang Benz
Die Entnazifizierung der Richter

1 Zit. nach Neue Zürcher Zeitung vom 4. 12. 1946; ein weiterer ausführlicher Bericht von Leopold Goldschmidt in: Die Neue Zeitung vom 16. 12. 1946.

2 Walter G. Becker, Tillessen und die Justiz, in: Tagesspiegel vom 3.1.1947.

3 Vorwärts (Ostberlin) vom 30.11.1946; Stellungnahme der SPD Berlin, zitiert nach Rhein-Neckar-Zeitung vom 3.12.1946.

4 Rhein-Neckar-Ztg. v. 3.12.1946 (Mörder Erzbergers erneut vor Gericht).

5 Vgl. Tribunal Général de la Zone Française d'Occupation Rastatt, Prozeß Tillessen 6.1.1947, in: Journal Officiel (= Amtsblatt des französischen Oberkommandos in Deutschland), 2. Jg., Nr. 61 (26.3.1947), S. 606–636.

6 Emil Niethammer, Das Freiburger Urteil, in: Schwäbisches Tagblatt vom 17.12.1946.

7 Niederschrift über die 2. interzonale Tagung der Chefs der Justizverwaltungen vom 4. bis 6. Dezember 1946 in Wiesbaden, Bundesarchiv Koblenz, Z 21/1309, S. 15f.

8 Ebda., S. 17.

9 Vgl. Martin Broszat, Siegerjustiz oder strafrechtliche »Selbstreinigung«. Aspekte der Vergangenheitsbewältigung der deutschen Justiz während der Besatzungszeit 1945–1949, in: Vierteljahrshefte für Zeitgeschichte 29 (1981), S. 477–544.

10 Wolfgang Benz, Potsdam 1945. Besatzungsherrschaft und Neuaufbau im Vier-Zonen-Deutschland, München 1986, S. 213.

11 Ulrich Borsdorf/Lutz Niethammer (Hrsg.), Zwischen Befreiung und Besatzung. Analysen des US-Geheimdienstes über Positionen und Strukturen deutscher Politik 1945, Wuppertal 1976, S. 83.

12 Amtsblatt des Kontrollrats in Deutschland 1946, S. 98ff.

13 Ebda., S. 184ff.

14 Vgl. Lutz Niethammer, Entnazifizierung in Bayern. Säuberung und Rehabilitierung unter amerikanischer Besatzung, Frankfurt 1972; Justus Fürstenau, Entnazifizierung in Württemberg–Hohenzollern, Stuttgart 1981; Tom Bower, The Pledge Betrayed. American and Britain and the Denazification of Postwar Germany, New York 1982.

15 Wolfgang Meinicke, Die Entnazifizierung in der sowjetischen Besatzungszone 1945 bis 1948, in: Zeitschrift für Geschichtswissenschaft 32 (1984), S. 968–979.

16 Zit. nach Meinicke, a. a. O. (Anm. 15), S. 972.

17 Ebda.

18 Ebda., S. 976.

19 Wilhelm Pieck, Der Sinn der Entnazifizierung, in: Neues Deutschland vom 21.2.1947; auch in: Reden und Aufsätze, Bd. II, Berlin 1952, S. 125.

20 Wolfgang Lohse, Die Politik der Sowjetischen Militäradministration in der sowjetischen Besatzungszone Deutschlands, Wittenberg (Phil. Diss.) 1967, S. 74–79; vgl. auch Helga Welsh, Revolutionärer Wandel auf Befehl. Zur Entnazifizierungs- und Personalpolitik in der sowjetischen Besatzungszone Deutschlands. Ein Vergleich der Länder Thüringen und Sachsen (1945–1948), München (Sozialwiss. Diss.) 1985.

21 Lucius D. Clay, Entscheidung in Deutschland, Frankfurt 1950, S. 292.

22 Diese und die im folgenden zitierten Angaben sind den Entnazifizierungsakten, die sich in Kopie im Archiv des Instituts für Zeitgeschichte befinden, entnommen. Aus Gründen des Persönlichkeitsschutzes sind die Angaben an-

onymisiert, und es wurde darauf verzichtet, Aktenzeichen oder Archivsignaturen anzugeben.

23 Eugen Kogon, Der Kampf um Gerechtigkeit, in: Frankfurter Hefte 2 (1947), S. 373–383, Zitat S. 377.

24 Vgl. Klaus-Dietmar Henke, Die Grenzen der politischen Säuberung in Deutschland nach 1945, in: Ludolf Herbst (Hrsg.), Westdeutschland 1945–1955. Unterwerfung, Kontrolle, Integration, München 1986, S. 127–133.

25 Vgl. auch die beiden populären Denunziationen der Entnazifizierungsbemühungen: Ernst von Salomon, Der Fragebogen, Hamburg 1951, und Caspar von Schrenck-Notzing, Charakterwäsche. Die amerikanische Besatzung in Deutschland und ihre Folgen, Stuttgart ²1965.

26 Clay, a. a. O. (Anm. 21), S. 293.

27 Vgl. Anm. 22.

28 Vgl. Gustav Radbruch, Gesetzliches Unrecht und übergesetzliches Recht, in: Süddeutsche Juristen-Zeitung 1 (1946), Sp. 105 ff.; Helmut Coing, Zur Frage der strafrechtlichen Haftung der Richter für die Anwendung naturrechtswidriger Gesetze, in: Süddeutsche Juristen-Zeitung 2 (1947), Sp. 61–64; Robert Figge, Die Verantwortlichkeit des Richters, in: ebda., Sp. 179–184.

29 Vgl. auch Fritz Bauer, Die »Ungesühnte Nazijustiz«, in: Die Neue Gesellschaft 7 (1960), S. 179–195, und Jörg Friedrich, Freispruch für die Nazi-Justiz. Die Urteile gegen NS-Richter seit 1948, Reinbek 1983.

30 Eugen Schiffer, Die deutsche Justiz. Grundzüge einer durchgreifenden Reform, München/Berlin ²1949, S. 27.

Bernhard Diestelkamp
Die Justiz nach 1945 und ihr Umgang mit der eigenen Vergangenheit

1 Vgl. jetzt Ingo Müller, Furchtbare Juristen, München 1987, mit weiteren Nachweisen.

2 Diese Zahlen ergeben sich aus den zuverlässigsten und geringsten Angaben. Vgl. Walter Wagner, Der Volksgerichtshof im nationalsozialistischen Staat. Die deutsche Justiz und der Nationalsozialismus, Veröffentlichungen des Instituts für Zeitgeschichte, Bd. 16/III, Stuttgart 1974, Anlage 32, S. 934 f.; Anlage 33, S. 945.

3 Die Zahl der von Militärgerichten zum Tode Verurteilten ist umstritten. Auch hier gehe ich von Minimalwerten aus. So wird in dem der Übertreibung zu Lasten der Kriegsgerichtsbarkeit nicht verdächtigen Buch von Otto Peter Schweling, Die deutsche Militärjustiz in der Zeit des Nationalsozialismus, bearbeitet von Erich Schwinge, Marburg ³1978, S. 264 ff., die Zahl der Todesurteile in dieser Sparte auf ca. 10000 geschätzt – abgesehen von den Standgerichten.

4 Vgl. dazu schon die umfänglichen Ausführungen im Nürnberger Juristenurteil (Vollständige Ausgabe, Sonderveröffentlichung des Zentral-Justizblattes für die Britische Zone, Hamburg 1948, S. 87 ff.), sowie Lothar Gruchmann, »Nacht- und Nebel«-Justiz 1942–1944, in: Vierteljahreshefte für Zeitgeschichte 29 (1981), S. 342 ff.

5 Vgl. dazu Lothar Gruchmann, Euthanasie und Justiz im Dritten Reich, in: Vierteljahreshefte für Zeitgeschichte 20 (1972), S. 235 ff.; Helmut Kramer,

Oberlandesgerichtspräsidenten und Generalstaatsanwälte als Gehilfen der NS-»Euthanasie«. Selbstentlastung der Justiz für die Teilnahme am Anstaltsmord, in: Kritische Justiz 17 (1984), S. 25 ff.

6 Vgl. Nürnberger Juristenurteil, a. a. O. (Anm. 4), S. 70.

7 Um es klar zu sagen: Es geht hier nicht um den Vorwurf, daß Juristen überhaupt im Dienst dieses Staates geblieben sind. Ebenso soll die keineswegs geringe Zahl von Rechtsbeugungen in allen Sparten der Justiz mit in die Betrachtung einbezogen werden, obwohl auch sie für die Betroffenen keineswegs belanglos waren. Vgl. etwa die eindrucksvolle Darstellung von Hans Wrobel, Groschuff und Crisolli. Wie zwei Amtsgerichtsräte nach dem 30. Januar 1933 versuchten, mit dem liberalistischen Mißbrauch des Firmenzusatzes ›Deutsch‹ aufzuräumen und so das Handelsregister von einer undeutschen Verfallserscheinung zu befreien, und was aus diesem Versuch wurde. In: Recht, Justiz, Kritik. Festschrift für Richard Schmidt, 1985, S. 75 ff. Vielmehr geht es bei den folgenden Ausführungen lediglich um die Fälle, bei denen bei der richterlichen Entscheidung über Leben und Tod Gesetz und Recht eindeutig mißachtet wurden.

8 Die 1948 in vervielfältigter Form verbreiteten Prozeßprotokolle und Beweismaterialien sollten genau wie die des Hauptkriegsverbrecherprozesses (1948) in preiswerter Form neu publiziert werden. Der Wortlaut des Urteils wurde 1948 veröffentlicht (Anm. 4). Dazu heute die kritische und abgewogene Darstellung von Heribert Ostendorf/Heino ter Veen, Das »Nürnberger Juristenurteil«. Eine kommentierte Dokumentation, Frankfurt/Main, New York 1985. Aus dem Besonderen Teil werden allerdings nur die Urteile gegen Schlegelberger, Oeschey und Cuhorst (S. 217 ff.) wiedergegeben. Im Dokumentationsteil wird vom Urteil nur der Allgemeine Teil abgedruckt (S. 203 ff.).

9 Die ursprünglich auch erhobene Anklage wegen »Conspiracy« wies das Gericht wegen Unzuständigkeit vorab zurück: Das Nürnberger Juristenurteil, a. a. O. (Anm. 4), S. 9. Vgl. Ostendorf/ter Veen, a. a. O. (Anm. 8), S. 114 f.

10 Vgl. Ostendorf/ter Veen, a. a. O. (Anm. 8), S. 32 f. Allein Oswald Rothaug wurde erst 1956 vorzeitig aus der Haft entlassen. Lautz, Rothenberger und Schlegelberger bezogen sofort nach ihrer Entlassung namhafte Pensionen, Schlegelberger sogar für die Zeit seiner Inhaftierung.

11 Nürnberger Juristenurteil, a. a. O. (Anm. 4), S. 144; Ostendorf/ter Veen, a. a. O. (Anm. 8), S. 221.

12 Die wissenschaftliche Auseinandersetzung um das Ausbleiben der Ahndung richterlichen Unrechts ist erst in den letzten Jahren lebhafter geworden. Vgl. dazu: Jörg Friedrich, Freispruch für die Nazi-Justiz. Die Urteile gegen NS-Richter seit 1948. Eine Dokumentation, Reinbek 1983. Dieses Buch ist deshalb ärgerniserregend, weil es zwar nützlich ist wegen seiner Dokumentation, aber durch tendenziöse Darstellung und vor allem keineswegs zuverlässige Faktenaufbereitung nur mit Vorsicht zu verwerten ist. So fehlt, um nur ein Beispiel zu nennen, Fall 12 in der tabellarischen Übersicht S. 498 f.

Ausgelöst durch die Diskussion um den Film »Die weiße Rose« erschien eine Reihe kritischer Auseinandersetzungen, bei denen auch ältere Titel nachgewiesen sind: Heinz Hillermeier, Vom Versagen der Richter gestern und heute. Zur Presseerklärung des Bundesgerichtshofs vom 11. Oktober 1982 (Weiße

Rose), in: Kritische Justiz 16 (1983), S. 349 ff.; Peter v. Feldmann, Die Auseinandersetzung um das Ermittlungsverfahren gegen Richter und Staatsanwälte am Volksgerichtshof, in: Kritische Justiz 16 (1983), S. 306 ff.; Günter Frankenberger/Franz J. Müller, Juristische Vergangenheitsbewältigung. Der Volksgerichtshof vorm. BGH., in: Kritische Justiz 16 (1983), S. 145 ff.; Michael Stolleis, Die »Weiße Rose« und ihre Richter, in: Rechtshistorisches Journal 2 (1983), S. 211 ff.; Helmut Kramer, a. a. O. (Anm. 5); Heinz Wrobel, a. a. O. (Anm. 7); Bernd Asbrock, Die Justiz und ihre NS-Vergangenheit, in: Festschrift für R. Schmidt, a. a. O. (Anm. 5), S. 97 ff., Helmut Kramer, Die Aufarbeitung des Faschismus durch die Nachkriegsjustiz der Bundesrepublik Deutschland, in: ebda., S. 107 ff.

13 Nach der Aufstellung bei Friedrich, a. a. O. (Anm. 12), S. 498 f. Verurteilungen: 1948: Weiden, Hamburg, Aschaffenburg; 1950: Würzburg; 1952: Würzburg; 1967: Berlin; 1968: Nürnberg-Fürth. Freisprüche: 1948: Bonn; 1949: Düsseldorf; Kiel; 1950: Kassel; 1951: Hamburg, München I; 1955: Ansbach; 1956: Ellwangen.

14 Friedrich, a. a. O. (Anm. 12), Fall Nr. 8, S. 202 ff.; Fall Nr. 14, S. 349 ff.

15 Friedrich, a. a. O. (Anm. 12), Fall Nr. 5, S. 146 ff.; Fall Nr. 23, S. 456 ff.; Fall Nr. 11, S. 274 ff. Mit hierher kann man auch die vergeblichen Versuche zählen, Revisionsurteile mit schuldigsprechender Tendenz gegenüber dem Freispruch der ersten Instanz durchzusetzen: Fall Nr. 10, S. 243 ff., Fall Nr. 4, S. 114 ff., Fall Nr. 7, S. 175 ff., Fall Nr. 6, S. 168 ff.

16 Ebda., Fall Nr. 10, S. 243 ff.

17 Ebda., Fall Nr. 12, S. 302 ff.

18 Vgl. ebda., S. 394 ff., Fall Nr. 16, S. 402; Fall Nr. 17, S. 406 f., Fall Nr. 18, S. 410 f.

19 Vgl. ebda., S. 416 ff., 450 ff.

20 Vgl. ebda., Fall Nr. 23, S. 456 ff. NJW 1968, S. 1339 f. Fehlt in der Amtlichen Sammlung. – Dieses Urteil wurde lebhaft in der Fachpresse diskutiert: Vgl. z. B. Steinlechner, in: NJW 1968, S. 1790 f.; Begemann, in: NJW 1968, S. 2346 f.; Rasehorn, in: NJW 1969, S. 457 ff.; Lewald, in: NJW 1969, S. 459; H. Arndt, in: DRiZ. 1969, S. 15 f.; Schultz, in: MDR. 1969, S. 198 ff.

21 29. Juni 1956, Friedrich, a. a. O. (Anm. 12), S. 434; NJW 1956, S. 1458 ff., 1486; BGHSt. 9, S. 302 ff.

22 Friedrich, a. a. O. (Anm. 12), Fall Nr. 11, S. 274 ff.

23 Vgl. Leopold Oppenheim, Die Rechtsbeugungsverbrechen (§§ 336, 343, 344) des Deutschen Reichsstrafgesetzbuches, Leipzig 1886; Manfred Seebode, Das Verbrechen der Rechtsbeugung. Strafrecht, Strafverfahren, Kriminologie Bd. 28, (Neuwied u. Berlin 1969); Ingo Müller, Die Verwendung des Rechtsbeugungstatbestandes zu politischen Zwecken, in: Kritische Justiz 1984, S. 119 ff.

24 Gustav Radbruch, Gesetzliches Unrecht und übergesetzliches Recht, in: Süddeutsche Juristen-Zeitung 1946, S. 108.

25 Simon, in diesem Band, S. 11 ff. Vgl. auch Ostendorf/ter Veen, a. a. O. (Anm. 8), S. 38 ff.

26 BGH. NJW. 1960, S. 974, 975. Ist es Zufall, daß diese Passage in dem Abdruck der amtlichen Sammlung fehlt? BGHSt 14, S. 147.

27 Friedrich, a. a. O. (Anm. 12), S. 434; NJW 1956, S. 1486; BGHSt 9, S. 307.

28 Vgl. Kommentar zum Strafgesetzbuch von Eduard Dreher, [41]1983, § 336, Randziffern 1 und 6.

29 Vgl. Ostendorf/ter Veen, a. a. O. (Anm. 8), S. 52f. Dort auch Angaben zum Anteil besonders belasteter Justizbediensteter.

30 DRiZ 36 (1958), S. 330.

31 20. Februar 1959: »Um die Ehre der Richter und Staatsanwälte«, in: DRiZ 37 (1959), S. 101. Vgl. dazu auch die interessante Stellungnahme von Amtsgerichtsrat Horst Kelwing (S. 216).

32 Ditlev Tamm, Rets opgøret efter besaettelsen, 1984; ders., Kollaboration und ihre strafrechtliche Ahndung in Dänemark nach dem Zweiten Weltkrieg, in: ZNR 5 (1983), S. 44 ff.

33 Friedrich, a. a. O. (Anm. 12), S. 109.

34 Vgl. ebda. Fall Nr. 14, S. 354 ff., 361 ff; Fall Nr. 15, S. 382 ff.; Fall Nr. 19, S. 432 ff.

35 Ebda., Fall Nr. 8, S. 202 ff. LM Nr. 4 zu § 261. Nicht in der amtlichen Sammlung.

Literaturverzeichnis

Adler, Hans Günther, Der verwaltete Mensch. Studien zur Deportation der Juden aus Deutschland, Tübingen 1974

Albrecht, Dietmar/Clausen, Holger (Hrsg.), Justiz und Drittes Reich, Schriftenreihe der Akademie Sanckelmark, Neue Folge 57/1984

Anders, Michael, Die Sippe der Krähen. Die heimliche Macht der Juristen, Frankfurt 1981

Boberach, Heinz (Hrsg.), Richterbriefe. Dokumente zur Beeinflussung der deutschen Rechtsprechung 1942–1944, Boppard 1975

Broszat, Martin, Zur Perversion der Strafjustiz im Dritten Reich, in: Vierteljahrshefte für Zeitgeschichte 6 (1958), S. 390 ff.

Brünneck, Alexander von, Die Justiz im deutschen Faschismus, in: Kritische Justiz, Der Unrechtsstaat, Frankfurt 1979, 108 ff.

Evangelische Akademie Bad Boll (Hrsg.), Die Justiz und der Nationalsozialismus, Protokolle 16/80, 13/81, 25/82, 14/84

Fangmann, Helmut/Paeck, Norman, Justiz und Faschismus nach 1933 und heute, Köln 1984

Fieberg, Gerhard, Justiz im nationalsozialistischen Deutschland (hrsg. vom Bundesministerium der Justiz), Köln 1984

Fraenkel, Ernst, Der Doppelstaat. Recht und Justiz im »Dritten Reich«, Frankfurt 1984 (Fischer Taschenbuch Verlag; Bd. 4305)

Friedrich, Jörg, Freispruch für die NS-Justiz, Reinbek 1983

Götz, Albrecht, Bilanz der Verfolgung von NS-Straftaten, Köln 1986

Gruchmann, Lothar, Hitler über die Justiz. Tischgespräch vom 20.8.1942, in: Vierteljahrshefte für Zeitgeschichte 1964, S. 86 ff.

Ders., Euthanasie und Justiz im Dritten Reich, in: Ebda. 1972, S. 235 ff.

Ders., Zur deutschen Marinejustiz im Zweiten Weltkrieg, in: Ebda. 1978, S. 433 ff.

Ders., »Nacht- und Nebel«-Justiz 1942–1944, in: Ebda. 1981, S. 342 ff.

Ders., Rechtssystem und Nationalsozialistische Justizpolitik, in: M. Broszat/H. Möller (Hrsg.), Das Dritte Reich. Herrschaftsstruktur und Geschichte, München 1983, 83 ff.

Gruchmann, Lothar, Justiz im Dritten Reich 1933–1940. Anpassung und Unterwerfung in der Ära Gürtner, München 1988

Güstrow, Dietrich, Tödlicher Alltag. Strafverteidiger im Dritten Reich, Berlin 1981

Hirsch, Martin/Majer, Diemut/Meinck, Jürgen (Hrsg.), Recht, Verwaltung und Justiz im Nationalsozialismus, Köln 1984

Jäger, Herbert, Verbrechen unter totalitärer Herrschaft. Studien zur nationalsozialistischen Gewaltkriminalität, Frankfurt 1982 (Neudruck der Erstausgabe von 1967)

Johe, Werner, Die gleichgeschaltete Justiz. Organisation des Rechtswesens und Politisierung der Rechtsprechung 1933–1945, dargestellt am Beispiel des Oberlandesgerichtsbezirkes Hamburg, Frankfurt 1967

Kirchberg, Christian, Der Badische Verwaltungsgerichtshof im Dritten Reich, Berlin 1982

Kirchheimer, Otto, Politische Justiz. Verwendung juristischer Verfahrensmöglichkeiten zu politischen Zwecken, Neuwied, Berlin 1965

König, Stefan, Vom Dienst am Recht. Rechtsanwälte als Strafverteidiger im Nationalsozialismus, Berlin, New York 1987

Kritische Justiz (Hrsg.), Der Unrechtsstaat, Bd. 1, Baden-Baden [2]1983, Bd. 2, Baden-Baden 1984

Majer, Diemut, »Fremdvölkische« im Dritten Reich. Boppard 1981

Dies., Grundlagen des nationalsozialistischen Rechtssystems, Führerprinzip, Sonderrecht, Einheitspartei, Stuttgart 1987

Meinck, Jürgen, Justiz und Justizfunktion im Dritten Reich, in: Zeitschrift für Neuere Rechtsgeschichte 1983, 28 ff.

Messerschmidt, Manfred, Die deutsche Militärjustiz, in: H. J. Vogel u. a. (Hrsg.), Die Freiheit des anderen, Festschrift für M. Hirsch, Baden-Baden 1981, S. 111 fff.

Messerschmidt, Manfred/Wüllner, Fritz, Die Wehrmachtjustiz im Dienste des Nationalsozialismus. Zerstörung einer Legende, Baden-Baden 1987

Müller, Ingo, Furchtbare Juristen. Die unbewältigte Vergangenheit unserer Justiz, München 1987

Niedersächsische Landeszentrale für politische Bildung (Hrsg.), Justiz und Nationalsozialismus, Hannover 1985

Oppitz, Ulrich-Dieter, Strafverfahren und Strafvollstreckung bei NS-Gewaltverbrechen, Ulm 1976

Rabofsky, Eduard/Oberkofler, Gerhard, Verborgene Wurzeln der NS-Justiz, Wien, München 1985

Reifner, Udo (Hrsg.), Das Recht des Unrechtsstaates, Frankfurt 1981

Ders./Sonnen, Bernd Rüdiger (Hrsg.), Strafjustiz und Polizei im Dritten Reich, Frankfurt 1984

Riehle, Gerhard, Die rechtsstaatliche Bedeutung der Staatsanwaltschaft unter besonderer Berücksichtigung ihrer Rolle in der nationalsozialistischen Zeit, Frankfurt (Jur. Diss.) 1985

Robinsohn, Hans, Justiz als politische Verfolgung. Die Rechtsprechung in »Rasseschandefällen« des Landgerichts Hamburg 1936–1943, Stuttgart 1977

Rückerl, Adalbert, Die Strafverfolgung von NS-Verbrechen 1945–1978, Heidelberg, Karlsruhe 1979

Rüping, Hinrich, Strafjustiz im Führerstaat, in: Goltdammers Archiv 1984, S. 298 ff.

Ders., Bibliographie zum Strafrecht im Nationalsozialismus, München 1985

Salje, Peter (Hrsg.), Recht und Unrecht im Nationalsozialismus, Münster 1985

Schimmler, Bernd, Recht ohne Gerechtigkeit. Zur Tätigkeit der Berliner Sondergerichte im Nationalsozialismus, Berlin 1984

Schoeps, Julius H./Hillermann, Horst (Hrsg.), Justiz und Nationalsozialismus, Sachsenheim-Hohenaslach 1987

Schorn, Hubert, Der Richter im Dritten Reich. Geschichte und Dokumente, Frankfurt 1959

Schumacher, Ulrich, Staatsanwaltschaft und Gericht im Dritten Reich, Köln 1985

Schweling, Otto Peter, Die deutsche Militärjustiz in der Zeit des Nationalsozialismus, Marburg 1977

Seiter, Walter H./Kahn, Alphonse, Hitlers Blutjustiz, Frankfurt 1981

Simon, Dieter, Die Unabhängigkeit des Richters, Darmstadt 1975

Spendel, Günter, Rechtsbeugung durch Rechtsprechung, Berlin, New York 1984

Staff, Ilse (Hrsg.), Justiz im Dritten Reich. Eine Dokumentation, Frankfurt [2]1978 (Fischer Taschenbuch Verlag; Bd. 3409)

Stolleis, Michael, Die »Weiße Rose« und ihre Richter, in: Rechtshistorisches Journal 2 (1983), S. 211 ff.

Ders., Rechtsordnung und Justizpolitik 1945–1949, in: Europäisches Rechtsdenken in Geschichte und Gegenwart, Festschrift für H. Coing, Bd. 1, München 1982, S. 383 ff.

Volkmann, Klaus, Die Rechtsprechung staatlicher Gerichte in Kirchensachen 1933–1945, Mainz 1978

Wagner, Walter, Der Volksgerichtshof im nationalsozialistischen Staat, Stuttgart 1974

Weber, Jürgen/Steinbach, Peter (Hrsg.), Vergangenheitsbewältigung durch Strafverfahren? NS-Prozesse in der Bundesrepublik Deutschland, München 1984

Weinkauff, Hermann/Wagner, Albrecht, Die deutsche Justiz und der Nationalsozialismus, Bd. 1, Stuttgart 1968

Wenzlau, Joachim Reinhold, Der Wiederaufbau der Justiz in Nordwestdeutschland 1945–1949, Frankfurt 1979

Wiesenberg, Claus, Die Rechtsprechung der Erbgesundheitsgerichte Hanau und Gießen zu dem »Gesetz zur Verhütung erbkranken Nachwuchses« vom 14. Juli 1933, Frankfurt (Jur. Diss.) 1986

Wistrich, Robert, Wer war wer im Dritten Reich? Ein biographisches Lexikon. Anhänger, Mitläufer, Gegner aus Politik, Wirtschaft und Militär, Kunst und Wissenschaft, Frankfurt 1987 (Fischer Taschenbuch Verlag; Bd. 4373)

Die Mitarbeiter des Bandes

Bernhard Diestelkamp, geboren 1929, seit 1967 Professor für Deutsche Rechtsgeschichte und Bürgerliches Recht an der Universität Frankfurt.
Veröffentlichungen u. a. Aufsätze zur Gesetzgebungsgeschichte (1983, 1984) sowie zur Rechts- und Verfassungsgeschichte der Nachkriegszeit: Rechts- und verfassungsgeschichtliche Probleme zur Frühgeschichte der Bundesrepublik Deutschland (1980, ²1981); Kontinuität und Wandel in der deutschen Geschichte des 20. Jahrhunderts (1985); Kontinuität und Wandel in der Rechtsprechung 1945–1955 (1985); Rechtsgeschichte als Zeitgeschichte. Kritische Betrachtungen zur Entstehung und Durchsetzung der Theorie vom Fortbestand des Deutschen Reiches nach 1945 (1985).

Wolfgang Benz, geboren 1941, Dr. phil., Historiker und Publizist, wissenschaftlicher Mitarbeiter des Instituts für Zeitgeschichte, München.
Zahlreiche Veröffentlichungen zur Geschichte des 20. Jahrhunderts, u. a.: Süddeutschland in der Weimarer Republik (1970); Politik in Bayern 1919–1933 (1971); Einheit der Nation. Diskussion und Konzeptionen zur Deutschlandpolitik der großen Parteien seit 1945 (1978, m. G. Plum u. W. Röder); Sommer 1939. Die Großmächte und der europäische Krieg (1979, Hrsg. zus. mit H. Graml); Bewegt von der Hoffnung aller Deutschen. Zur Geschichte des Grundgesetzes (1979, Hrsg.); Die Bundesrepublik Deutschland. Politik, Gesellschaft, Kultur (1983, 3 Bde., Hrsg.); Rechtsextremismus in der Bundesrepublik (1984, Hrsg.); Von der Besatzungsherrschaft zur Bundesrepublik (1984); Die Gründung der Bundesrepublik (1984); Die Vertreibung der Deutschen aus dem Osten. Ursachen, Ereignisse, Folgen (1985, Hrsg.); Potsdam 1945 (1986).

Johann Heinrich Kumpf, geboren 1950, Dr. jur., Regierungsdirektor, Dozent an der Bundesfinanzakademie in Siegburg; Autor von Abhandlungen zur deutschen Verfassungs- und Finanzgeschichte.

Andreas Kranig, geboren 1949, Dr. jur., zunächst Rechtsanwalt in Berlin, 1978–1982 wissenschaftlicher Mitarbeiter an der Fernuniversität Hagen, seit 1983 Dozent an der Berufsgenossenschaftlichen Akademie für Arbeitssicherheit und Verwaltung in Hennef/Sieg.

Autor von: Lockung und Zwang. Zur Arbeitsverfassung im Dritten Reich (1983); Arbeitsrecht im NS-Staat. Texte und Dokumente (1984).

Klaus Marxen, geboren 1945, von 1983–1985 Professor für Strafrecht, Strafprozeßrecht und Rechtsphilosophie in Bremen, seit 1985 in Bielefeld.
Autor von: Der Kampf gegen das liberale Strafrecht (1975); Die sozialethischen Grenzen der Notwehr (1979); Straftatsystem und Strafprozeß (1984) und Rechtliche Grenzen der Amnestie (1984).

Rainer Schröder, geboren 1947, Privatdozent für Bürgerliches Recht, Deutsche Rechtsgeschichte und Privatrechtsgeschichte der Neuzeit in München.
Autor von: Abschaffung oder Reform des Erbrechts? (1981); Zur Arbeitsverfassung des Spätmittelalters (1984); »...aber im Zivilrecht sind die Richter standhaft geblieben!«, Die Urteile des OLG Celle aus dem Dritten Reich (1988); Die Entwicklung des Kartellrechts und des kollektiven Arbeitsrechts durch die Rechtsprechung des Reichsgerichts vor 1914 (1988).

Dieter Simon, geboren 1935, seit 1968 Professor für Römisches Recht und Bürgerliches Recht an der Universität Frankfurt, Direktor des Max-Planck-Instituts für Europäische Rechtsgeschichte in Frankfurt.
Hauptarbeitsgebiete: Byzantinische Rechtsgeschichte, Rechtstheorie.

Michael Stolleis, geboren 1941, seit 1974 Professor für Öffentliches Recht und neuere Rechtsgeschichte an der Universität Frankfurt.
Veröffentlichungen u. a.: Gemeinwohlformeln im nationalsozialistischen Recht (1974); Staatsdenker im 17. und 18. Jahrhundert ([2]1987, Hrsg.); Pecunia Nervus Rerum. Zur Staatsfinanzierung in der frühen Neuzeit (1983); Hessisches Staats- und Verwaltungsrecht ([2]1986, Hrsg. zus. m. Hans Meyer); Geschichte des öffentlichen Rechts in Deutschland, Bd. 1 (1988) sowie zahlreiche Aufsätze zur Rechtsgeschichte des Nationalsozialismus.

Bitte umblättern:

fi 1

Jörg Friedrich
Die kalte Amnestie
NS-Täter in der
Bundesrepublik

Band 4308

Jörg Friedrich
Die kalte Amnestie
NS-Täter in
der Bundesrepublik
Fischer

Gewöhnlich gehen politische
Betrachtungen über die Bundesrepublik nicht von der
Frage aus, wo die 200 000–
300 000 Personen geblieben
sind, welche die Endlösung
der Judenfrage, die Beseitigung der unnützen Esser
(Euthanasie), den Tod von
drei Millionen Kriegsgefangenen und den Justizmord an
30 000 Deutschen ins Werk
gesetzt haben. Die Täterge-
meinde hat sich spurlos in die
Nachkriegsgesellschaft verflüchtigt, ist dort nicht weiter
auffällig geworden und stirbt
gegenwärtig friedlich aus. Das
größte geschichtsbekannte
Verbrechen wurde mit dem
größten Resozialisationswerk
abgeschlossen.
Dieses Buch weist nach, daß
das Klischee »Verdrängung
der Vergangenheit« für keine
Phase der Nachkriegs-
geschichte zutrifft. Man hat
nicht vergessen, die Verbrechen zu sühnen. Es wurde
vielmehr jede Anstrengung
getroffen, Täter und Sympathisanten zu integrieren.
Die Geschichte des Verbrechens und die Amnestierung
der Verbrecher beschreibt
dieses Buch als zusammenge-
hörigen Akt, der die Bundesrepublik und das III. Reich
unselig miteinander
verbindet.

Fischer Taschenbuch Verlag

Walther H. Pehle (Hg.)

Der Judenprogrom 1938

Von der »Reichs-
kristallnacht«
zum Völkermord

*Mit Beiträgen von
Uwe Dietrich Adam,
Avraham Barkai, Wolfgang Benz,
Hermann Graml, Konrad Kwiet,
Trude Maurer, Hans Mommsen,
Jonny Moser, Abraham J. Peck und
Wolf Zuelzer*

Band 4386

In der Nacht zum 10. November 1938 brannten fast alle noch verbliebenen Synagogen kontrolliert ab – kontrolliert von der Feuerwehr, die darauf zu achten hatte, daß das Eigentum »arischer« Nachbarn keinen Schaden nahm, in Brand gesteckt von bierseligen Parteigenossen auf höheren Befehl. In derselben Nacht wurden an die 100 Menschen ermordet, nur weil sie Juden waren. Rund 30 000 wohlhabende Juden wurden aus ihren Häusern geprügelt und in Konzentrationslager verschleppt; viele von ihnen kamen nicht mehr zurück. Und in derselben Nacht wurden an die 7500 Geschäfte jüdischer Mitbürger demoliert und vielfach geplündert.

Diese Ereignisse, für die das Attentat des 17jährigen Herschel Grynszpan in der deutschen Botschaft in Paris den Vorwand lieferte, mit dem zynischen Begriff »Reichskristallnacht« zu belegen, heißt, Mord, Totschlag, Brandstiftung, Raub, Plünderung und Sachbeschädigung zu einer funkelnden, glänzenden Veranstaltung umzuinterpretieren und einer bösartig verharmlosenden Erinnerung Vorschub zu leisten. Der vorliegende Band betrachtet den Judenprogrom 1938 nicht isoliert als Einzelphänomen, sondern im Gesamtzusammenhang der Geschichte der nationalsozialistischen Zeit als eine Etappe auf dem Weg zur »Endlösung der Judenfrage«.

Fischer Taschenbuch Verlag

fi 705 / 1

Ein Band mit weiterführenden Beiträgen zum
„Historikerstreit" und zur Kontroverse über die
Historisierung des Nationalsozialismus.

Dan Diner (Hg.)
Ist der Nationalsozialismus Geschichte?
Zu Historisierung und Historikerstreit

320 Seiten. Originalausgabe. Band 4391

Aus dem Inhalt:

W. Benz: Abwehr der NS-Vergangenheit. Über Moral
und Geschichte

S. Friedländer: Überlegungen zur Historisierung des
Nationalsozialismus

D. J. K. Peukert: Alltag und Barbarei

D. Diner: Grenzen der Historisierbarkeit des Nationalsozialismus

H. Mommsen: Das Dritte Reich im westdeutschen
Geschichtsbewußtsein

H. Schulze: Die „deutsche Katastrophe" erklären

C. Leggewie: Frankreich und die NS-Vergangenheit

G. E. Rusconi: Italien und der „Historikerstreit"

G. Boltz: Österreich und der Nationalsozialismus

L. Niethammer: Erinnerungsspuren in die 50er Jahre

D. Diner: Deutsche und Juden nach Auschwitz

U. Herbert: Arbeit und Vernichtung

K. Kwiet: Literaturbericht zur Historiographie des NS

Fischer Taschenbuch Verlag